吉林省农村经济研究基地文库

吉林省农牧业绿色发展研究

杨兴龙　曹建民　著

中国农业出版社
北　京

本书得到以下基金资助与支持

教育部人文社会科学规划基金项目

供给侧改革背景下农业龙头企业技术创新的激励机制研究
——以吉林省为例（编号：16YJA790057）

吉林省社会科学基金项目

吉林省畜牧业绿色发展评价体系构建及应用研究

（编号：2021B69）

吉林省科技厅科技发展计划资助项目

吉林省畜牧企业绿色技术采纳意愿、影响因素与提升策略研究

（编号：20210601039FG）

国家现代农业产业技术体系肉牛牦牛产业经济研究专项

（编号：CARS－37）

吉林省教育科学"十三五"规划课题

（编号：ZK1808）

吉林农业大学粮食主产区农村经济研究中心出版基金

吉林省农村经济研究基地出版基金

前　言

　　2015 年 10 月，党的十八届五中全会首次提出"绿色发展"理念以来，中共中央国务院高度重视农业绿色发展问题，我国陆续出台了一系列促进农业和畜牧业绿色发展的相关政策：2017 年 5 月，国务院办公厅印发了《关于加快推进畜禽养殖废弃物资源化利用的意见》（国办发〔2017〕48 号）；2017 年 9 月，中共中央办公厅、国务院办公厅印发了《关于创新体制机制推进农业绿色发展的意见》；2020 年 9 月，国务院办公厅印发了《关于促进畜牧业高质量发展的意见》（国办发〔2020〕31 号）；2021 年 9 月，农业农村部等六部门联合印发了《"十四五"全国农业绿色发展规划》（农规发〔2021〕8 号）等。近年，随着我国农牧业绿色发展政策的颁布和实施，农牧业绿色发展取得了积极进展。但是，我国农业绿色发展仍处于起步阶段，绿色发展理念还不深入，绿色优质农产品供给还不足，农业面源污染和生态环境治理还处在治存量、遏增量的关口，还需加力推进农业绿色发展（农业农村部等，2021）。

　　2022 年中央 1 号文件指出，推进农业农村绿色发展，不仅要加强农业面源污染综合治理，加强畜禽粪污资源化利用，支持秸秆综合利用等，还要开展农业绿色发展情况评价。这就需要对农业绿色发展进行更加深入、系统的研究。近几年，我国农业绿色发展的理论研究与实践探索已经取得了一定成果，学者们主要关注的领域包括农业绿色发展的内涵、农业绿色发展的路径、农业绿色发展的评价等。但从现有研究来看，对全国或区域农业绿色发展研究的成果较多，而对具体省份农业绿色发展的研究较少；对种植业绿色发展的研究较多，对畜牧业绿色发展的研究很少；对农业绿色发展评价的研究，不仅没有形成一致的评价标准，而且对农业绿色发展的影响因素及其作用机理缺少深入研究。鉴于以上考虑，本书拟选择某一省份作为研究对象，对其农业（本书主要指种植业，以下同）和畜牧业绿色发展进行较为全面的理论和实证研究。

众所周知，吉林省既是粮食大省，也是畜牧业大省，依托丰富的黑土地资源和秸秆饲料资源，在种植业和养殖业方面都取得了较大的发展，为保障国家粮食安全和畜产品供给做出了巨大贡献。但是，吉林省在农牧业绿色发展过程中也存在一些亟待解决的问题，如农业生态环保意识淡薄，化肥、农药、农膜过量使用，畜禽养殖污染较为严重，绿色发展水平亟须提高等。在这种背景下，本书选择对吉林省农业和畜牧业绿色发展问题进行全面深入的理论研究和实证检验，不仅具有代表性，且具有重要而深远的时代意义。

本书以吉林省农业和畜牧业作为研究对象，以可持续发展理论、循环经济理论、生态文明理论等理论为指导，将定性分析与定量分析相结合，采用问卷调查法、专家访谈法、熵值法、数据包络分析（DEA）的 SBM 模型、Tobit 回归模型、决策与试验评价实验法（DEAMA-TEL）等多种分析方法，对吉林省农牧业绿色发展的水平及影响因素等进行了较为深入的理论和实证研究，并在对国外农牧业绿色发展经验进行总结和借鉴的基础上，提出了促进吉林省农牧业绿色发展的对策建议，对促进吉林省乃至全国农牧业绿色发展均具有一定的参考价值。全书共包括六部分内容，即绿色发展理论基础与文献回顾（第1章），吉林省农牧业绿色发展现状及存在的主要问题（第2章），吉林省农业绿色发展实证研究（第3～5章），吉林省畜牧业绿色发展实证研究（第6、7章），国外农牧业绿色发展的经验与启示（第8章），吉林省农牧业绿色发展的策略建议（第9章）。本书的主要特色为：在研究内容上，将绿色发展研究扩展到畜牧业领域，对畜牧业绿色发展水平及影响因素进行分析，弥补了现有研究的不足；在研究方法上，前人采用定性分析较多，本书将定性分析与定量分析相结合，将规范分析与实证分析相结合，而且采用数据包络分析（DEA）法、Tobit 回归模型、决策与试验评价实验法（DEAMATEL）等多种分析方法，使研究结论更客观；在研究视角上，将农业绿色发展与畜牧业绿色发展纳入同一个体系进行研究，构建了新的研究框架，使绿色发展研究更加全面系统。

本书是在教育部人文社会科学规划基金项目"供给侧改革背景下农业龙头企业技术创新的激励机制研究——以吉林省为例（编号：16YJA790057）"、吉林省社会科学基金项目"吉林省畜牧业绿色发展评价体系构建及应用研究（编号：2021B69）"、吉林省科技厅科技发展计划资助项目"吉林省畜牧企业绿色技术采纳意愿、影响因素与提升策略研究（编号：20210601039FG）"、吉林市人民政府决策咨询重点研究课题"关于吉林市实施乡村振兴战略路径与措施的研究"等研究成果的基础上整合而成，形成新的体系，即本书的内容。

本书在课题调研、专家咨询、资料搜集、数据分析等方面，得到了许多领导、专家、老师和同学们的大力支持与帮助。其中，政府相关领导及专家包括：吉林省畜牧局畜产品质量安全监管处杨敏处长、畜产品加工处陈宏波副处长，吉林省兽药饲料检验监测所陈波所长，吉林省畜牧总站柴方洪站长，吉林省农业产业化办公室吕景权主任，吉林省科技厅农村处付大冶处长、高建波副处长，长春市九台区畜牧局周亚宽总畜牧师等；相关企业领导包括：吉林德翔牧业有限公司王世强董事长，延边畜牧开发集团有限公司吕爱辉董事长，吉林桦甸金牛牧业有限公司潘淑红董事长，吉林黑毛牛实业集团有限公司贾丽坤董事长等；高校专家包括：吉林农业大学动物科学学院高云航教授、杨连玉教授。课题团队成员：孙世勋老师、滕奎秀老师、梁明辉老师、李雪松老师等，以及我们的研究生：刘争争、马跃、刘梦梦、袁悦、汤才露、吕自然、于珊珊、徐明非、王滢、高丽、胡越、陈通、刘楠、郭桂资、曹海琳、刘玉莉、尹海涵、李小凤、关悦、刘畅、胡言康、孔月、陈欢欢、王雨诺、李明生等。在此一并表示感谢。

本书能够顺利出版，离不开国家现代农业产业技术体系肉牛牦牛产业经济研究专项、吉林省农村经济研究基地和吉林农业大学粮食主产区农村经济研究中心出版基金的大力支持；离不开中国农业出版社的大力支持及提出的宝贵建议，在本书即将付梓之际，特此表达谢意。

由于作者水平有限，书中错误和疏漏在所难免，敬请读者批评指正。

杨兴龙

2022 年 6 月于长春

目　　录

1 理论基础与文献回顾

2005年8月，时任浙江省委书记习近平同志在浙江安吉余村考察时，首次提出"绿水青山就是金山银山"的重要理念。2013年9月，习近平总书记对这一理念进一步做出了深刻阐述："我们既要绿水青山，也要金山银山。宁要绿水青山，不要金山银山，而且绿水青山就是金山银山。"

"绿水青山就是金山银山"是对绿色发展理念的形象阐释。"绿色"是实现中华民族永续发展的必要条件；绿色发展理念是处理经济社会发展和自然环境保护关系的价值标准。绿色发展是实现生产发展、生活富裕、生态良好的文明发展道路的历史选择，是通往人与自然和谐境界的必由之路。

农业绿色发展是推进农业高质量发展、农业农村现代化和实现乡村振兴战略的重大举措，对保障国家食物安全、资源安全和生态安全具有重大意义。畜牧业绿色发展，有利于协同推进畜禽养殖和环境保护，提升畜禽产品供应安全保障能力，促进畜牧业可持续发展和高质量发展。近年，我国在农业绿色发展和畜牧业高质量发展方面制定并实施了一系列相关政策，也取得了较大的成效，但我国农牧业绿色发展仍处于起步阶段，还面临不少困难和挑战，需要进一步进行理论研究和实践探索。

本章在"两山"理念指导下，通过对可持续发展理论、循环经济理论、生态文明理论等绿色发展相关理论进行介绍，对农业绿色发展、畜牧业绿色发展的前人研究成果进行系统梳理和回顾，为后续研究奠定理论和文献基础。

1.1 绿色发展相关理论

1.1.1 可持续发展理论

可持续发展理论是 1987 年被提出的。1987 年，世界环境与发展委员会（World Commission on Enviroment and Development，WCED）发布报告《我们共同的未来》，正式提出了"可持续发展"（sustainable development）的概念和模式；"可持续发展"被定义为"既满足当代人的需求又不危害后代人满足其需求的发展"，是一个涉及经济、社会、文化、技术和自然环境的综合的动态概念。该概念从理论上明确了发展经济同保护环境和资源是相互联系、互为因果的观点。1994 年 5 月，我国发表了《中国 21 世纪议程——中国 21 世纪人口、环境与发展白皮书》，强调努力寻找一条人口、经济、社会、环境和资源相互协调的可持续发展道路，认为这是中国在未来和 21 世纪发展的自身需要和必然选择。

总结归纳可持续发展理论，包括以下三层含义：可持续性，即人类社会追求长远发展，在该目标下，人类与生态环境的关系建立在一定时空范围内，对人类的生存发展产生重大影响，以及在生态环境可承受能力范围内对自然进行改造；发展，即社会发展引领"自然-社会"复合系统向着更加协调、互补和平衡的状态转换的动态过程；经济增长，涵盖数量增长和质量提高，即某个国家在一定时期内经济总量增长幅度、产值增加量及由经济增长造成的社会结构变化。

可持续农业发展理论是指在不损害子孙后代需要并且能满足当代人需求的前提下，采用可再生资源或不危害环境的生产方法进行技术和体制变革，减少农业生产对环境的破坏，保护土地、水、生物、环境，并适当利用技术、提高经济效益的农业发展战略。

综上，可持续发展思想的初衷虽然是起源于对环境问题的反思，但是当前已经成为指导全人类经济发展、社会进步、生态保护等全面协调发展的经典理论，被广泛应用于各个学科范畴。

1.1.2 循环经济理论

循环经济思想在 20 世纪 60 年代开始兴起。循环经济理论是自然资源的循环利用，要求人类生产生活高效化、循环化和生态化；循环经济的核心概念是将"自然资源到变成生产产品，最后产生产品废弃物进行排放"的过程转变成"资源到产品，最后变成再生资源"的过程，是从依靠资源消耗模式转变为依靠资源循环利用的可持续发展模式。循环经济理论实质是人与自然间进行物质交换的过程，人们从自然中获取资源，同时也回馈给自然需要的生态平衡，两者相互促进，本质上是一种经济社会活动。循环经济的核心思想是经济建设与生态保护有机地结合起来，按照物质循环和能量流动的层级原理，协调经济、社会发展与自然、生态保护的关系，强调经济建设必须以生态资本的投入效益为评价标准，实现资源节约、经济发展、人与自然和谐、环境保护四者的协调和统一。

"循环经济"这一术语在中国出现于 20 世纪 90 年代中期，是一种以资源的高效利用和循环利用为核心，以"减量化（reduce）、再利用（reuse）、资源化（recycle）"为原则，以低消耗、低排放、高效率为基本特征，符合可持续发展理念的新型经济增长模式，其将可持续发展作为指导思想，以资源循环利用为核心，以清洁生产为手段，实现物质资源的闭环流动，永续利用。循环经济的发展囊括了经济发展、环境优化与社会和谐，发展循环经济有利于社会经济系统与生态环境系统的均衡发展。

循环经济主要表现出的中心思想是提倡环境的和谐发展，其要求人类经济活动中的所有物质和能源，在循环系统中都是可以得到合理开发及可持续的利用。基于循环经济理论的发展模式，其主张的资源的循环利用从而实现社会经济的可持续发展，这与农业绿色发展中的"绿色"要求是相一致的，要求有效使用在农业发展和生产过程中所产生的废弃物或者污染物，以达到降低资源损耗的目的。农业污染最根本的解决办法是提高能源的循环使用率，降低对环境产生的污染，这同样是农业实现绿色发展的重要理论基础。

1.1.3 生态文明理论

1.1.3.1 我国生态文明理论的发展

我国第一部生态文明研究的专著是刘湘溶于 1999 年出版的《生态文明论》（刘湘溶，1999）。在《生态文明论》中，刘湘溶将生态文明看作人类新文明的转折，其核心是改变人类文明的形成方式，追求人文与自然的和谐，即不仅追求社会经济发展，而且追求生态进步，是一种人类与自然协同进化，经济、社会与生物圈协同进化的人类新文明。"生态文明"第一次写入中央文件是在 2003 年 6 月的《中共中央国务院关于加快林业发展的决定》中。该文件首次提出了必须走生产发展、生活富裕、生态良好的文明发展道路，建设山川秀美的生态文明社会。2007 年 11 月，党的十七大报告进一步提出要通过建设生态文明，使生态文明观念在全社会牢固树立。2012 年 11 月，党的十八大报告进一步从经济、政治、文化、社会、生态文明五个方面，从推进"五位一体"总体布局出发，提出"建设生态文明，是关系人民福祉、关乎民族未来的长远大计。面对资源约束趋紧、环境污染严重、生态系统退化的严峻形势，必须树立尊重自然、顺应自然、保护自然的生态文明理念，把生态文明建设放在突出地位，融入经济建设、政治建设、文化建设、社会建设各方面和全过程，努力建设美丽中国，实现中华民族永续发展"，强调走生态文明发展道路是实现"中国梦"的必由之路。2017 年 10 月，党的十九大报告又提出了物质文明、政治文明、精神文明和生态文明并重，把精神文明建设置于新时代中国特色社会主义现代化建设的战略地位，提出了要尊重自然、顺应自然、践行人与自然和谐发展的生态文明发展道路。

1.1.3.2　中国特色社会主义生态文明理论体系的形成

中国特色社会主义生态文明理论体系是由邓小平理论、"三个代表"重要思想、科学发展观和习近平新时代中国特色社会主义思想中，关于生态发展的重要论述所凝练的可持续发展观、人与自然和谐观、生态文明观、绿色化思想和绿色发展理念构建而成。其理论体系各部分之间既具有相对独立性，又具有内在逻辑统一性，是历史逻辑与理论逻辑的统一。

（1）理论体系的战略形成：可持续发展观

可持续发展观是指统筹经济发展与人口、资源、环境的关系，为子孙后代的长远利益着想，摒弃先污染后治理的经济发展道路，避免出现"吃祖宗饭、断子孙路"的思想和行为的观念。

（2）理论体系的价值原则的确立：人与自然和谐观

人与自然和谐观是指坚持人与自然、人与社会的和谐发展，坚持经济社会生态的合理高效且持续发展的观念，是对坚持可持续发展的继承与发展。

（3）理论体系的科学观念的发展：生态文明观

生态文明观是指为调节人与自然关系而阐述的包含发展要求、科学理念、发展原则、发展方针、发展目标等内容的正确认识和看法的总和。

（4）理论体系的核心思想的深化：绿色化思想

"绿色化"是指在人-自然-社会的整体视域中，合理调节人口、资源、环境、生态等方面的关系，将绿色化理念融入现代化发展的价值观、生产方式和制度中，融入经济、政治、文化、社会等领域的全过程和全方面。

（5）理论体系的行动指南的完善：绿色发展理念

绿色发展理念是指在生态环境容量与资源承载能力的范围内，通过低碳循环发展、节约和高效利用资源转变生产方式，通过加大环境治理力度、筑牢生态安全屏障保护和修复自然环境的行为，最终实现人与自然和谐共生的思维方式。

1.2 文献梳理

1.2.1 绿色发展的思想演变

关于"绿色发展"的思想萌芽，最初从分析自然环境与环境生态关系过程中产生（秦小丽、刘益平，2018）。1987 年，世界环境与发展委员会发布《我们共同的未来》，首次提出"可持续发展"概念，为绿色发展奠定了思想基础。1989 年，英国经济学家皮尔斯（Pearce）在《绿色经济蓝皮书》中，首次提出了"绿色经济"一词，将其解释为能够实现可持续发展的经济。2002 年，联合国开发计划署发布的《中国人类发展报告 2002：绿色发展必选之路》认为，中国要走绿色发展之路。2012 年 6 月，联合国可持续发展大会上，绿色经济和绿色发展成为全球广泛共识。王玲玲等（2012）认为"绿色发展是在生态环境容量和资源承载能力的制约下，通过保护生态环境实现可持续发展的新型发展模式"。蒋南平和向仁康（2013）认为，绿色发展应建立在"资源能源合理利用，经济社会适度发展，损耗补偿互相平衡，人与自然和谐相处"的基础上。胡鞍钢和周绍杰（2014）认为，绿色发展是对可持续发展思想与理念的进一步继承和超越。自 2015 年 10 月党的十八届五中全会首次提出绿色发展理念以来，自此，我国陆续出台了一系列促进各行业绿色发展的相关政策，国内专家学者逐渐提出并完善了绿色发展的概念和相关理论。绿色发展是将绿色经济与经济发展相结合的新的经济发展模式（中国国际经济交流中心、华夏幸福基业股份有限公司《中国产业升级报告》联合课题组，2013），在发展的问题上强化了生态的维度，体现出极强的自然意识、生态意识与和谐意识（秦绪娜、郭长玉，2016）。

杨久栋（2018）认为，绿色发展理念是逐渐产生和形成的，诠释了人类与自然、生产与生态、发展与保护等重大关系。王文军和刘丹（2019）认为，中国绿色发展的思想演进经历了萌芽、形成与确立三个阶段，并积极践行循环经济、低碳经济、清洁生产等绿色发展理论，形成了具有中国特色的社会主义绿色发展理念，目的是实现人与自然和谐共生，经济和环境协调发展。当前，绿色发展内涵有了全新拓展，与传统的高消耗、高污染、低附加值、低生产效率的"黑色发展"相反，绿色发展强调要解决区域发展过程中的资源过度消耗问题，加强生态环境保护和生态治理，促进人类活动与地理环境协调发展（程钰等，2019）。朱东波（2020）认为，习近平绿色发展理念，是将生态环境纳入生产力范畴，开辟了马克思主义生态思想新境界；回答了新时代中国为什么要实现绿色发展，实现何种绿色发展以及如何实现绿色发展等发展先导性问题，创新了中国特色社会主义政治经济学；推动我国形成绿色低碳循环的发展模式，为全球环境治理提供了中国智慧与中国方案。谭淑豪（2021）认为，绿色发展理念是指以人与自然和谐为价值取向、以绿色低碳循环为主要原则、以生态文明建设为基本抓手的发展理念。

1962 年美国经济学家肯尼思·鲍尔丁（K. Boulding）提出循环经济的概念，他指出如果人类不合理地开发和使用自然资源，那么当超出地球的承载能力后，自然资源将很难恢复，人类将走向灭亡的深渊。威廉姆·阿尔伯卫奇（W. Albreche）于 1970 年第一次提到"生态农业"的概念，也就是绿色农业的前身。1987 年，世界环境与发展委员会提出全球农业发展转向可持续农业发展方向。国内学者熊文强（2002）认为，农业绿色生产的理论基础是可持续发展理论，该理论体现在废弃物转化和资源的再利用上，深刻地解读了废弃物产生的最小化、资源利用的最大化和环境保护的丰富内涵。魏锋（2002）、张凯和崔兆杰（2005）指出，根据国内外农业绿色生产实践总结出来的绿色生产理论是符合客观规律的，该理论基础包括资源与废弃物转化理论、数学上的最优化理论和科技进步理论。

1.2.2 关于农业绿色发展的研究进展

近些年，农业面源污染问题造成的影响逐渐扩大，已成为我国重要的污染源之一。而农业绿色发展，不仅可以减少农业面源污染，还是推进农业高质量发展、农业农村现代化和实施乡村振兴战略的重大举措，对保障国家食物安全、资源安全和生态安全具有重大意义。党的十八届五中全会以来，绿色发展理念已逐步融入我国农业农村发展各个方面，加速农业绿色化转型、实施农业绿色发展已成为党中央的一项重要决策。2017 年，中共中央办公厅、国务院办公厅印发《关于创新体制机制推进农业绿色发展的意见》（中办发〔2017〕56 号），使农业绿色发展在政策和体制发展方面得到进一步的推进和补充。农业绿色发展作为一项重要议题，引起学术界的广泛关注，许多学者经过科学研究、实地考察，主要对农业绿色发展的内涵、农业绿色发展水平及效率评价、农业绿色发展影响因素与提升策略等方面进行分析，取得了比较丰富的研究成果。

1.2.2.1 关于农业绿色发展的内涵研究

在农业绿色发展中，"农业"是主体，"发展"是核心，"绿色"既是方式也是目标。早期学术研究多围绕"绿色农业""生态农业"进行，绿色农业萌芽于 20 世纪上半叶并在欧美得到初步发展；国内学者多将绿色农业与我国创立绿色食品事业相联系，认为绿色农业是绿色食品产业的基础。

国外关于"农业绿色发展"理论的研究起步相对较早，可以追溯到 20 世纪 20 年代，主要是指生态农业或者是农业可持续发展。英国科学家约翰·莱那德·凯恩斯在他的理论著作中首次提出"绿色经济"一词，1924 年生态农业在西欧兴起。30 年代初，日本生物学家冈田茂吉提出"自然农法"的农业生产法则,"自然农法"即完全靠大自然的孕育,不使用任何化学物品促进农作物生长,引起了巨大反响。30—40年代,"生态农业"模式在英国、德国、美国等发达国家得到迅猛展开。进入50年代,农业绿色发展逐渐成为世界各国所关注和青睐的农业生产新模式。美国绿色农业的先驱——罗代尔首次提出用新技术、新手段代替传统耕作方式,以实现自然无限循环的生态模式。70年代末期,美国农学家阿尔布雷切首次解释了"有机农业"的思想理念。之后,戴莱和保罗等对农业绿色经济、生态经济理念进行一系列阐释(王毅、黄宝荣,2013),将农业绿色发展理论进一步升华。70—80年代,许多发达国家率先改变农业经济发展模式,由传统的高能耗、污染广的农业生产方式转变为生态农业生产方式(郑微微、沈贵银,2018)。之后,日本、欧美等国家和地区颁布相应的法律法规支持生态农业的发展(江三良、李晓梅,2018)。

我国农业绿色发展的相关理论研究相对滞后。20世纪80年代,我国专家学者首次提出"农业绿色发展"的观念,借鉴国外农业绿色理论,将当代先进的科学技术与传统农业思想精华结合起来,融入中国特色的思想方法和内涵,由绿色农业逐步发展到农业绿色发展。根据中国绿色食品协会2005年做出的定义,绿色农业的基本原则是可持续发展,用先进的科学技术、现代化装备和先进的管理经验武装农业,将标准化理念贯穿于整个农业产业链,达到资源可持续利用、生态环境良好和农产品生产安全的目的,最终推动人类社会、经济和环境的协调统一。陈健(2009)认为,农业绿色发展是指按照全面、协调、可持续发展的基本要求,以提高农业综合经济效益,实现资源节约型和环境友好型绿色农业为目标,采用先进的技术、装备和管理理念,注重资源的有效利用和合理配置,所形成的一条"绿色引领、高效运行、协同发展"生态文明型现代农业发展道路。农业绿色发展以尊重自然为前提、以利用各种现代技术为依托、探索可持续发展的过程,实现经济、社会、环境、生态效益的协调统一（魏琦等，2018）。孙炜琳等（2019）总结提出了农业绿色发展的内涵：首先，农业绿色发展的本质是一种发展理念，是实现农业可持续发展的根本路径；其次，农业绿色发展内涵丰富，是农业生产生态生活的全过程全方位绿色化；再次，农业绿色发展以经济、社会、生态环境的可持续发展为目标；最后，农业绿色发展的实现以绿色发展制度建设和机制创新为保障。尹昌斌等（2021）认为，农业绿色发展是以资源环境承载力为基准，以资源利用节约高效为基本特征，以生态保育为根本要求，以环境友好为内在属性，以绿色产品供给有力为重要目标的人与自然和谐共生的发展新模式；指出农业绿色发展实现农业绿色发展，既是破解中国农业发展生态环境压力和资源短缺困境的重要突破口，也是满足人民日益增长的美好生活需要的客观要求，是我国农业发展方式转型升级的总目标和新方向。付伟等（2021）结合历年中央1号文件及相关政策文件，归纳出农业绿色发展的阶段——萌芽阶段、发展阶段、战略提升与推广阶段，认为三阶段的演化过程实质上是一个"大农业"整体由低级逐步向高级演进的过程。

1.2.2.2　关于农业绿色发展的评价研究

农业绿色发展评价方面的研究主要包括两个方面：一方面是农业绿色发展水平的评价，另一方面是农业绿色发展效率的评价。

（1）关于农业绿色发展水平的评价研究

关于农业绿色发展水平的评价，国外主要体现为农业可持续发展方面的研究。国外关于农业可持续发展的评价往往从社会、经济、生态三个方面构建（Quintero-Angel，González-Aceve，2018）。在评价方法选择上，能值分析法、结构方程模型等常被用于评估农业的可持续性（Fischer，2010；Wang，2014）。

国内关于农业可持续发展评价的研究成果比较丰富，近年来，关于农业绿色发展评价的研究成果也逐渐增加。2010年，国家统计局中国经济景气监测中心和北京师范大学联合构建了"中国绿色发展指数"指标体系。关于农业绿色发展评价研究方面，大多数学者采用"指标体系构建＋熵值法赋权"进行评价，即在阐释农业绿色发展内涵的基础上，构建评价指标体系，采用熵值法计算客观的权重值和得分来评价农业绿色发展水平（赵会杰、于法稳，2019；魏琦等，2018；卿诚浩，2017）；也有学者采用层次分析（Analytic Hierarchy Process，AHP）法（巩前文、李学敏，2020；孙炜琳等，2019）进行主观赋权，评价维度主要包括资源节约、环境友好、生态保育、产出高效、绿色供给、生活保障等方面（巩前文、李学敏，2020；孙炜琳等，2019；赵会杰、于法稳，2019；魏琦等，2018）。

具有代表性的农业绿色发展水平评价有：张乃明和张丽等（2018）在综合考虑资源节约、环境友好、乡村发展、产品安全四个方面，提出10项量化指标作为区域农业绿色发展的评价指标体系。赵会杰和于法稳（2019）运用改进的熵值法，基于2003—2017年我国13个粮食主产省份的面板数据，对其农业绿色发展水平进行评价。黄少坚和冯世艳（2021）基于2008—2018年各省份数据，构建了以资源环境绿色、农业经济发展、农业科技发展、农业产出绿色化四位一体的农业绿色发展指标体系，并运用计量模型层次分析法对各省份农业绿色发展水平进行初步评估。何可等（2021）从资源节约、环境友好、质量高效、生活保障共四个方面构建了农业绿色发展水平评价指标体系，在此基础上运用熵值法、泰尔指数探讨了长江经济带2003—2017年农业绿色发展水平及其区域差异。崔宁波和巴雪真（2021）基于黑龙江省2009—2018年农业绿色发展相关数据，运用熵权法计算权重并与灰色关联度法相结合构建新模型，对黑龙江省农业绿色发展水平进行分析。

（2）关于农业绿色发展效率的评价研究

近年来，学者对农业绿色生产效率和农业绿色发展效率的评价也展开了研究。李兆亮等（2017）探讨我国农业绿色生产效率的现状及其形成机理，综合运用生产函数、地理信息系统（Geographic Information

System，GIS）、泰尔指数等方法对中国农业绿色生产效率的区域差异及其影响因素进行了研究。郭海红等（2018）基于 EBM 函数和马尔奎斯特-伯伦格（Malmquist-Lenberger，ML）指数，从静态和动态视角测算了省际及区域的农业绿色全要素生产率及增长指数，梳理了时空演变规律，运用核密度函数分析农业绿色全要素生产率区域分异的动态，并构建马尔可夫链分析区域分异的长期演化趋势。Xu（2019）分析了我国 31 个省（不包括港澳台地区）1998—2016 年农业发展效率的变化趋势，比较了绿色全要素生产率指数，发现农业碳排放主要表现在农用物资、水稻种植、土壤、牲畜和家禽养殖、秸秆焚烧五个方面，并且绿色技术效率呈下降趋势，但绿色技术效率变化小于技术效率变化初期。薛蕾等（2020）采用 SBM-Undesirable 模型，测算了 2004—2015 年我国 30 个省份（不包括西藏和港澳台地区）的农业绿色发展效率，并且构建地理距离矩阵和经济地理嵌套矩阵，分析了农业产业集聚对农业绿色发展效率的影响机制，基于空间自回归（Spatial Antoregressive，SAR）计量模型，实证检验了产业集聚对农业绿色发展效率的空间溢出效应。肖华堂和薛蕾（2021）基于 2004—2018 年省级面板数据，运用耦合协调模型，考察了不同地区农业绿色发展水平与效率。

1.2.2.3　关于农业绿色发展的影响因素研究

影响农业绿色发展的因素很多，国内学者对其进行了系统的分析和研究。大多数学者从农业绿色生产的主体和外部环境两方面进行研究，部分学者将两者统一起来进行研究，如陈秀羚（2017）从主体能力、市场需求、要素供给、技术进步及制度设计五个层面提炼出 25 个具体影响因素。

从外部环境来看，靳明（2006）从市场环境、需求方面、供给方面、政府政策等方面具体阐述了其对农业绿色发展的影响；屈志光等（2013）认为，政府在农业绿色发展中居于主导地位；邓旭霞和刘纯阳（2014）认为，循环农业是农业绿色发展的重要组成部分；张敏和杜天宝（2016）认为，生态农业是农业绿色发展的重要组成部分，应加强对生态农业的推动力度；邬晓霞和张双悦（2017）强调，制定和实施农业绿色转型发展生态补偿政策是有必要的，并且从多个层面提出了丰富和完善生态补偿政策的相关建议；肖锐和陈池波（2017）研究发现，财政支持、农业保险能有效提升和促进农户绿色生产效率；张晓娇（2018）认为，认证制度可使农户从外部组织得到补贴、技术指导和优惠贷款政策等，从而提高绿色农业的生产效率，促进绿色农业的发展；李芬妮等（2019）以少耕免耕技术、有机肥施用技术和秸秆还田技术为例，分析了非正式制度、环境规制对农户绿色生产行为的影响。

从农业绿色生产的主体来看，潘世磊等（2018）认为农户的政治面貌、务农时间、绿色农业环境经济价值认知和危害认知因素对其从事绿色农业的意愿起到显著促进作用。栗滢超和刘向华（2020）依据河南省实地调研数据，从实证上验证性别、耕地面积、农技培训、质量意识、支持体系建设等影响农户绿色农业认知水平等因素影响农户实施绿色农业行为，并分析这些因素的作用程度存在的差异。陈转青（2021）构建了政策导向、市场导向对农户绿色生产影响的概念模型，认为绿色生产在政策导向和绿色绩效之间起部分中介作用。

1.2.2.4　关于农业绿色发展存在的问题与提升策略研究

在农业绿色发展存在的问题方面，崔明（2006）认为，我国绿色农业发展中存在的主要问题是认识不清、经验滞后、机制不全造成的。王兴贵（2015）认为，四川甘孜藏族自治州在农业绿色发展中主要面临林草系统退化、水土流失、自然灾害等环境问题，并进一步提出了包括加强经济调控、社会调控和资源调控等在内的政策建议。吴信科（2021）指出，尽管河南省农业绿色发展取得了一定成效，但仍然存在农业生产性污染的形势严峻、农民缺少绿色发展意识、绿色农产品生产规模相对较小三方面的问题。

在农业绿色发展的提升策略方面，研究成果较多。陈亮和解晓悦

（2016）结合当前具体情况，从农产品质量、农业格局、职业农民、农村金融、制度创新和"互联网＋"等方面提出促进农业绿色发展的政策措施。赵丹桂（2018）基于现阶段我国农业绿色发展存在的问题，认为应积极加大制度建设力度、深入挖掘特色绿色农产品、牢固树立绿色发展理念，真正做到大力扶持农业绿色发展、转变农业生产经营和消费方式，最终实现农业绿色发展的转型升级。于法稳（2018）认为，农业绿色发展的核心及关键是水土资源的保护，特别是水土资源质量的保护，这是保障农产品质量安全的根本。焦翔（2019）从认知理念、产业质量、人才素质、技术要素和品牌建设等角度分析了现存问题，进而提出倡导全社会农业绿色发展理念、增加农业绿色发展资金投入、引导形成农业绿色发展产业体系和强化农业绿色发展的管理监督等对策建议。吴红等（2020）分别从当地农业绿色发展中存在的面源污染、生态补偿机制、发展水平区域发展不平衡等问题，提出针对性的对策建议，为其他地区加快农业绿色发展提供参考依据。金书秦等（2020）基于对农业绿色发展关键要素的界定，提出农业绿色发展的三个阶段：去污，即农业生产过程的清洁化；提质，实现产地绿色化和产品优质化；增效，绿色成为农业高质量发展的内生动力。童文兵（2020）分析认为，发展绿色农业需要充分利用农业智慧科技、农业生物学技术、轮耕技术等多种技术优势，通过严格执行绿色产业理念，及时引入现代营销方式，实现农业产业经济效益与生态效益的双重提升。金书秦等（2020）认为，"十四五"时期应以绿色发展驱动农业高质量发展，通过抓落实提高政策实效。金书秦等（2021）通过分析农业碳排放数据，提出"以低碳带动农业绿色转型"的减排思路，建议在"十四五"农业农村发展规划中增加碳约束指标，加快构建农业碳排放核算方法学，积极发展农业碳市场，用好财政手段推广低碳农业技术。

1.2.2.5　关于农业绿色技术采纳的研究

绿色技术的概念最早由布拉温（E. Brawn）和韦尔德（D. Wield）

于1994年提出，他们认为绿色技术是"减少环境污染，降低能源及原材料消耗的技术、工艺或产品的总称"。早期，国内学者也有相近的解释，如许庆瑞等（1998）将节约资源与减少环境污染的技术统称为绿色技术。绿色技术并非单一的技术，最初是从环境保护角度提出的，包括污染治理、清洁生产、生态保护、资源循环利用、绿色产品生产等的一系列技术（蒋洪强、张静，2012），而且其内涵在不断发展演进。2019年4月，国家发展改革委、科技部联合印发了《关于构建市场导向的绿色技术创新体系的指导意见》，对绿色技术的内涵作出权威解读，指出绿色技术是"降低消耗、减少污染、改善生态，促进生态文明建设、实现人与自然和谐共生的新兴技术，包括节能环保、清洁生产、清洁能源、生态保护与修复、城乡绿色基础设施、生态农业等领域，涵盖产品设计、生产、消费、回收利用等环节的技术"。而所谓农业绿色技术主要是指农业领域的绿色技术或绿色技术在农业领域的运用，以保障农产品质量安全、保护水土资源和健康环境、促进农业现代化发展为目标，推动农业绿色转型（杨彩艳等，2021）。

近年，计划行为理论（Theory of Planned Behavior，TPB）作为研究行为内生影响因素的理论模型（Ajzen I，1991），逐渐被应用到农业绿色技术采纳行为研究之中。侯博和应瑞瑶（2015）利用"行为态度＋主观规范＋知觉行为控制"-行为意向-行为实施的分析框架，认为农户在"低碳生产"这一绿色技术采纳行为中，行为态度、主观规范和知觉行为控制三者交互影响，共同推动农户产生低碳生产行为意向，且行为意向正向影响农户采纳低碳生产技术，效果显著。农户绿色技术采纳行为实证研究使用了多种实证模型，当前研究中最为常见的是采用二元 Logit、Probit 等模型，大多将农户绿色技术采用行为简化为"采纳"和"未采纳"（或"采用"和"未采用"）两种选择（Larochelle C，et al.，2017；Zhang L，et al.，2018）；此外，也有学者采用 Multivariate Probit 模型考察不同决策间的关联效应（Belderbos R，et al，2004；Greene H W，

2008）。部分学者利用倾向得分匹配法（PSM）、Heckman 两阶段法，解决了研究过程中的样本自选择问题（秦诗乐、吕新业，2020）。

农业绿色技术采纳行为影响因素可以概括为内部因素和外部因素两大方面。内部影响因素主要是以土地、劳动力和资本等构成的资源禀赋约束（Soule M J，2001；Koundouri P，et al，2010），而农户资源禀赋的异质性又会对绿色技术采纳行为产生不同的影响（徐志刚等，2018；岳梦等，2021）；同时，农户绿色技术采纳行为也会受到性别、年龄、文化程度、兼业情况、信息获取、风险感知、社会网络等个体特征、家庭特征的影响（Stefan D，et al，2010；Maertens A，et al，2013；Ndiritu S W，et al，2014；杨志海，2018），个体特征与家庭特征的差异同样对绿色技术采纳行为具有不同影响（Elaine M L，et al，2013；张红丽等，2020）。在外部影响因素方面，当前研究则主要围绕政策环境、经济风险、市场环境以及自然环境等因素展开（Jacquet F，et al，2011；Omotilewa O J，et al，2019；熊鹰等，2020），认为生态补偿政策、绿色技术推广、完善土地制度、农业社会化服务等均能有效促进农户绿色技术采纳行为（He K，et al，2016；Ma W，et al，2018；周力等，2020；姜维军等，2021）。此外，还有一些学者对影响因素之间的关联机制展开深度剖析，Genius M 等（2014）研究表明，技术推广服务和社会学习均是农户绿色技术采纳行为的决定因素，且其有效性会因彼此的存在变得更强；崔民等（2021）研究表明，生态认知在农户参与培训与生态农业技术采纳之间具有部分中介效应和遮掩效应；张红丽等（2021）认为，农户生态认知在环境规制影响绿色技术采纳行为中具有中介效应。

1.2.3 关于畜牧业绿色发展的研究进展

1.2.3.1 关于畜牧业绿色发展的内涵研究

畜牧业绿色发展是对畜牧业可持续发展的继承和超越。关于畜牧业可持续发展的研究较多，关于畜牧业绿色发展的理论与实践研究较少，而且主要集中在近几年。

畜牧业可持续发展就是要在生产规模得到扩大，经济效益得到提高的同时，还要保持资源环境不被破坏，能够将自然资源留给子孙后代延续使用（张耀生等，2000）。刘振江（2007）认为，畜牧业可持续发展是从我国畜牧业的实际情况出发，依靠科学技术，正确处理好资源与环境、利用与保护、当前与长远、生存与发展的关系，走出一条合理配置与利用资源，提高资源利用率，实现资源永续利用，生产持续发展的高产、优质、低耗、高效发展之路，确保当代和后代对畜产品的需求得以满足。为实现畜牧业可持续发展，需要将生态经济系统与循环经济系统相结合，达到绿色优质、高效低耗的发展要求（孟凡东等，2012）。当前和今后一个时期，以绿色生态为导向，以高质量发展为要求，大力推进畜牧业可持续发展是实现乡村振兴的重要内容（陈伟生等，2019）。积极发展绿色畜牧业成为提高行业竞争力、谋求畜牧业生产与资源环境协调发展、满足人们绿色消费升级的必然选择（李翠霞，2005）。近年来，为实现畜牧业绿色发展，我国陆续出台若干相关政策方案（王明利，2018），关于畜牧业绿色发展的研究成果也逐渐增加。刘丹青（2019）认为，畜牧业绿色发展是以提高效率、和谐统一、可持续发展为目标来进行畜禽养殖，是践行尊重自然、顺应自然、保护自然发展理念的一种新常态发展模式。尹晓青（2019）认为，畜牧业绿色发展应在畜牧生产的过程中统筹兼顾畜禽养殖效益与环境生态保护，坚持以绿色导向来解决养殖过程中的难题。畜牧业绿色发展涵盖经济、社会和生态三个维度，经济效益较高与市场竞争力较强、畜牧产品优质安全与消费者健康保障、资源节约利用与生态环境保护是畜牧业绿色发展目标的集中体现（于法稳等，2021）。

1.2.3.2 关于畜牧业绿色发展的评价研究

关于绿色发展评价的现有研究文献中，尚未发现关于畜牧业绿色发展评价的专门研究，相关研究主要体现在畜牧业可持续发展评价方面，这为畜牧业绿色发展评价提供了理论和方法借鉴。关于畜牧业可持续发展评价的研究，一般基于可持续发展或循环经济视角，构建指标体系，采用赋权计分法进行评价。史光华和孙振钧（2004）指出目前畜牧业可持续发展评价的具体方法比较多，归纳起来主要有综合指数评判法、时间系列法、熵值法、模糊综合评判法、层次分析法及空间分析法等。李宜超（2011）运用层次分析法对安徽省畜牧业循环经济的发展水平进行了综合评价。卢盼盼（2015）采用层次分析法和德尔菲法从社会、经济、生态、科技四个方面评估了贵州省畜牧业可持续发展水平。韩满都拉（2019）采用熵值法从自然资源、社会因素、草原资源和经济因素四方面评价了内蒙古高原温带草地畜牧业可持续发展水平。史颖建等（2020）运用主成分分析法进行测评，深入分析苏尼特左旗 2001—2017 年草原畜牧业现代化水平的动态变化，认为科学技术人员缺乏是其发展的短板，水利建设不完善是亟须解决的问题。关于畜牧业绿色发展的评价研究成果很少，姚成胜等（2017）基于生命周期理论，通过测算畜牧业碳排放量，对我国畜牧业绿色发展进行了评价，发现边疆草原地区和粮食主产区多为高或偏高畜牧业碳排放区；罗欢等（2021）则从投入、期望产出与非期望产出三个方面，采用三阶段数据包络分析（Data Envelopment Analysis，DEA）模型对四川省畜牧业绿色发展水平进行了测度。

1.2.3.3 关于畜牧业绿色发展的影响因素研究

国外关于绿色发展的研究热点包括城市、产业、能源、市场的绿色化发展，而关于畜牧业绿色发展的相关研究主要集中在畜牧业可持续发展影响因素和如何降低畜牧业对环境的影响方面。Elham（2018）认为，畜牧业可持续发展的主要影响因素包括态度、道德规范、主观标准和感知行为控制。对于畜牧业可持续发展策略而言，国外学者致力于研究如何减少与牲畜相关的温室气体排放（Harrison，2016；Havlik et al.，2013；Indira，2012），将精准畜牧业作为环境影响的缓解策略，通过优化家畜生产性能，间接降低环境影响（Emanuela，2019）。

国内关于畜牧业绿色发展影响因素的相关研究也集中于对畜牧业可持续发展的影响因素方面。申明珠（2020）认为，我国畜牧业可持续发展的影响因素包括生产技术相对落后、环境污染、畜牧业发展缓慢、技术推广体系不完善、畜牧业生产率低下。李欣玥（2021）认为，畜牧业可持续发展的影响因素包括产业体系不够完整、畜牧业竞争力不强、资源束缚、环境负担大、动物疫病风险高。总之，畜牧业绿色发展或可持续发展的主要宏观影响因素包括环保政策或规制、技术创新、龙头企业带动性、资源利用率、饲料资源安全供给、动物疫病风险等（陈伟生等，2019；韩满都拉，2019；尹晓青，2019；卢盼盼，2015；李翠霞，2005；王济民等，2005）。另外，推进畜牧业绿色发展，离不开养殖户的参与，依据计划行为理论，行为态度、主观规范、认知行为控制都会对养殖户的绿色生产行为产生影响（宾幕容、文孔亮、周发明，2017）；尤其是养殖户对绿色生产技术、环境保护政策、财政补贴政策等的认知水平会显著影响其绿色生产参与意愿（于婷、于法稳，2019）。养殖户个体特征与经营特征同样对畜牧业绿色发展有重要影响，受教育程度越高，养殖规模越大，越愿意实施畜牧业绿色生产行为（张园园、孙世民、季柯辛，2012）。此外，外部环境对畜牧业绿色发展的影响同样不容小觑，疫病风险、市场风险等显著影响养殖户的绿色生产行为（吴林海等，2015）；特别是作为绿色生产监管的主体，政府监管与执法力度、加强对养殖户绿色生产技术的服务指导、增强养殖户环保意识等能够加快推进畜牧业绿色发展（何坪华等，2018）。

1.2.3.4 关于畜牧业绿色发展存在的问题与推进策略研究

（1）畜牧业绿色发展存在的问题研究

畜牧业生产结构与市场需求不适应、饲养管理不规范、科技创新与服务体系滞后已成为当前制约畜牧业绿色发展的重要因素（谢双红、王济民，2005）。相对宽松的畜牧业环保政策、畜牧业发展与农业的脱轨、畜禽粪污处理水平低下加剧了畜牧业发展与生态保护之间的矛盾（成都市畜牧业发展研究课题组，2016）。畜牧业生产竞争力不强、产业体系不完善、资源约束趋紧、畜禽养殖环保压力较大、动物疫病风险较高等仍是制约畜牧业绿色发展的主要问题（陈伟生等，2019）。马增晓（2020）提出要推动绿色畜牧业发展，需要解决农村养殖户文化水平普遍不高，激素应用量过大使肉类品质受到很大影响，防疫意识缺乏使防疫过程当中操作不规范，以及粗放的生产管理条件、落后的观念、经费投入不足、优良品种选育工作进程亟待加快、畜牧业信息滞后，信息服务体系不健全等问题。

（2）畜牧业绿色发展推进策略研究

倡导绿色生产生活方式，加快推进畜牧业绿色转型，寻求畜牧业发展与资源环境的均衡是当前亟待解决的关键问题（李明等，2021）。近年来，畜牧业生产所带来的负外部效应越来越明显，畜牧业绿色发展效率增速放缓，粪污资源化利用与适度规模经营是绿色发展的关键（唐莉等，2021）。为实现畜牧业绿色发展，我国陆续出台若干相关政策方案，大力推行种养结合绿色循环生产模式，实现畜牧业与农业的交叉协同发展是顺应绿色发展的必然趋势（刘刚等，2018；马骥，2017）。补齐畜牧业短板，构建上游、中游、下游全产业链是促进畜牧业绿色发展的工作重心（卢泓钢等，2021）。陈伟生等（2019）通过分析我国畜牧业可持续发展存在的问题，提出了构建种养循环可持续发展机制、加快推进畜牧业转型升级、全面推进畜禽粪污资源化利用、做大做强特色畜牧产业、积极营造畜牧业可持续发展的良好市场环境、全方位提升畜牧业生物安全措施。总之，基于畜牧业发展的基本态势及面临困境，学者们从不同角度提出了促进畜牧业绿色发展的策略与建议，如各级政府高度重视、加强对兽药和饲料的质量监管、加强畜牧业科技创新、强化畜牧业环保治理、构建畜牧业循环经济体系、提高畜禽粪污资源化利用水平、保障畜牧产品质量安全、提高畜牧业现代化水平等（杨义风、王桂霞，2020；陈伟生等，2019；尹晓青，2019；金书秦等，2018；马骥，2017；陈杰，2015；李翠霞，2005）。近两年，我国提出了促进畜牧业高质量发展的目标。于法稳等（2021）提出了实现畜牧业高质量发展的六条路径：以新发展理念指导畜牧业高质量发展；因地制宜，创新生态畜牧业发展模式；强化技术创新，推动畜牧产业绿色转型；发挥中医药优势，推动畜牧业健康发展；采取有效措施提高畜牧业的核心竞争力；完善保障畜牧业高质量发展的政策。

1.2.4　文献评述

关于农业绿色发展，国外学者的研究热点逐渐由"可持续的农业质量评估"向"农业管理与保护"和"土地利用"等转变；国内学者的研究热点逐渐由"农业可持续"和"农业生态与资源"向"绿色农业"和"现代农业"等转变（孙晓等，2021）。在国内，"农业绿色发展"概念逐步取代农业可持续发展，成为新的研究主题和发展趋势。

1.2.4.1　农业绿色发展文献评述

国外对农业绿色发展方面的研究，主要是关于农业可持续发展或者生态农业方面的研究，为我国农业绿色发展研究提供了一定的理论基础。我国对农业绿色发展的研究虽然起步较晚，但随着新发展理念的提出，政府出台了一系列关于农业绿色发展的政策和措施，近年我国对农业绿色发展的理论与实践探索已经取得了比较丰富的研究成果。学者主要关注的领域包括农业绿色发展的内涵、农业绿色发展的路径、区域农业绿色发展、农业绿色发展的评价等。

尽管农业绿色发展的研究范围相对广泛，但在概念、内涵等方面还缺乏一致性，研究还需深化，具体表现在以下三个方面：①从研究范围来看，对全国或区域农业绿色发展研究的成果较多，而对具体省份或县域农业绿色发展研究较少。②从研究内容来看，对农业绿色发展评价的研究，从不同区域性特点出发，构建区域评价指标体系，但没有形成统一的标准；对农业绿色发展影响因素的研究，多数从某一方面进行研究，而缺少对农业绿色生产主体与外部环境的系统研究。③从研究对象来看，对种植业绿色发展的研究较多，对畜牧业绿色发展的研究很少。

1.2.4.2 畜牧业绿色发展文献评述

综上所述，国外学者大多从可持续发展或循环经济的角度研究畜牧业发展问题，其研究成果对我国畜牧业绿色发展的内在机理和策略研究具有一定借鉴意义。从国内研究现状来看，畜牧业绿色发展的研究刚刚起步，主要是关于畜牧业可持续发展、绿色畜牧业等方面的研究；学者对畜牧业绿色发展的内涵、目前存在的问题与推进策略等方面都做出了一定的研究，但是对存在问题与推进策略的分析多体现在宏观层面，缺乏针对养殖户等微观层面的具体问题与推进策略的探讨，且对推进策略的绩效分析等的研究甚少。关于畜牧业绿色发展评价与影响因素方面的研究很少，但国内外学者在畜牧业可持续发展评价与影响因素方面进行了相关研究，尤其是对现代畜牧业发展水平测度进行了相关探讨，以上方法也比较成熟，这些成果可为畜牧业绿色发展评价提供理论参考和方法借鉴。

然而现有研究成果在以下三个方面尚待改进：①从研究内容来看，现有成果缺少对我国畜牧业绿色发展水平评价的专门研究，鲜有对畜牧业绿色发展政策效果的研究，欠缺对畜牧业绿色发展制约因素和提升策略方面的深入分析；②从研究范围来看，现有成果大多集中于全国或区域层面，缺少对省域和县域畜牧业绿色发展的研究；③从研究方法来看，现有文献大多是关于畜牧业绿色发展的定性分析，而定量和实证研究的成果较少。

总之，从农牧业绿色发展的相关研究成果来看，农业绿色发展的研究成果较多且比较成熟，但也存在一些提升的空间；关于畜牧业绿色发展的研究，国内刚刚起步且研究成果较少，部分领域缺少系统的研究，如关于畜牧业绿色发展评价及影响因素的专门研究，尚未见报道。近年，我国提出农牧业高质量发展的目标，农牧业绿色发展是高质量发展的重大举措，所以对农牧业绿色发展进行系统、深入的研究是非常必要的。本书拟以省作为研究对象，对吉林省农业和畜牧业绿色发展存在的问题、绿色发展评价、影响因素分析、提升策略等方面，进行系统而深入的理论和实证研究。

2 吉林省农牧业绿色发展现状及存在的主要问题

吉林省位于东北三省中心地带，总耕地面积 608.6 万公顷，农业人口 1 324.7 万，是我国重要的商品粮基地，素有"中国粮仓"之美誉。吉林省气候具有显著的地域和季节差异特性，水资源充足，土地资源差异明显，呈"东林、中农、西牧"的基本格局。吉林省凭借自身优势，在农牧业绿色发展方面具有很大潜力，如吉林省拥有世界三大黑土区之一的松辽流域东北黑土区，拥有松花江、图们江、鸭绿江等众多河流；但吉林省在农牧业绿色发展中尚存在生态环保意识淡薄、农牧业绿色发展投入不足、化肥农药过量使用、畜禽养殖污染严重等问题。本章主要介绍吉林省农牧业绿色发展的自然条件、农牧业绿色发展现状及存在的主要问题。

2.1 吉林省农牧业绿色发展的自然条件

吉林省风景优美，生态环境优良，区域内有平原、丘陵、山地等，其中松辽平原为世界三大黑土地之一，自然条件十分适合农业生产。

2.1.1 气候特征

吉林省位于亚欧大陆东侧，其地理坐标为东经 121°38′—131°19′，北纬 40°50′—46°19′，形成了温带大陆性季风气候特征，雨热同期，四季分明。尽管吉林省是内陆省份，但其东南部地区因濒临日本海而气候湿润,西北地区靠近内蒙古高原而气候干燥,有一部分沙化和盐碱地。辽阔的地域和显著的气候差异,导致吉林省气象灾害受到季节与地域的双重影响。吉林省年均日照时数多达 3 016 小时,其中以春、夏、秋三个季节最多,平均每天日照时数为 7—8 小时。无霜期长达 160 天。冬季气候寒冷,最低气温可达−20℃;夏季炎热多雨,最高气温接近甚至突破 30℃。鲜明的气候特征导致吉林省年际温差较大,一般为 35～42℃,昼夜温差为 11℃左右。全年中太阳辐射最强的时间为农作物生长的旺季 5—9 月。农作物生产周期一般为一年一茬,成熟期长,光照充分,为农作物和牲畜生长提供了有利条件。

2.1.2　土地资源

吉林省土地资源差异比较明显,呈现出"东林、中农、西牧"的基本格局。其中,世界三大黑土地之一的松辽平原位于地势平坦开阔的中部地区,是吉林省耕地的"主战场"。肥沃的黑土地铸就了吉林省粮食主产区地位,"吉林好大米""鲜食玉米香"誉满全国,东北人参更是全球知名。

吉林省地貌形态差异明显。地势由东南向西北倾斜,呈现明显的东南高、西北低的特征。吉林省土地面积为 18.74 万千米^2,占我国国土面积的 2%。在吉林省土地面积中,山地占 36%,平原占 30%,台地及其他占 28.2%,其余为丘陵。主要平原有松嫩平原与辽河平原,总耕地面积 608.6 万公顷。吉林省地貌类型主要由火山地貌、侵蚀剥蚀地貌、冲洪积地貌和冲积平原地貌构成。吉林省地貌形成的外应力以冰川、流水、风和其他气候气象因素的作用为主。流水侵蚀作用对地貌的影响很广泛,山地、丘陵、台地、平原、盆地、谷地多受侵蚀、剥蚀、堆积、冲积等综合作用,形成了各种流水地貌,如河漫滩、冲(洪)积平原、冲沟等。火山地貌占吉林省总面积的 8.6%,流水地貌占 83.5%,湖成地貌占 2.6%,风沙地貌约占 5.2%。流水地貌占据了地貌分布的八成以上，形成了丰富的可耕土地资源。吉林省土壤类型丰富，主要有 19 个土类、44 个亚类、99 个土属、263 个土种。其中，暗棕壤分布面积最大，占比 41.4%；其次是黑钙土，占比 13.34%。黑钙土是吉林省主要的耕地土壤，可耕土地资源丰富，土壤质量好，很少有重金属污染源，化肥农药残留尚未形成对土壤质量的严重破坏，并且近年来，化肥农药减量施用也使土壤质量得到一定程度的改善。吉林省可耕土地的生态条件非常适于发展绿色农业。

2.1.3 水资源

吉林省水资源条件较为丰富，年均降水量 687 毫米，全年 80% 的降水集中在夏季，东部地区的降水量最为丰富。2019 年，吉林省水资源总量 506.1 亿米^3，其中，地表水资源量 437.4 亿米^3，地下水资源总量 156.1 亿米^3，地表水与地下水资源重复量 87.4 亿米^3。人均水资源量 1 876.2 米^3。吉林省境内主要有 5 大水系，分别是松花江水系、辽河水系、鸭绿江水系、图们江水系及绥芬河水系，其中，松花江水系水资源量达到 352.4 亿米^3（2019 年），是吉林省最主要的水系；辽河流域水资源量达到 42.79 亿米^3（2019 年）。吉林省河流、湖泊众多，分布合理且水量充足，水质条件良好，为吉林省的农业生产，尤其是优质水稻的生产，提供了天然的"绿色"资源。

2.1.4 森林资源

森林资源是森林、林木、林地，以及依托森林、林木、林地生存的野生动物、植物和微生物总称。森林资源是地球资源重要的一部分，形成生物多样性和复杂性，为促进人与自然的和谐共生、推进人类社会的可持续发展起到重要保障作用。依托长白山国家自然保护区建设，近年，吉林省积极推动森林资源培育、保护、经营、利用和管理，森林资源总量增长，森林面积从 21 世纪初期（2004 年）的 806 万公顷提高到

2019 年的 829.8 万公顷，增长 23.8 万公顷，增长率为 2.96%；活立木总蓄积量从 21 世纪初期的 8.7 亿米^3 提高到 2019 年的 10.8 亿米^3，增长 2.1 亿米^3，增长率为 24.14%；森林覆盖率从 21 世纪初期的 42.5% 提高到 2019 年的 44.8%，增加 2.3 个百分点。近来，东北虎等珍稀动物在吉林省内频繁出现，千佛指山松茸等食用菌享誉全国，可见森林资源发展使吉林省生态环境得到了有效改善。

2.1.5 草地资源

草地是以生长草本和灌木植物为主并适宜发展畜牧业生产的土地，具有特有的生态系统，是一种可更新的自然资源。吉林省草地资源丰富，牧草地面积为 104.56 万公顷，主要分布在东部山区丘陵和西部草原。东部草地零散、产草量高；西部草场辽阔，集中连片，草质好，尤以盛产羊草驰名中外，是发展畜牧业的重要基地。

2.2 吉林省农牧业绿色发展现状

吉林省自然资源丰富，适宜农牧业生产。"十三五"以来，吉林省坚持"五大发展理念"，深入贯彻东中西"三大板块"战略和吉林省率先实现农业现代化总体规划部署，健全现代农业区域布局，加快建设形成现代农业东部绿色转型发展区、中部创新转型核心区、西部生态经济区的发展格局，强调"绿色在先""转型为要""生态为纲"，助推吉林省改革发展，尤其在农牧业绿色发展上取得了一定的成效。

2.2.1 吉林省农业绿色发展现状

2.2.1.1 农业绿色发展基础条件

依托得天独厚的自然条件和天下粮仓的历史传承，吉林省拥有深厚的农业绿色发展基础。东部山地特色农业区，人参、林蛙、食药用菌、中药材、林产品等特色资源潜力巨大。中部重要粮食主产区，农业资源优势突出，产业基础雄厚，是引领吉林省率先实现农业现代化的重点区域。西部地势平坦，耕地、草原等资源丰富，区域草食牧业发展基础好，宜打造旱作节水农业先行区、发展粮经饲三元种植结构。2010—2019年，农作物种植规模不断扩大，扣除灾情影响及种植结构调整，农作物产量持续增长（2017年，吉林省根据统计普查数据对统计年鉴相应数据进行了调整，但总体呈上升趋势），农业机械化程度逐渐提高，农业现代化取得长足发展（表2-1至表2-3）。丰富的可耕土地资源和农业技术的进步，为吉林省农业绿色发展奠定了良好的发展基础。

表 2 - 1   2010—2019 年吉林省主要农作物播种面积情况

单位：公顷

年份	2010	2011	2012	2013	2014	2015	2016	2017	2018	2019
粮食	4 676 700	4 766 400	4 891 300	5 132 100	5 411 700	5 534 100	5 542 400	5 543 900	5 599 720	5 644 930
油料	329 300	271 800	301 800	319 700	314 300	324 300	390 040	408 670	280 790	257 380
蔬菜	245 500	236 860	237 360	215 120	211 060	200 520	200 430	82 840	110 900	121 450
人参	3 480	2 860	3 550	3 310	6 520	5 660	6 330	7 900	9 800	11 180
瓜果	58 650	55 290	51 090	52 370	51 200	46 790	56 560	22 110	40 490	43 820
合计	5 313 630	5 333 210	5 485 100	5 722 600	5 994 780	6 111 370	6 195 760	6 065 420	6 041 700	6 078 760

数据来源：《吉林统计年鉴》（2011—2020 年）。

表 2 - 2   2010—2019 年吉林省主要农作物产量情况

单位：万吨

年份	2010	2011	2012	2013	2014	2015	2016	2017	2018	2019
粮食	2 790.72	3 231.79	3 450.21	3 763.30	3 800.06	3 974.10	4 150.70	4 154.00	3 632.74	3 877.93
油料	76.53	77.14	91.40	97.12	101.14	92.08	109.30	128.48	87.53	81.78
蔬菜	792.95	599.01	536.59	482.89	422.08	380.23	348.01	356.64	438.15	445.39
人参	2.82	3.69	3.28	3.22	2.89	2.70	2.71	3.01	3.61	3.08
瓜果	65.08	60.63	157.72	173.41	170.85	155.57	190.12	73.32	122.47	127.7
合计	3 728.10	3 972.26	4 239.20	4 519.94	4 497.02	4 604.68	4 800.84	4 715.45	4 284.50	4 535.88

数据来源：《吉林统计年鉴》（2011—2020 年）。

表 2-3　2010—2019 年吉林省农业机械作业情况

年份	机耕面积 （万公顷）	机播面积 （万公顷）	机收面积 （万公顷）	占播种面积比例 （%）	机电灌溉面积 （万公顷）	占有效灌溉面积比例 （%）
2010	407.3	372.8	113.6	21.8	869.1	50.3
2011	452.3	418.5	156.81	30.0	893.1	48.6
2012	499.93	470.35	208.94	39.3	969.9	52.4
2013	492.12	490.03	246.31	42.5	990.8	53.4
2014	498.01	500.46	291.70	51.9	1 048.3	64.3
2015	507.19	515.85	329.90	56.9	1 062.4	59.3
2016	502.91	523.03	358.56	57.8	1 072.6	58.5
2017	469.78	507.33	406.58	70.1	1 063.6	53.9
2018	493.56	544.88	456.46	75.0	1 137.8	59.2
2019	478.32	550.62	482.26	80.4	1 224.3	63.2

数据来源：《吉林统计年鉴》（2011—2020 年）。

2.2.1.2　农业绿色发展政策支持情况

2015 年 10 月党的十八届五中全会首次提出绿色发展理念以来，我国陆续出台了一系列促进农业绿色发展的相关政策。2017 年 9 月，中共中央办公厅、国务院办公厅印发了《关于创新体制机制推进农业绿色发展的意见》（中办发〔2017〕56 号），明确指出要把农业绿色发展摆在生态文明建设全局的突出位置。2017 年中央 1 号文件提出，推行绿色生产方式，增强农业可持续发展能力；2018 年中央 1 号文件指出，以绿色发展引领乡村振兴，再次提出加强农业面源污染防治，开展农业绿色发展行动，实现化学品投入减量化、生产清洁化、废弃物资源化、产业模式生态化；2019 年中央 1 号文件不但要求强化高质量绿色发展导向，而且提出创建农业绿色发展先行区。2021 年 8 月，农业农村部等六部委联合印发了《"十四五"全国农业绿色发展规划》（农规发〔2021〕8 号），对"十四五"农业绿色发展工作做出了系统部署和具体安排。

近年，按照国家关于推进农业绿色发展的要求，吉林省坚持以绿色生态为导向，以农业强、农民富、农村美为目标，出台了一系列促进农业绿色发展的相关政策和制度，大力转变农业发展方式，积极推进农业绿色发展。2013 年 5 月，吉林省人民政府印发了《吉林省主体功能区规划》，与主体功能区相对应，东部、中部、西部"三大板块"区域发展战略积极推动东部绿色转型发展区、中部创新转型核心区、西部生态经济区建设。2016 年 3 月，吉林省农业委员会等八部门联合印发了《吉林省农业可持续发展规划（2016—2030 年)》（吉农计发〔2016〕1 号)。吉林省高度重视推进农业绿色发展工作，于 2018 年 3 月成立农业可持续发展试验示范区建设领导小组，成为全国第一个成立省级领导小组的省份，为推动农业绿色发展提供了坚实的组织基础；出台了有关农业绿色发展具体措施，加大农业绿色发展专项资金支持和生态资源保护补贴资金投入力度。2018 年 9 月 25 日，吉林省颁布《吉林省关于创新体制机制推进农业绿色发展的实施意见》；2018 年 12 月，吉林省委、省人民政府出台了《吉林省乡村振兴战略规划（2018—2022)》；2019 年 1 月，吉林省人民政府颁布《"一主六双"产业空间布局规划》（吉政发〔2019〕6 号)，在农业产业布局方面特别强调了"绿色""生态"和"可持续"的发展理念和发展目标。这一系列发展规划和实施细则，为吉林省农业绿色发展提供了政策依据和制度保障。

2.2.1.3　农业生态环境保护情况

吉林省自觉摒弃以牺牲环境为代价的"高耗能、高污染"的粗放式发展模式，立足省情实际，积极打造绿色环保可持续发展模式，坚持"绿水青山就是金山银山""冰天雪地也是金山银山"的绿色发展理念，积极倡导加强对农业生态环境的保护。

吉林省土地资源丰富，享誉世界三大黑土地之一的松辽平原位于地势平坦开阔的中部地区，素有"黑土地之乡"的美称。黑土地是土地资源中的"国宝",人们应像保护"大熊猫"一样保护黑土地。长期以来,吉林省十分重视黑土地的保护。2018 年 3 月,《吉林省黑土地保护条例》颁布,是我国首部黑土地保护地方性法规。在农业生产过程中,吉林省持续推广化肥农药减施措施,根据土壤特征科学施肥,提高生产效率与保护耕地质量并重,2019 年,吉林省化肥、农药施用量分别较上年减少 1.79% 和 1.82%。保护性耕地面积逐年提高,土壤环境得到明显改善。吉林省努力提高秸秆综合利用率,以减少秸秆焚烧对环境的污染,2019 年秸秆综合利用量为 2 844 万吨,利用率高达 70%,其中秸秆还田利用率为 37%、秸秆饲料化利用率为 18%。秸秆综合利用水平明显提升,雾霾等空气污染水平明显降低,空气质量得到有效改善。

近年,吉林省一直重视森林保护,森林覆盖率维持在 44% 左右。吉林省东部地区,天然林保护、退耕还林等成效显著,水土保持、坡耕地治理稳步推进,生态环境越来越好。吉林省西部地区草原和湿地保护、沙化和盐碱化治理效果逐步显现,草原生态功能和载畜能力逐步增强,生态循环发展状态进一步改善。

2.2.1.4 农业绿色生产情况

吉林省积极倡导农业绿色生产模式,推动化肥、农药、农膜减量使用。

在化肥使用上,一是积极采用测土配方施肥技术,根据土壤特征科学施肥,提高生产效率与保护耕地质量并重;二是积极推广深施肥技术,有效提高化肥利用率,减少化肥流失对环境的污染;三是推进有机肥料共同利用,充分利用秸秆、动物粪便作为有机肥来源,减少化肥的用量。

在农药使用上,严格执行农药使用规定,科学使用农药,更多利用新型农药施药机械,以减少农药用量,不断提升绿色生产水平。

在农膜使用上,吉林省农用塑料膜污染也逐渐得到治理,绿色生产水平逐渐提升。"十三五"期间，吉林省秉持"五大发展理念"，以绿色为底色，坚持化肥农药零增长。

如表 2-4 所示，2010—2015 年，吉林省农用化肥、农药和农用薄膜使用量逐年加剧；但自 2016 年起，三种农用化学生产资料的投入情况有所改观。2016 年，农用化肥和农用薄膜使用量涨幅减小，农药使用量降低；自 2017 年，农用化肥、农药和农用薄膜使用量逐年降低。绿色发展政策效应凸显，绿色生产情况得到明显改善。

表 2-4 2010—2019 年吉林省农用化学品投入情况

单位：万吨

年份	农用化肥施用折纯量	农药使用量	农用薄膜使用量
2010	182.80	4.28	5.26
2011	195.20	4.56	5.71
2012	206.73	5.12	5.67
2013	216.79	5.69	5.85
2014	226.66	5.95	5.79
2015	231.24	6.23	5.92
2016	233.61	5.85	5.96
2017	231.02	5.63	6.08
2018	228.30	5.10	5.62
2019	227.06	4.87	5.31

数据来源：国家统计局网站相关年度数据。

2.2.1.5 农业绿色产品情况

作为对绿色生产的回报，绿色农产品数量不断增加，质量明显提升。吉林省积极建设农业绿色发展先行区，目前已认定 3 个国家级先行区、5 个省级先行区及 8 个省级创建主体。2019 年，吉林省 11 种农产品进入全国知名区域公用品牌目录，4 种农产品进入百强品牌目录。吉林省农产品检测合格率达到 98.4%，高于国家标准，抽检的水果、蔬菜和食用菌样品合格率达到 99.1%。

吉林省不断完善农产品质量安全追溯信息平台建设，强化农产品认证。统筹推进各地绿色优质农产品均衡协调发展，绿色食品标识产品数量增幅保持在10%以上。2021年，吉林省获得绿色、有机、地理标志农产品认证（登记）证书的产品101个（其中绿色食品90个、有机农产品10个、地理标志农产品1个）。截至目前，吉林省有效使用绿色优质农产品标识数量1 508个，其中绿色食品1 323个、有机农产品160个、地理标志农产品25个。

2.2.1.6　农村生活环境改善情况

吉林省积极开展农村生活垃圾、污水处理工作，逐渐解决垃圾"围村"和村内环境脏乱差的情况，84%的村庄已实现基本清洁；坚持开展农村厕所改造工程，截至2019年年底，已有16.4万个农村家庭完成了厕所改造。目前，吉林省已创建了2 000个AAA级农村环境示范村及100个美丽乡村，农村生活环境得到明显改善。2019年，吉林省农村常住居民人均可支配收入增长8.6%。2015年以来，农民收入上涨趋势明显，居住条件和饮用水改造效果显著（表2-5）。随着乡村振兴战略的不断推进，吉林省农民生活水平显著提高，农村生活环境越发优美，逐渐实现了"生活富、生态美"的美好愿望。

表2-5　2015—2019年吉林省农民住房及饮用水改善情况

项目	2015年	2016年	2017年	2018年	2019年
农村常住居民人均可支配收入（元）	11 326.17	12 122.94	12 950.44	13 748.17	14 936.05
农民人均住房情况（米²）	26.95	28.3	28.95	28.66	29.68
农村自来水受益村数（个）	6 430	6 445	6 637	6 856	7 276

数据来源：《吉林统计年鉴》（2020年）。

2.2.2　吉林省畜牧业绿色发展现状

2.2.2.1　畜牧业绿色发展基础条件

近年，吉林省畜牧业展现了良好的发展态势：首先，吉林省对全省畜牧业资源协调重组，修正以往畜牧业区划形式，纠正了畜牧业未来发展方向；其次，重视畜禽品种良种化，推进畜禽生产基地规模化，加强绿色技术创新和推广，建立健全绿色畜产品质量安全追溯体系，为推动畜牧业绿色发展提供了不竭动力。

据统计数据显示，2019 年，吉林省畜牧业产值达 1 239.58 亿元，较 2018 年增长 23.76％，比 2010 年增长 63.33％（图 2-1）。2010—2019 年，在政策规划、技术进步等强力推动下，吉林省畜牧业产值总量有了极大提高，有力推进吉林省畜牧业发展，为吉林省畜牧业绿色发展提供了基础条件。

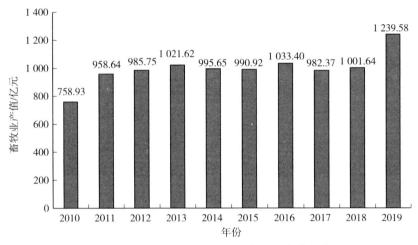

图 2-1　2010—2019 年吉林省畜牧业产值变化

数据来源：《吉林统计年鉴》（2011—2020 年）。

吉林省畜牧业年均产量、产值及比例情况如表 2-6 所示。2010—2019 年，畜牧业产值占农林牧渔总产值的比例一直保持在 40％以上的水平。进入 21 世纪后，畜牧业产值的比例逐渐加大，牧业产值占比与农业产值占比基本一致，成为吉林省农林牧渔业的重要支柱。进一步分析可知，与 2010 年相比，2019 年猪牛羊肉、禽蛋分别增长 2.7％、27.07％，大牲畜年底头数、猪年底头数分别下降 22.67％、19.64％，牧业产值占农林牧渔总产值的比例提高 5.81%。2019 年，除了生猪年底头数受非洲猪瘟的影响较 2018 年略有降低，猪牛羊吨数、大牲畜年底头数、禽蛋吨数较 2018 年都有所提升，牧业产值占农林牧渔总产值比例为 50.74%。这些数据表明，畜牧业在吉林省农业经济发展中占据着至关重要的地位，是提高农民收入、推进乡村振兴的着力点。

表 2-6　2010—2019 年吉林省畜牧业年均产量及产值比重

年份	猪牛羊肉（万吨）	禽蛋（万吨）	大牲畜年底头数（万头）	猪年底头数（万头）	牧业产值占农林牧渔总产值的比例（%）
2010	235.85	95.64	437.63	986.6	44.93
2011	239.75	95.30	393.11	989.3	47.22
2012	255.60	100.20	381.50	1 001.2	45.17
2013	258.51	97.70	371.53	1 001.2	44.89
2014	256.06	110.71	352.86	1 000.4	43.25
2015	255.07	122.38	355.72	945.7	43.21
2016	255.47	132.46	327.61	919.23	47.66
2017	256.13	120.98	342.05	911.10	47.58
2018	253.60	117.11	330.70	870.40	45.85
2019	242.22	121.53	338.43	792.83	50.74

数据来源：《吉林统计年鉴》（2011—2020 年）。

截至 2021 年底，吉林省猪、牛、羊分别发展到 2 887.8 万头、580.7 万头和 1 284.2 万只，同比增长 30%、10.8% 和 44.3%，生猪和羊存栏量、出栏量均创历史最好水平，肉牛存栏量实现两位数增长；肉类总产量达到 273.1 万吨，同比增长 15.7%；肉牛、肉羊价格持续高位运行，禽蛋价格保持稳定，吉林省农林牧渔业总产值增速达到 7.5%，为 2008 年以来最好水平，其中，牧业养殖业产值达到 1 454.3 亿元，同比增长 8%。

2.2.2.2　吉林省畜牧业绿色发展政策支持情况

近年，我国对畜牧业绿色发展非常重视，中共中央办公厅、国务院办公厅和农业农村部等部门陆续出台了一系列促进畜牧业绿色发展的相关政策。2016 年，农业部办公厅颁布《关于印发畜牧业绿色发展示范县创建活动方案和考核办法的通知》，印发了《畜牧业绿色发展示范县创建活动方案》和《畜牧业绿色发展示范县考核办法》，要求畜牧业绿色发展示范县要建立产出高效、产品安全、资源节约、环境友好的现代畜牧业发展模式。2017 年 5 月，国务院办公厅印发《关于加快推进畜禽养殖废弃物资源化利用的意见》（国办发〔2017〕48 号）指出，要建立健全畜禽养殖废弃物资源化利用制度，构建种养循环发展机制，全面推进畜禽养殖废弃物资源化利用，加快构建种养结合、农牧循环的可持续发展新格局。2017 年 9 月，中共中央办公厅、国务院办公厅印发的《关于创新体制机制推进农业绿色发展的意见》（中办发〔2017〕56 号）明确指出，要以土地消纳粪污能力确定养殖规模，强化畜禽粪污资源化利用，健全病死畜禽无害化处理体系，实施动物疫病净化计划，推行水产健康养殖制度，实施种养加结合、农林牧渔融合循环，进而促进农牧业绿色发展。2020 年 9 月，国务院办公厅印发的《关于促进畜牧业高质量发展的意见》（国办发〔2020〕31 号）指出，畜牧业是关系国计民生的重要产业，要坚持绿色发展，协同推进畜禽养殖和环境保护，持续推动畜牧业绿色循环发展，促进可持续发展，不断增强畜牧业质量效益和竞争力，形成产出高效、产品安全、资源节约、环境友好、调控有效的高质量发展新格局。2021 年 8 月，农业农村部等六部委联合印发的《"十四五"全国农业绿色发展规划》（农规发〔2021〕8 号）强调，要推进畜禽废弃物资源化利用，支持在畜牧养殖大县开展绿色种养循环农业试点，整县推进粪肥就地消纳、就近还田。

　　吉林省是国家重要的商品粮基地和优质畜产品生产基地。近年，吉林省在贯彻落实国家关于畜牧业绿色发展相关政策的同时，也积极制定并实施了一系列促进畜牧业绿色发展的相关政策措施。2016 年 3 月，吉林省农业委员会等八部门联合印发了《吉林省农业可持续发展规划（2016—2030 年）》（吉农计发〔2016〕1 号）；2017 年 12 月，为大力发展绿色生态健康养殖，加快构建现代畜牧产业体系，吉林省人民政府办公厅印发了《吉林省加快推进畜禽养殖废弃物资源化利用工作方案》（吉政办发〔2017〕85号）；2018年9月，为促进农牧业绿色发展，吉林省颁布《吉林省关于创新体制机制推进农业绿色发展的实施意见》；2020年10月，为充分利用当地丰富的秸秆资源加快推进秸秆饲料化利用，吉林省人民政府办公厅印发了《吉林省"秸秆变肉"工程实施方案》（吉政办发〔2020〕28号）；2020年12月，吉林省畜牧业管理局编制了《吉林省种植业与养殖业循环发展规划（2020—2025年）》等政策文件。这些政策的制定和实施，对促进吉林省畜牧业绿色发展均起到积极作用。

2.2.2.3 畜禽养殖场绿色改造情况

吉林省坚持政府帮扶，多方建设的方针，鼓励分散饲养转向规模养殖，以种养大户、大中型家庭牧场、畜牧业龙头企业等为重点实施标准化改造，帮扶龙头企业及有条件的养殖场户建设符合绿色发展要求的养殖基地、建设废弃物资源化利用设施等。截至2018年，吉林省12个畜牧业大县有8个被国家确定为整县推进试点县，争取国家政策资金4.2亿元，其中到位资金2.2亿元；省级安排畜禽粪污资源化利用专项资金0.52亿元；市县两级落实配套资金1.1亿元。省畜牧业管理局重视绿色技术指导与应用，2018年，举办专题培训班5期，培训人员600人次，提高了畜牧业相关人员的专业素质；落实规模养殖场（户）主体责任，把"粪污无害化"作为门槛条件，与生态环境部门相配合，完成禁养区内畜禽养殖场关闭或搬迁1 817个。吉林省重视整改中央环境保护督察问题，建设区域性养殖废弃物集约化处理中心30个，改造规模养殖场2 132个，成熟应用养殖场废弃物处理的企业有26家。2012—2018年，吉林省畜禽粪污综合利用率持续增长，如图2-2所示，截至2018年，达到81.2%，较2012年增长76.52%；规模养殖场粪污处理设施装备配套率达到78.9%（王坤，2019）。2019年，吉林省畜禽标准化规模养殖场10 600个，畜产品加工企业建设畜禽养殖基地89处，畜禽养殖场绿色化改造进程加快。2021年底，吉林省规模养殖场畜禽粪污处理设施配套率达96%，畜禽粪污综合利用率达到92%。

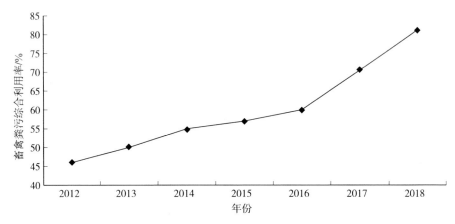

图 2-2 2012—2018 年吉林省畜禽粪污综合利用率变化趋势

2.2.2.4 粪污处理资源化利用情况

近年，吉林省畜牧业发展较快，畜禽出栏量较大，相应地，畜禽粪污处理任务重。畜禽粪污处理能力是衡量畜牧业绿色发展的重要指标，粪污资源化利用将有利于提高畜牧业绿色发展水平，畜禽粪污资源化利用任重道远。从表 2-7 可以看出，2015—2019 年，吉林省猪和牛的出栏量呈现波动下降趋势，羊和家禽的出栏量呈现波动上升趋势，但畜禽出栏总量呈现波动上升趋势。5 年来，猪、牛、羊、家禽的出栏量合计分别为 7 811.87 万头、1 287.1 万头、1 983.27 万只、223 784.12 万只。

表 2-7 2015—2019 年吉林省主要畜禽出栏量

年份	2015	2016	2017	2018	2019
猪出栏数量（万头）	1 618.60	1 570.08	1 691.71	1 570.42	1 361.06
牛出栏数量（万头）	303.20	242.03	233.60	249.56	258.71
羊出栏数量（万只）	388.50	412.31	406.67	383.02	392.77
家禽出栏量（万只）	39 000.00	48 098.82	42 818.44	45 062.26	48 804.60

数据来源：《吉林统计年鉴》（2016—2020 年）。

2019 年，吉林省持续推进农村环境综合整治工作，583 个行政村环境得到改善。吉林省划定禁养区 2 842 个，禁养区面积 2.24 万千米²，关闭或搬迁养殖场 3 193 个。规模养殖场粪污处理设施配套率 90% 以上，大型养殖场配套率 100%，畜禽粪污资源化利用率 85% 以上，84% 的村庄基本清洁已达到预期目标。建设高效粪污资源化利用设施建设项目 119 个，散养密集村屯粪污收集设施 3 172 个，畜牧大县已基本形成收储运一体的粪污资源化利用体系。吉林省 12 个畜牧大县，分布在长春地区（德惠、农安、九台、榆树）、四平地区（伊通、梨树、公主岭、双辽）、吉林地区（舒兰、蛟河）以及其他地区（前郭、长岭），均已实现畜禽粪污资源化利用。2019 年，吉林省猪、牛、羊、家禽分别发展到 2 153 万头、605.3 万头、795.2 万只和 6.6 亿只；依据农业农村部畜禽养殖场直联直报信息系统统计测算，吉林省年畜禽粪污产生量约 5 300 万吨，畜禽粪污综合利用率达到 88%；备案猪牛羊鸡规模养殖场 7 873 个，粪污处理设施装备配套率达到 96%。2021 年，吉林省印发了《关于促进畜禽粪污和秸秆"两废"资源就地就近循环利用指导意见》，组织专题培训 4 期，累计培训人员 400 人次，集成推广 13 种实用技术模式；12 个畜牧大县和 3 个非畜牧大县加快推进整县项目建设进程，支持脱贫县建设畜禽粪污资源化利用示范基地，吉林省共建成县级处理中心 95 个，畜禽粪污村屯收集点 3 673 个。

2.2.2.5 疫病防控取得阶段性成功

近年，吉林省疫病防控取得阶段性成功：①着力开展春秋季重大动物疫病防控工作，口蹄疫、禽流感等强制性免疫疫病应免畜禽群体免疫率达到 100%，免疫抗体合格率稳定在 70% 以上。②加强动物卫生监督执法，吉林省畜禽产地检疫受理率、动物防疫条件监管率、生猪屠宰检疫率达到 100%。③推进病死畜禽无害化处理体系建设，截至 2017 年，建成区域病死畜禽无害化处理场 34 个、收集暂存点 684 个，配备病死畜禽收集车辆 54 台。④加强"耳标佩戴"管控督查，如图 2-3 所示，

2012 年，猪、牛、羊耳标佩戴率分别为 89.3%、90.3%、87.1%，截至 2017 年，猪、牛、羊耳标佩戴率分别达到 97.94%、97.98%、98.35%，2018 年以后达到 100%，增长效果明显；外调牲畜耳标佩戴率常年达到 100%。⑤落实《吉林省免疫无口蹄疫区建设实施方案》，吉林省人民政府与市州、省管县政府签订了《吉林省免疫无口蹄疫区运行管理目标责任书》，成立了省动物卫生风险评估专家委员会，强力推进全省免疫无口蹄疫区建设，使吉林省成为国内第一个建设县级区域免疫无口蹄疫区的省份。2017 年，在国家重大动物疫病防控延伸绩效考核中，吉林省排名全国第 5，被农业农村部评为绩效管理优秀单位（王坤，2019）。

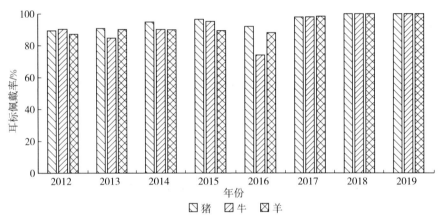

图 2-3　2012—2017 年猪、牛、羊耳标佩戴率变化

2021 年，吉林省积极推动《吉林省无规定动物疫病区建设管理条例》修订工作，支持鼓励 5 家企业建设生物安全隔离区。积极推动强制免疫疫苗"先打后补"，共 483 个养殖场在"平台"注册并通过备案审核，申请补助资金 796.11 万元。在伊通、东丰、梨树 3 个县（市）启动了社会化服务试点，探索形成了"动物防疫＋保险"兽医社会化服务模式。吉林省免疫无口蹄疫区已安全稳定运行 47 个月，无非洲猪瘟疫情 35 个月。

2.2.2.6　畜禽绿色养殖科技发展情况

吉林省始终坚持以科技助力绿色发展，实施"引育繁"相结合的方针，加快建设现代畜禽良种繁育体系，全省良种覆盖率平均达到95%左右。近年来，吉林省改扩建了212个原种场和良种扩繁场，从美国、澳大利亚、法国引进优良种猪、种牛、肉鸡等品种，畜禽种群结构得到优化。畜牧良种对畜牧业经济增长贡献率高达40%（乔金亮，2016），畜牧业的核心竞争力很大程度体现在畜禽良种上。目前，吉林省已建立延边黄牛、松辽黑猪、长白山中蜂等品种资源保护场，各类种畜禽场达到450个，地方优良品种保护开发取得重大进展。吉林省已建立生猪、肉牛、肉羊、家禽产业技术体系，并积极开展健康养殖科技服务"345"行动活动。综上，这一系列措施提高了绿色技术对吉林省畜牧业发展的贡献率。

2.2.2.7 畜产品质量安全情况

吉林省"三位一体"的畜产品质量安全监管体系和工作机制建设不断完善，畜产品质量安全控制能力全面提升。2016年，在例行监测中，抽检主要畜禽产品400批次，抽检合格率99.75%，位居全国前列。在品牌建设方面，吉林省畜牧业相关部门将"无抗肉"试点建设工作与创建无抗品牌同步研究、设计、推广，为塑造代表吉林省自身特色的无抗畜产品品牌奠定基础。2017年，吉林省在长春市、四平市等地先行试点，实现生猪、肉牛和肉羊从出栏到摊床贩卖的全流程追溯。2018年，全年畜禽产品质量安全例行监测445批次，国家风险监测任务360批次。吉林省自主研发的"拱e拱"生猪质量安全追溯系统实现54个县以上生猪屠宰企业全覆盖；牛羊鹿追溯系统完成11家企业的试点应用。畜产品质量安全的提升推动了吉林省畜产品绿色品牌初步形成。2021年，吉林省加大"拱e拱"生猪追溯系统、"鼎e鼎"牛羊追溯系统及"肉品品质检验合格证"的推广应用力度，拓宽食用农产品达标合格证范围，提升全程可追溯能力，吉林省共建成追溯系统屠宰企业86家，现有畜禽无抗养殖基地63处，全年生产无抗畜产品2万余吨，确保人民群众吃上"放心肉"。

2.3 吉林省农牧业绿色发展存在的主要问题

尽管吉林省自然资源丰富，政策措施适当，倡导以产业空间布局规划因地制宜谋划农牧业生产，农牧业绿色发展取得了显著成效，但在农牧业绿色发展过程中也存在一些具体的问题亟待解决。

2.3.1 吉林省农业绿色发展存在的主要问题

2.3.1.1 农业生态环境保护意识淡薄

农业绿色发展不仅建立在现代生态农业基础之上，还建立在不同人对农业绿色发展的认识之上。吉林省是传统的农业大省，保证粮食供给是吉林省农业发展的重要任务，因此，部分干部存在重政绩、轻环境保护，重提升农业产量、轻农业发展质量的问题。农业绿色发展意识转变较慢，农业生态环境遭到一定程度的破坏，如秸秆焚烧情况频发，雾霾情况严重等。

对于农业生产者来说，首先，农业生产者大多受教育水平较低，环保意识淡薄，大多数人只知道要保护环境，并没有真正理解环境保护的重要意义，更缺乏环境保护的实际行为；其次，农业生产者对农业生态环境保护知识掌握不充分，传统的小农意识根深蒂固，很少有人主动去了解农业环保知识与政策，掌握现代农业技术、绿色生产方式的农民更是少之又少；最后，农民进行农业生产的主要目的是追逐利润，往往只看重眼前利益，希望用较少的、短期的投入来追求更高的利益，滥用化肥农药现象时有发生，甚至过量使用化肥农药、随意排放污水，致使农业生产环境遭受严重威胁。

2.3.1.2 农业绿色发展资金投入不足

虽然农业是吉林省的重要产业，但政府对农业的投入力度明显小于其他产业，在政策支持、资金投入和执行力度方面存在不足，在一定程度上影响了吉林省农业绿色发展水平的提升。在推动农业绿色发展过程中，政府监督管理体制不健全，对农药、化肥、农膜超标使用治理措施不到位、不及时，造成农业生态环境污染，而且，生态环境的后续治理也存在一定程度的延迟或停滞。

2.3.1.3　农业绿色技术创新水平相对滞后

科学技术是第一生产力，科技已然成为农业绿色发展的助推器，但就吉林省而言，目前所拥有的农业科技还达不到实现农业绿色发展的要求。农业技术研发过度关注理论成果而忽视了新技术的实际应用效果。农业绿色技术创新，必须要有政策导向、制度安排、资金支持等多方配合、统筹保障。农业绿色技术创新制度不健全及资金投入不足，均会制约农业绿色技术水平的提高。知识产权是创新的重要成果，但是，一直以来，知识产权保护不足降低了科技人员创新的积极性。

目前，吉林省农业科技人才质量与数量均无法满足农业绿色发展需要。尽管吉林省重视农业科研人才的培养，但农业科技人才占比较少，农业绿色技术水平有限。农业科技人才不愿去农村工作，而农民的受教育程度、职业技能也不能满足农业绿色发展的要求。农业绿色技术的推广应用需要进一步加强。总之，走农业绿色发展道路，必须将绿色技术与农业生产相结合，不断突破农业绿色发展过程中的技术难关。

2.3.1.4　化肥农药农膜过量使用

近 20 年来，吉林省耕地面积出现逐年递减的情况，而粮食总产量却呈现上升趋势，这一"成绩"很大程度上与化肥、农药、农膜的投入有关：一方面，化肥、农药、农膜的投入可增加农作物产量、促进农业发展；另一方面，不节制地使用化肥、农药、农膜将破坏农业生态环境，影响农业可持续发展。

化肥是重要的农业生产资料。根据资料显示，我国主要粮食作物的化肥利用率在 2019 年达到 39.2%，相较之前，利用效率明显好转，但仍有 60% 的化肥残留。化肥的合理使用能够促进农业增产，但过量使用化肥，引起土壤酸化，土壤肥力结构受到破坏，导致土壤质量下降，土壤硬化。尽管吉林省黑土资源富足，但是控制化肥使用量依然十分必要。

2019年，农药利用率达到了39.8%，但仍有60%的农药残留。农药是一把双刃剑，在杀死害虫的同时，也会产生污染。大量的农药残留会污染施药作物，并且残留农药还会随着雨水排入河流、渗入土壤，引起水体污染、土壤污染等不良后果，对水产品和其他农作物造成污染。人们长期食用受污染的食品，也将对身体健康产生不良影响。

农用薄膜既可以保住水分、保温及保护幼苗，又能够防病、防虫等，对增加农作物产量，提高农作物品质，促进农民增产增收具有重要作用。但过量使用农用薄膜会引起白色污染，并且废弃的农膜阻断土壤缝隙的连续性，影响水分的渗透和土壤的透气性，进而引起土壤盐碱化等，导致生态环境恶化。

尽管2015年以来，吉林省化肥农药农膜的施用强度有所下降，但还需要进一步努力，降低化肥农药农膜使用量，保护吉林省的"绿水青山"。

2.3.2　吉林省畜牧业绿色发展存在的主要问题

2.3.2.1　畜牧业经营主体素质不高

现阶段，吉林省仍以家庭为单位的养殖户经营为主，大型养殖基地、畜牧业龙头企业、畜牧业合作社等从事规模化经营的主体较少，由于养殖主体的分散性，对畜牧业绿色发展知识的了解与掌握形成很大阻碍，对畜牧业绿色技术的应用能力较为不足，掌握先进的绿色养殖技术较为困难。在养殖过程中，畜牧业生产主体依旧保持传统的养殖观念，采用落后的生产技术，既造成了环境污染与资源浪费，又降低了生产效率。另外，吉林省现有的畜牧业合作组织、专业化基地及龙头企业的人才体系不健全，人员构成不合理，无法满足畜牧业绿色发展的需要。

2.3.2.2 绿色消费需求不足

吉林省在推动畜产品质量安全、畜产品生产可溯源、绿色畜产品方面做了许多探索，如"拱 e 拱""鼎 e 鼎"畜产品质量安全追溯系统的推广应用取得了一定成效。但长期以来，畜牧业作为农业的重要分支，其畜产品市场相对稳定，畜产品需求不易变动，加上粗放型发展方式，在寻求绿色生产时面临着极高的成本。绿色畜产品价格较高，降低了其市场竞争力。另外，人们对绿色畜产品的辨别能力不足，滥用或非法使用兽药及违禁药品、生物性有毒物质等生产的畜产品以低价格、高产量的优势抢夺市场份额，使真正的绿色畜产品市场需求锐减，削弱了畜牧业绿色发展的内在动力（马增晓，2020）。

2.3.2.3 畜牧业生产方式变革缓慢

吉林省畜牧业大多延续着家庭式分散养殖方式，没有一定的技术标准，在生态环境保护和动物疫病防控方面出现了各种问题，限制了畜牧业的进一步发展。随着绿色发展、可持续发展等新的发展理念和实践逐步深入，部分地区开始寻求集约化、规模化的生产经营模式，探索畜牧业绿色发展之路。畜牧业绿色发展大多依靠政府出台各种强制性措施，要求生产者行为符合畜牧业绿色发展要求，而社会及第三方给予生产者从事绿色发展的支援力度处于紧缺状态，尤其是畜牧业绿色生产投资需求存在缺口，绿色技术联合推广机制不完善及项目投资的外驱动力不足，都在一定程度上限制了吉林省畜牧业推进绿色生产方式的进程（刘铮等，2020）。

2.3.2.4 畜禽养殖污染严重

《吉林省 2018 年环境状况公报》显示，2018 年吉林省年产畜禽粪尿 7 500 万吨左右，比 2017 年增长 900 余万吨，且综合利用率仅达 76.8%，畜禽养殖总量与种植业土地承载量发展不均衡。畜禽废弃物（粪污、病死畜禽、废气）的不合理利用引起畜禽养殖污染。

（1）土壤污染：目前粪便还田方式不合理，未形成种养有机结合。养殖场内普遍存在众多未经及时处理的废弃物，排放量已超过土壤降解消纳能力，造成土壤污染。即使国家已明令禁止不允许在畜禽饲料中使用抗生素，但依旧不能杜绝此类行为，饲料添加剂中未被畜禽吸收的有机污染物会导致粪便中含有铜、铅等微量元素和重金属，经粪便排入土壤。含有微生物和重金属的畜禽粪便长久置放在农田中，会导致土壤中有害物质积累，影响土壤酸碱性，破坏土壤肥力，污染土壤环境。

（2）水污染：吉林省畜禽养殖中产生的水体污染正慢慢成为水体污染的主要因素。根据环保部门统计，超过50%的养殖污水直接排放，进入水体的比例高达80%。畜禽养殖场废水排放量超过水环境容量的原因除畜禽尿液，还有废水量排放强度的增加，以及缺乏污水处理技术和养殖者环保意识淡薄等。养殖废水基本上是残余饲料、冲洗场地使用的水、部分生活废水等，这些废水含有大量有机物、磷和细菌，未经无害化处理或存放不当直接排放到地面中会使地表水恶化、发臭，过高的氮、磷含量引发水体富营养化，水生态平衡被破坏，地下水水质降低，硝酸盐和亚硝酸盐增加，长期饮用会严重危害畜禽及人体健康（杨红梅，2018）。

（3）大气污染：由于受环境保护意识不强和成本控制的影响，畜禽粪便随意堆放在露天场所。畜禽粪便在堆放发酵过程中产生有毒有害气体，如硫化物、甲烷等，挤压空气中的含氧量，严重污染空气，影响当地空气环境质量（李娜等，2020）。2019年农村环境空气质量优良比例为79.6%，中度以上污染程度为1.9%。此外，病死畜禽无害化处理效果不显著，病死畜禽本身带有致病菌，通过空气传播会产生流感、瘟疫等。畜禽废弃物排放量与农业用肥需求量不匹配，无专门养殖废弃物储藏处理厂，造成排放量超过大气环境的自净能力，严重威胁人类身体健康的现象。畜禽养殖场产生的过量有毒有害气体、病原微生物和恶臭气味，影响畜禽养殖场周围农户和居民生活。

2.3.2.5 绿色技术创新乏力

畜牧业技术创新问题一直是吉林省畜牧业发展中的难题,特别是近几年随着"种养结合、资源循环、生态发展"的畜牧业绿色发展模式的提出,对畜禽良种繁育技术、畜禽无害化处理技术等的要求提高,亟须技术创新解决此类难题。目前,吉林省畜牧业绿色技术创新乏力:一是畜禽养殖所需良种大多需要从国外进口,联合育种机制不完善,种畜禽企业良种培育能力不高;二是技术合作创新平台不完善,技术研发主体与技术使用主体之间缺乏必要的沟通合作平台,导致技术在供给与需求上不匹配;三是目前存在严重的基层技术研发及推广压力,至今仍未得到改善。吉林省畜牧业技术人才严重短缺,在全国主要县(市)级畜牧站科技人才占比中,吉林省县(市)级畜牧站科技人才占比非常低,仅有 3.37%,与其他畜牧业大省有较大的差距,比山东省(6.85%)、河北省(7.68%)的县(市)级畜牧站科技人才占比少一倍(图 2 - 4)。畜牧业技术领域人才短缺,绿色技术推广普及难,导致一些先进的畜牧业育种、饲养、防疫、废弃物资源化综合利用等绿色技术没有得到有效利用。

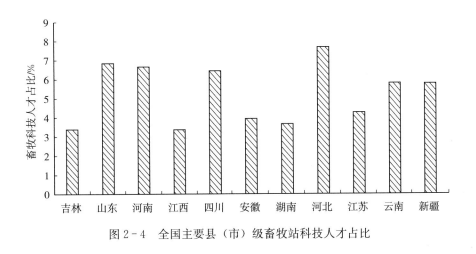

图 2 - 4 全国主要县(市)级畜牧站科技人才占比

吉林省的科技进步对畜禽养殖业产值贡献率较低,仅占 50% 多,与国外发达地区差距较大。据 2019 年吉林省科技成果统计报告显示，农林牧渔科技成果在全部科技成果中占比为 42.2%，农业科技成果转化率只有 30%～40%，科技成果转化率相对较低。畜禽养殖业自主创新能力低，技术推广和使用效率低下。这些均制约了畜牧业绿色生产效率的提升。

3 吉林省农业绿色发展水平评价

农业绿色发展，是推进农业高质量发展、农业农村现代化和实施乡村振兴战略的重大举措，对保障国家食物安全、资源安全和生态安全具有重大意义。2017 年 9 月，中共中央办公厅、国务院办公厅印发了《关于创新体制机制推进农业绿色发展的意见》（中办发〔2017〕56 号），这是党中央出台的第一个以农业绿色发展为主题的文件。《关于创新体制机制推进农业绿色发展的意见》明确指出，要把农业绿色发展摆在生态文明建设全局的突出位置，完善农业绿色发展评价指标，结合生态文明建设目标评价考核工作，对农业绿色发展情况进行评价和考核。

2017 年以来，全国层面农业绿色发展评价的相关研究陆续问世，研究范围和内容涉及全国及区域的比较研究和评价等，但关于吉林省的农业绿色发展评价研究还不够全面和深入。本章研究根植于吉林省农业发展实际，采用实证分析方法对吉林省农业绿色发展水平进行评价，找出吉林省农业绿色发展存在不足的重点领域，为进一步推动吉林省农业绿色发展建言献策。

3.1 农业绿色发展水平评价指标体系构建原则

农业绿色发展水平评价指标体系的构建，总体上要求指标能够科学、客观、准确地反映吉林省农业绿色发展的实际情况。本章研究参考国内外相关文献，遵循下列原则构建评价指标体系。

（1）科学性原则。首先，应立足于农业绿色发展的自身规律，所选取的评价指标能够客观真实地反映吉林省农业绿色发展实情；其次，必须有科学的统计数据支持指标体系，数据应尽量从权威数据库获得，以保障数据的准确性和客观性；最后，坚持评价过程和方法的科学性，就所选指标对吉林省农业绿色发展水平进行客观、公正、有效评价。

（2）系统性原则。指标体系的构建，要求各步骤环环相扣、逻辑严密，不仅体现整体上的系统性，也应体现各部分的系统性，最终应形成一个分层次、分步骤的评价指标体系。

（3）代表性原则。农业绿色发展所包含的内容较为丰富，能够体现绿色发展的评价指标也很多，但指标的选取数量不宜过多。在坚持科学性原则的基础上，指标选取应遵循代表性原则，确保评价指标的典型、相关、有用。

（4）可操作性原则。该原则要求所选取的指标应易于被决策者乃至公众所理解和接受，数据系统而完备，并且便于收集和量化。

3.2 吉林省农业绿色发展水平评价指标体系构建

3.2.1 评价指标选取

吉林省农业绿色发展水平评价指标体系是一个复杂系统，本章研究遵循"提出问题—分析问题—解决问题"的逻辑思路，分层次逐步展开，以使所构建的评价指标体系能够充分反映吉林省农业绿色发展的实际情况。

（1）一级指标

农业绿色发展是建立在传统经济发展基础之上的一种新的农业发展模式。魏琦等（2019）指出，农业绿色发展的基本特征是资源利用更加节约高效，其内在属性是产地环境更加清洁，根本要求是生态系统更加稳定，重要目标是绿色供给能力明显提升。

吉林省是农业大省，农业发展在一定程度上存在高投入、高消耗、资源过度开发等现象，推进农业绿色发展，需要改变原有粗放的农业发展模式，走集约发展之路，以尽量少的投入取得尽量多的绿色产出，提高资源利用率，实现资源节约。同时，吉林省在农业发展过程中也对环境造成了一定的压力，如化肥、农药、农膜的过度使用和秸秆焚烧等对土壤、水质和空气造成污染，推进农业绿色发展，需要保护东北黑土地，保持环境友好。之前粗放的农业发展方式导致农业生态系统结构失衡、功能退化。目前，吉林省仍面临西部沙化盐碱化、中部黑土流失、东部水源涵养保护不够、西南部辽河流域生态本底不足、水系污染防治任务艰巨等压力。推进农业绿色发展，就是要培育可持续、可循环的农业生态系统，提高生态保育功能。推进农业绿色发展，就是要促进农产品供给由主要满足"量"的需求向更加注重"质"的需求转变，保证质量高效。总之，农业绿色发展的最终目标是提高人们生活福祉、促进人与自然和谐共生。

为构建吉林省农业绿色发展指标体系，笔者查阅和梳理了大量相关文献，其中，卿诚浩（2017）从绿色发展的经济指标、投入指标、利用指标、安全指标四个方面，魏琦等（2018）从资源节约、环境友好、生态保育、质量高效四个方面，孙炜琳等（2019）从资源利用、产地环境、生态系统、绿色供给四个方面，赵会杰和于法稳（2020）从资源节约、环境友好、产出高效、生活保障四个方面，分别构建了农业绿色发展评价指标体系。多数学者均认为资源节约和环境友好是评价农业绿色发展的重要方面，但在其他方面存在差异。

通过对农业绿色发展内涵逻辑的不断讨论，在阅读大量文献和多次征求相关专家意见的基础上，结合吉林省农业发展的实际情况，最终借鉴农业农村部农村经济研究中心相关专家（魏琦等，2018）的观点，本书构建了吉林省农业绿色发展水平评价指标体系，包括资源节约、环境友好、生态保育、质量高效四个维度。

（2）二级指标

本书将资源节约、环境友好、生态保育、质量高效作为一级指标从四个维度评价吉林省农业绿色发展水平，并针对每个维度，分别选取适当的二级评价指标。在遴选二级指标的过程中，具体分析了相关文献的评价视角和评价对象的具体情况，除了考虑数据可得性，还以通信咨询、问卷等方式向本领域权威专家征求了意见和建议，进行了针对性较强的专家咨询，最终确定了 13 个二级指标。其中，资源节约包含单位播种面积农机总动力、有效灌溉率、农业劳动生产率 3 个二级指标；环境友好包含化肥施用强度、农药施用强度、农膜使用强度、农业碳排放强度 4 个二级指标；生态保育包含森林覆盖率、自然保护区面积比例、成灾面积占受灾面积比例 3 个二级指标；质量高效包含单位面积绿色食品标识产品数量、单位播种面积农业总产值、农村居民人均收入 3 个二级指标。各项二级指标的基础数据主要来源于《中国统计年鉴》《中国农村统计年鉴》和《吉林统计年鉴》，部分数据向相关部门调研获取。基础数据来源客观可靠，评价结果可验证。

3.2.2 指标体系的确立

本书所构建的吉林省农业绿色发展水平评价指标体系，如表 3-1 所示。

表 3-1 吉林省农业绿色发展水平评价指标体系

一级指标	二级指标	计量单位	计算公式	指标类型
资源节约	单位播种面积农机总动力	千瓦/公顷	农机总动力/播种面积	负向
	有效灌溉率	%	有效灌溉面积/耕地面积	正向
	农业劳动生产率	万元/人	农林牧渔总产值/农林牧渔业从业人员	正向
环境友好	化肥施用强度	千克/公顷	化肥施用折纯量/播种面积	负向
	农药施用强度	千克/公顷	农药施用量/播种面积	负向
	农膜使用强度	千克/公顷	农膜使用量/播种面积	负向
	农业碳排放强度	千克/公顷	$\sum$ 各类碳排放源×相应碳排放系数/播种面积	负向

（续）

一级指标	二级指标	计量单位	计算公式	指标类型
生态保育	森林覆盖率	%	森林面积/土地面积	正向
	自然保护区面积比例	%	自然保护区面积/辖区面积	正向
	成灾面积占受灾面积比例	%	成灾面积/受灾面积	负向
质量高效	单位面积绿色食品标识产品数量	个/万公顷	绿色食品标识产品数量/耕地面积	正向
	单位播种面积农业总产值	万元/公顷	农业总产值/播种面积	正向
	农村居民人均收入	万元	农村居民人均可支配收入	正向

注：负向指标越小越好，正向指标越大越好。

3.2.3 指标释义

对表3-1中各指标进行解释，具体如下。

（1）单位播种面积农机总动力，反映了农业生产耗用农电等能源情况，用单位农作物播种面积所耗用的农机总动力表示，即以"农机总动力/播种面积"表示。在保证正常生产需要前提下，该指标越小，能源节约程度越好，为负向指标。

（2）有效灌溉率，是指有效灌溉的面积占全部耕地面积的比例，是衡量农业绿色生产及水利设施建设的重要指标，用"有效灌溉面积/耕地面积×100%"表示，该指标越大，水资源利用效果越好，为正向指标。

（3）农业劳动生产率，是指每个劳动者在单位时间内生产的农产品的数量或产值，或生产单位农产品所耗用的劳动时间。该指标衡量了劳动者的生产效率，体现了对劳动力资源的利用程度，用"农林牧渔总产值/农林牧渔业从业人员"表示。该指标为正向指标，其中"农林牧渔总产值"以2010年为基期按照吉林统计年鉴相应物价指数统一进行折算。

（4）化肥施用强度，是指一定时间内（一般指一年）单位面积耕地实际用于农业生产的化肥数量。长期使用化肥会加快土壤的酸化速度，降低土壤质量，污染环境等。该指标用"农用化肥施用折纯量/播种面积"表示，为负向指标。因为本章主要探讨种植业绿色发展，所以分母是播种面积而非耕地面积，农药施用强度、农膜使用强度、农业碳排放强度的计算公式，同理。

（5）农药施用强度，是指一定时间内（一般指一年）单位面积耕地农业生产中使用的农药数量，长期大量使用农药造成环境污染，农作物农药残留超标将危害人体健康。该指标用"农药施用量/播种面积"表示，为负向指标。

（6）农膜使用强度，是指一定时间内（一般指一年）单位面积耕地农业生产中使用的农膜数量。长期使用农膜会破坏耕作层的土壤结构、微生物活力，影响土壤中水分和营养物质的传输，导致农业减产和环境污染。该指标用"农膜使用量/播种面积"表示，为负向指标。

（7）农业碳排放强度，反映一定时间内（一般指一年）单位面积耕地农业生产中形成的碳排放量。农业碳排放会对环境造成污染，如加重"温室"效应和形成酸雨等。该指标用"农业碳排放量/播种面积"表示，为负向指标。

此处，农业碳排放量，是指农业生产中所产生的碳排放量，用"各类碳排放源×相应碳排放系数"之和表示。结合以往研究成果，并咨询相关专家，本书认为农地利用活动所导致的碳排放主要源于四个方面：一是化肥、农药、农膜等农用物质投入直接或间接引发的碳排放；二是农用机械使用耗费的柴油所带来的碳排放；三是翻耕破坏土壤表层而导致的有机碳流失；四是农业灌溉活动耗费电能所引起的碳排放。本书参考田云等（2012）的计算方法确定农业碳排放量，则有

$$C = \sum c_i = \sum e_i \cdot \varepsilon_i \qquad (3-1)$$

式中，C 代表农业碳排放总量；i 代表产生碳排放的排放源的种类；e 代表碳排放源；ε 代表各碳排放源的碳排放系数，具体如表 3-2 所示。

表 3-2　农业碳排放系数

碳排放源	碳排放系数	数据参考来源
化肥	0.895 6 千克 C/千克	美国橡树岭国家实验室（ORNL）
农药	4.934 1 千克 C/千克	美国橡树岭国家实验室（ORNL）
农膜	5.180 0 千克 C/千克	南京农业大学农业资源与生态环境研究所（IREEA）
柴油	0.592 7 千克 C/千克	联合国政府间气候变化专门委员会（IPCC）
翻耕	312.60 千克 C/千米²	中国农业大学生物与技术学院（IABCAU）
灌溉	266.48 千克 C/公顷	段华平等（2011）

数据来源：田云等（2012）。

（8）森林覆盖率，是指森林面积占土地总面积的比率，是反映一个国家或地区森林资源和林地占有的实际水平的重要指标。该指标反映了特定地区绿色化水平，一般而言，森林覆盖率越高，生态环境越好，为正向指标，用"森林面积/土地面积×100％"表示。

（9）自然保护区面积比例，体现了当地对地文地貌及珍稀动植物的保护情况，自然保护区面积比例越大，说明当地生态环境越好，越有利于农业绿色发展。该指标用"自然保护区面积/辖区面积×100％"反映，为正向指标。

（10）成灾面积占受灾面积比例，主要反映了自然灾害与农业生产抵抗力之间的关系。受灾面积是指受自然灾害影响涉及的土地面积，不得重复计算，在同一地块上，如先后遭受几种或几次灾害，只按照其受害最大最重的一次灾情，计算受灾面积。成灾面积是指在遭受上述自然灾害的受灾面积中，农作物实际收获量较常年产量减少 3 成以上的播种面积。该指标越小，表明自然灾害对农业生产造成的损失越小，生态系统自愈性越好，体现了生态保育效果，为负向指标，用"成灾面积/受灾面积×100％"表示。

（11）单位播种面积农业总产值，是指单位面积上的农业总收益与总播种面积之间的比值，是反映土地利用率的重要指标，也称为土地产出率。在农产品价格既定的前提下，该指标越高，农业总收益越高，为正向指标，用"农业总产值/播种面积"表示，其中"农业总产值"以 2010 年为基期按照吉林统计年鉴相应物价指数统一折算。

（12）单位面积绿色食品标识产品数量，是指单位耕地面积上绿色、有机和地理标志等绿色食品标识产品的数量，反映了绿色农产品供给情况，该指标越大，农业绿色发展水平越高，为正向指标，用"绿色食品标识产品数量/耕地面积"表示。

（13）农村居民人均收入，可以用农民人均纯收入表示。农民人均纯收入是指在一定期间内，农民生产劳动所得扣除所费后的余额即为纯收入。农民人均纯收入主要反映了一个国家或地区农村居民收入的平均水平，体现了农民生活水平。根据《吉林统计年鉴》中关于农民收入水平的统计数据，2010—2013 年为"农民人均纯收入"，2014 年后，改为"农村常住居民人均可支配收入"，但两项指标的统计内容基本一致，数据可衔接。该指标为正向指标，分时段选取相应农民收入水平指标，且以 2010 年为基期，按照吉林统计年鉴农村居民消费价格指数统一折算。

3.3 吉林省农业绿色发展水平评价方法

不同指标对农业绿色发展水平或动态变化的影响程度不同，在不同生态区域也有差异（孙炜琳等，2019），因而需要对各指标赋予权重。评价指标权重确定的方法有多种，一般可分为主观赋权法和客观赋权法两大类。其中，主观赋权法计算权重的原始数据主要由评估者根据经验主观判断所得，常用的有层次分析法、德尔菲法等，其客观性较差，但解释能力较强；而客观赋权法计算权重的原始数据来源于各指标的实际数据，如熵值法、主成分分析法等，在大多数情况下精度较高，但有时会与实际情况相悖，难以对结果做出明确解释（程启月，2010）。吉林省农业绿色发展基础数据统计比较系统完备，因此，本书选用熵值法来确定指标权重，以提高指标权重的客观性和准确性。熵值法是一种客观赋权的多指标综合评价方法，其原理是运用熵值来判断指标的变异程度，变异程度越大，所包含的信息量越大，权重越大，对评价对象的影响也就越大，具体步骤如下：

（1）数据标准化处理

设有 m 个待评价项目，n 个评价指标，对于每个评价指标 x 都有 m 个值，$i=1$，2，$\cdots$，m；$j=1$，2，$\cdots$，n。

为了防止因数据量纲不同，影响计算结果，采用极值法对数据进行正向或逆向的标准化处理，确保标准化后变量值介于 [0，1]。其中，正向指标表示该指标数值越大，则指标越优；负向指标表示该指标数值越小，则指标越优。数据标准化处理如式 3-2 和式 3-3 所示。

正向标准化：

$$v_{ij} = \frac{x_{ij} - \min x_j}{\max x_j - \min x_j} \tag{3-2}$$

逆向标准化：

$$v_{ij} = \frac{\max x_j - x_{ij}}{\max x_j - \min x_j} \tag{3-3}$$

标准化矩阵 $\boldsymbol{V}$ 为

$$\boldsymbol{V} = \begin{bmatrix} v_{11} & v_{12} & \cdots & v_{1n} \\ v_{21} & v_{22} & \cdots & v_{2n} \\ \vdots & \vdots & \vdots & \vdots \\ v_{m1} & v_{m2} & \cdots & v_{mn} \end{bmatrix}$$

（2）确定指标比重

$$p_{ij} = \frac{v_{ij}}{\sum\limits_{i=1}^{m} v_{ij}} \tag{3-4}$$

式中，p_{ij} 表示第 j 个指标下，第 i 个项目的 j 指标值所占的比例，其中 $i=1$，2，$\cdots$，m，表示待评价项目数；$j=1$，2，$\cdots$，n，表示评价指标数。

（3）计算第 j 项指标熵值

$$e_j = -k \sum_{i=1}^{m} p_{ij} . \ln p_{ij} \qquad (3-5)$$

式中，e_j 表示第 j 个指标的熵，其中 $k=1/\ln m>0$，满足 $e_j \geqslant 0$。

（4）计算第 j 项指标熵权

$$w_j = \frac{1-e_j}{\sum_{j=1}^{n}(1-e_j)} \qquad (3-6)$$

（5）计算综合得分

$$s_i = \sum_{j=1}^{n} w_j . v_{ij} \qquad (3-7)$$

式中，w_j 表示第 j 项指标的权重；v_{ij} 表示第 i 个项目第 j 项指标的标准化值；s_i 表示第 i 个项目最终得分，最高为 1，最低为 0，得分值越高，则农业绿色发展水平越高。

本书通过《中国统计年鉴》《中国农村统计年鉴》和《吉林统计年鉴》，搜集研究期间吉林省农业绿色发展水平评价指标体系所依据的基础数据，其中部分数据向相关部门调研获取。按照熵值法计算权重，指标权重结果如表 3-3 所示。

表 3-3　吉林省农业绿色发展水平评价指标权重

一级指标	一级指标权重	二级指标	二级指标权重
资源节约	16.84%	单位播种面积农机总动力	5.20%
		有效灌溉率	6.46%
		农业劳动生产率	5.18%
环境友好	36.07%	化肥施用强度	16.33%
		农药施用强度	7.24%
		农膜使用强度	5.84%
生态保育	23.01%	农业碳排放强度	6.66%
		森林覆盖率	8.29%
		自然保护区面积比例	8.43%

（续）

一级指标	一级指标权重	二级指标	二级指标权重
质量高效	24.08%	成灾面积占受灾面积比例	6.29%
		单位面积绿色食品标识产品数量	10.99%
		单位播种面积农业总产值	8.01%
		农村居民人均收入	5.08%

权重反映了各指标对农业绿色发展水平影响的重要程度，权重值越大，影响越大。比较各指标权重，从一级指标权重来看，排序为环境友好＞质量高效＞生态保育＞资源节约；从二级指标权重来看，排序为化肥施用强度＞单位面积绿色食品标识产品数量＞自然保护区面积比例＞森林覆盖率＞单位播种面积农业总产值＞农药施用强度＞农业碳排放强度＞有效灌溉率＞成灾面积占受灾面积比例＞农膜使用强度＞单位播种面积农机总动力＞农业劳动生产率＞农村居民人均收入。权重排序揭示了评价指标对农业绿色发展的影响程度，为提高吉林省农业绿色发展水平提供了目标靶向。排名前 5 位的指标分别为化肥施用强度、单位面积绿色食品标识产品数量、自然保护区面积比例、森林覆盖率、单位播种面积农业总产值，它们的权重之和为 52.05%，超过 50%。可见，吉林省在制定农业绿色发展相关政策和措施时应兼顾统筹，并且重点关注前5 项指标，以便更快提高农业绿色发展水平。

3.4 吉林省农业绿色发展水平评价结果及分析

3.4.1 吉林省农业绿色发展水平综合评价

2010—2019 年，吉林省农业绿色发展取得了显著进展。如表 3-4 所示，农业绿色发展综合得分由 2010 年的 0.489 1 上升到 2019 年的 0.706 4，累计提高 0.217 3，年均提高 0.022 0。从一级指标得分变动情况来看，各一级指标表现不一，波动幅度较大，其中，资源节约指标和环境友好指标得分明显下降，而生态保育指标和质量高效指标得分显著上升，对吉林省农业绿色发展产生了不同影响。具体表现为，资源节约指标得分累计减少 0.031，环境友好指标得分累计减少 0.066 9，二者共同影响，导致农业绿色发展增长损失约 45%；而生态保育指标得分累计增加 0.211 9，质量高效指标得分累计增加 0.103 3，二者共同影响，对农业绿色发展的增长贡献率达到 145%。在各项指标的综合作用下，农业绿色发展向前推进了一大步。

表 3 - 4   2010—2019 年吉林省农业绿色发展水平测评结果

评价指标	2010 年	2011 年	2012 年	2013 年	2014 年	2015 年	2016 年	2017 年	2018 年	2019 年
资源节约	0.108 5	0.113 1	0.098 1	0.087 8	0.071 9	0.076 9	0.068 1	0.080 3	0.059 7	0.077 5
环境友好	0.318 8	0.148 6	0.063 3	0.022 5	0.070 6	0.046 3	0.075 3	0.107 7	0.190 9	0.251 9
生态保育	0.000 0	0.053 0	0.069 5	0.103 4	0.091 6	0.107 4	0.100 9	0.128 4	0.216 3	0.211 9
质量高效	0.061 8	0.080 3	0.100 6	0.106 0	0.125 3	0.130 1	0.115 1	0.125 4	0.146 5	0.165 1
综合得分	0.489 1	0.395 0	0.331 5	0.319 7	0.359 5	0.360 7	0.359 4	0.441 8	0.613 4	0.706 4

上述分析表明，吉林省农业绿色发展在资源节约和环境友好两方面存在短板，而生态保育和质量高效两方面取得了长足进展。目前，吉林省需要进一步深入推进农业供给侧结构性改革，坚持质量兴农、绿色兴农，着力提高资源利用效率，加快治理农业面源污染，充分利用生态系统优势助推农业绿色发展。

从变动趋势来看，如图 3 - 1 所示，吉林省农业绿色发展水平综合得分呈现"下降—走势平缓—大幅上升"的变动特征。2013 年抵达最低点，综合得分为 0.319 7，比 2010 年降低 0.169 4；经历最低点后，2013—2016 年为平缓变动区间。2015 年党的十八届五中全会提出五大发展理念后，国家出台了多项政策推动农业绿色发展，尤其是 2017 年 9 月，中共中央办公厅、国务院办公厅印发了《关于创新体制机制推进农业绿色发展的意见》（中办发〔2017〕56 号），明确指出，要把农业绿色发展摆在生态文明建设全局的突出位置，结合生态文明建设目标评价考核工作，对农业绿色发展情况进行评价和考核。吉林省采取多种举措大力推进农业绿色发展，并成立了全国第一个农业可持续发展试验示范区建设领导小组。2017—2019 年，吉林省农业绿色发展综合得分迅猛提高，比最低点（2013 年）提高 0.386 7，比 2016 年提高 0.347 0，分别提高了 120% 和 96%。

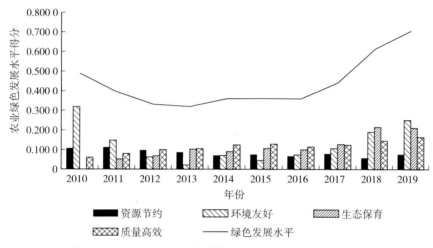

图 3-1　2010—2019 年吉林省农业绿色发展水平变动趋势

3.4.2　吉林省农业绿色发展水平分项指标分析

3.4.2.1　资源节约情况分析

由图 3-2 可知，2010—2019 年，资源节约情况呈波动下降趋势，其中，2011 年资源节约效果最好，而 2018 年降到最低点，研究期间内，指标得分累计降低 0.031 0。进一步分析资源节约项下 3 个二级指标发现，其中，有效灌溉率和农业劳动生产率波动频繁，有升有降，升降相抵，2019 年二者之和对资源节约的贡献率有所提高。资源节约指标的持续下降主要是由于单位播种面积农机总动力的增加引起的。2010 年，单位播种面积农机总动力得分 0.052 0，之后逐渐下降，

2019 年得分最低（表 3-5）。这主要是因为随着农业机械化规模的逐步扩大，农机使用率提高，从而增加了对能源的消耗，是农业现代化初期阶段与农业绿色发展相互影响的一般表现。目前，摆在吉林省面前的重要任务是如何提高农业机械化规模同时推进农业绿色发展。吉林省应坚信"人不负青山，青山定不负人"，着力推动农业资源节约与农业机械化协调发展。

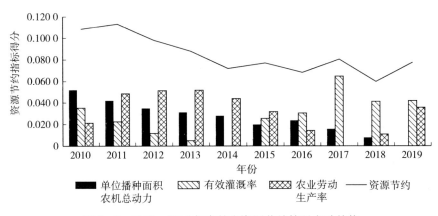

图 3-2　2010—2019 年吉林省资源节约情况变动趋势

表 3-5　2010—2019 年吉林省农业绿色发展水平二级指标测评结果

评价指标	2010 年	2011 年	2012 年	2013 年	2014 年	2015 年	2016 年	2017 年	2018 年	2019 年
单位播种面积农机总动力	0.052 0	0.042 0	0.034 9	0.031 2	0.028 0	0.019 7	0.023 6	0.015 7	0.007 8	0
有效灌溉率	0.035 2	0.022 5	0.011 7	0.004 9	0	0.025 4	0.030 3	0.064 6	0.041 1	0.041 9
农业劳动生产率	0.021 2	0.048 6	0.051 4	0.051 8	0.043 9	0.031 8	0.014 2	0	0.010 8	0.035 6
化肥施用强度	0.163 3	0.073 4	0.021 3	0.002 9	0.003 2	0	0.001 0	0.025 6	0.043 4	0.061 7
农药施用强度	0.067 0	0.053 0	0.028 6	0.008 6	0.008 6	0	0.022 0	0.034 0	0.059 6	0.072 4
农膜使用强度	0.021 9	0	0.009 3	0.011 0	0.026 7	0.025 6	0.026 7	0.022 2	0.043 0	0.058 4
农业碳排放强度	0.066 6	0.022 2	0.004 1	0	0.032 1	0.020 7	0.025 5	0.025 9	0.044 9	0.059 4
森林覆盖率	0	0.006 9	0.013 8	0.020 7	0.020 7	0.020 7	0.034 5	0.048 4	0.069 1	0.082 9
自然保护区面积比例	0	0	0.007 1	0.035 9	0.042 1	0.062 9	0.063 2	0.063 2	0.084 3	0.084 3
成灾面积占受灾面积比例	0	0.046 0	0.048 6	0.046 8	0.028 6	0.023 7	0.003 1	0.016 8	0.062 9	0.044 7

（续）

评价指标	2010 年	2011 年	2012 年	2013 年	2014 年	2015 年	2016 年	2017 年	2018 年	2019 年
单位面积绿色食品标识产品数量	0.000 8	0	0.005 0	0.011 6	0.035 5	0.048 8	0.062 0	0.083 5	0.091 7	0.109 9
单位播种面积农业总产值	0.060 9	0.072 3	0.080 1	0.072 6	0.060 1	0.048 5	0.015 8	0	0.009 1	0.004 4
农村居民人均收入	0	0.008 0	0.015 6	0.021 8	0.029 9	0.032 8	0.037 3	0.041 9	0.045 6	0.050 8

3.4.2.2　环境友好情况分析

由图 3 - 3 可知，环境友好情况表现出较明显的 U 形变化趋势，2010—2013 年持续下降，之后小幅波动，2015—2019 年持续上升。环境友好指标变动趋势是影响吉林省农业绿色发展总体变动特征的主要因素：一是环境友好指标与农业绿色发展综合指标的数据线变动趋近；二是环境友好指标的权重最大，为 36.07%。环境友好指标对吉林省农业绿色发展起到"牵一发而动全局"的作用。从目前环境友好指标的表现来看，比 2010 年降低 0.066 9，但比新一轮上升区间的起点 2015 年，得分增加 0.205 6，新一轮上升区间内涨势明显。

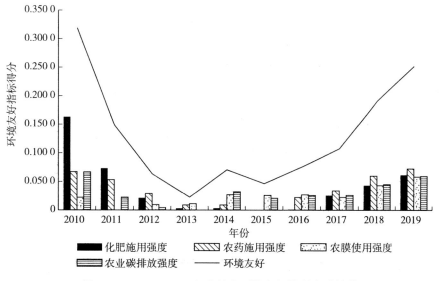

图 3 - 3　2010—2019 年吉林省环境友好情况变动趋势

从环境友好项下的 4 个二级指标来看，其中，化肥施用强度指标，2019 年的得分低于 2010 年但高于 2015 年；农业碳排放强度的计算依赖于化肥施用量等基础数据，2019 年得分略低于 2010 年，但 2015 年后持续提高，其他两项二级指标农药施用强度和农膜使用强度的得分均明显上升（表 3-5）。测度结果说明，环境友好各项指标有所改善，尤其是 2015 年后，改善效果极为明显。主要是因为吉林省坚持五大发展理念，以"绿色"为农业发展底色，坚持农用化学品减量增效，坚持化肥农药施用零增长。这些理念和措施有力地促进了产地环境的改善，提升了农业绿色发展水平。

3.4.2.3 生态保育情况分析

由图 3-4 可知，生态保育水平得到了明显提升。生态保育项下的 3 个二级指标提升明显，尤其是森林覆盖率和自然保护区面积比例。吉林省既有得天独厚的自然资源也有天下粮仓的历史传承，自然条件优良、种植业经验丰富，农业生产对自然灾害抵御和自我修复能力强。2013 年 5 月，《吉林省主体功能区规划》出台，与之相应，吉林省"三大板块"空间布局提出：推动东部绿色转型发展区、中部创新转型核心区、西部生态经济区主体功能区建设，有力地保护和加强了生态系统的稳定性。依托白山松水黑土地，吉林省人民正在努力建设美好家园。

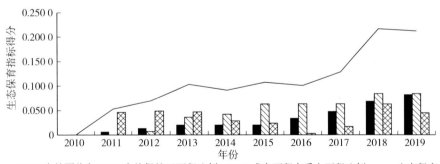

图 3-4　2010—2019 年吉林省生态保育情况变动趋势

3.4.2.4　质量高效情况分析

　　由图3-5可知，质量高效方面得到了显著提升。质量高效项下的3个二级指标除了单位播种面积农业总产值有所下降外，其他两项指标均实现了显著增长。其中，绿色、有机和地理标志农产品数量以年均10％的速度持续增长，对应的绿色食品标识产品密度由每万公顷1.15个提高到2.47个；农村居民人均收入持续增加，由2010年的6 327元提高到2016年的14 936元，扣除物价变动影响，实际增长91％。吉林省应进一步优化农业种植结构，提高土地产出率，提升农产品产量；继续发挥农业生态系统优势，加强品牌建设，强化农产品认证和质量追溯制度建设，统筹推进绿色优质农产品均衡协调发展；在乡村振兴的大背景下，推动农业高质量发展，提升人民生活福祉。

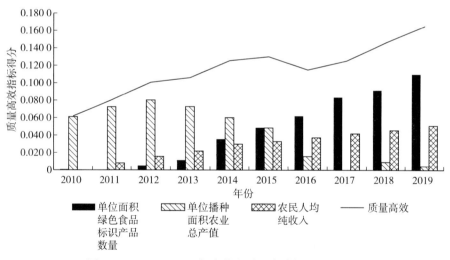

图3-5　2010—2019年吉林省质量高效情况变动趋势

3.5　本章小结

　　本章从资源节约、环境友好、生态保育、质量高效四个维度构建了吉林省农业绿色发展水平评价指标体系，并采用熵值法对2010—2019

年吉林省农业绿色发展水平进行了评估，主要结论及启示如下。

（1）研究期间内，吉林省农业绿色发展水平波动上升，面源污染防治取得明显成效，自然生态系统得到明显改善，质量效益得到极大提高，但农业绿色发展总体水平还比较低，资源利用强度加重的趋势仍在持续，尤其是伴随农业机械化进程的逐步推进，能源耗用不断加重，农业环境污染问题依然较为突出，质量效益增长还有很大空间。这一结论与多数学者的研究结论相一致（魏琦等，2018），说明全国农业绿色发展情况比较一致，总体上看，农业绿色发展仍处于起步阶段，需要加大工作力度，推进农业发展全面绿色转型。

（2）研究期间内，农业绿色发展各指标变动差异明显，其中，资源节约指标和环境友好指标得分明显下降，而生态保育指标和质量高效指标得分显著上升。吉林省农业绿色发展水平的提高主要来自生态系统的优化和质量效益的提高，而提高资源利用效率和加强面源污染治理是未来的重点领域。

（3）权重排序揭示了化肥施用强度、单位面积绿色食品标识产品数量、自然保护区面积比例、森林覆盖率、单位播种面积农业总产值等前5位评价指标权重比超过50%，是吉林省农业绿色发展的决定因素，也是未来应予以关注的重点领域。

（4）聚焦农业绿色发展重点领域，突出发力，加快推进农业绿色发展。吉林省农业绿色发展重点领域，从一级指标看，应重点推进资源节约和环境友好两方面力度，两手抓两手都要硬，原因是资源节约指标持续下降但权重最小，而环境友好指标近年提升明显且权重最大。从二级指标来看，应重点放在排序前5位指标上，力求化肥施用减量增效，加强农业面源污染治理；着力打造绿色食品、有机农产品和地理标志农产品，提高优质安全农产品供给，提高土地产出率，力求农业质量高效；加强自然保护区建设、提高森林覆盖率，维护农业生态系统稳定性。

（5）统筹农业机械化规模和农业绿色发展相协调，以适应农业发展的阶段性特征。农业绿色发展是以尊重自然为前提、以利用各种现代技术为依托、探索可持续发展的过程，以实现经济效益、社会效益、生态效益的协调统一。

（6）强化农业生态资源数据采集与统计体系建设，以不断完善指标评价体系，为加强农业绿色发展评价考核工作提供依据。吉林省农业绿色发展水平评价指标体系的构建仅限于省级层面，目前各地市缺乏系统完备的农业绿色发展基础数据。鉴于数据的可得性，本章未对吉林省各地市农业绿色发展水平进行评价，这也是研究的局限，未来，人们将基于各地市农业绿色发展水平进行全面有效评估，以进一步推动吉林省农业绿色发展。

4 吉林省农业绿色发展效率测度

4.1 农业绿色发展效率的内涵

效率是经济学研究的核心命题，在经济理论上，效率一般指投入与产出之间的对比关系。

"效率"概念已经根植于社会经济生活的各个方面，在经济学中几乎没有比"经济效率"应用更为广泛的概念了。在经济学史上，在不同时期，经济学家对效率概念的诠释有着不同的认识，在具体的分析过程中，不同学者又采取了不同的分析途径。

经济学的效率概念最初是从物理学引申而来的。主要有两层含义：一是单位资源的投入产出比；二是单位时间的产出比。马克思在《剩余价值理论》一书中指出，"真正的财富在于用尽量少的价值创造尽量多的价值。换句话讲，就是在尽量少的劳动时间里创造出尽量丰富的物质财富"。马克思的精辟论断反映了效率的基本精神，即以尽量少的投入，获得尽量多的产出。

经济学的效率问题是指资源合理配置问题。在经济资源稀缺的前提下，人们面临着生产什么、生产多少、如何生产、如何分配等诸多选择，也就是资源的有效配置问题。它也是研究经济发展中各种资源的使用方面和使用方向。萨缪尔森在《经济学》中将"经济效率"定义为："效率意味着不存在浪费，即在不减少一种物品生产的情况下，就不增加另一种物品的生产，它的运行便是有效率的，有效率的经济位于其生产可能性边界上。"

一般来说，效率指"相对相率"，单个企业或部门的经济有效是指该企业或部门利用一定的投入使产出最大或者生产一定量的产出时投入的成本最小。

在此基础上，本书认为"农业绿色发展效率"是指作为一个经济部门——农业的经济效率，在考虑了绿色发展这一特定目标要求而提出的。随着经济发展和农业资源的开发利用，环境污染作为伴随品，在某些方面或某种程度上抵销了农业发展效率提升带给人们的福利，成为农业经济发展中的"非期望产出"。因此，农业绿色发展效率应强调以尽量少的农业投入创造出尽量丰富的物质财富，产生尽量少的环境污染。换句话说，农业绿色发展效率是指，在农业生产中以尽量少的农业投入，产生尽量多的期望产出和尽量少的非期望产出。

4.2 农业绿色发展效率测度方法

效率的测度主要采用索洛增长模型、随机前沿生产函数（SFA）和数据包络分析（DEA）等。其中，DEA 是目前较为常用的一种效率测度方法。

DEA 模型是建立在数学规划理论基础上的，同时，DEA 方法又是处理多输入多输出问题的多目标决策方法。DEA 方法的优点在于：可以评价多投入多产出的决策单元（decision making units，DMU）的相对有效性；无须像参数法那样构建具体函数形式的生产边界，具有很强的客观性，可避免函数形态的人为错误设置所导致的结果不准；对投入、产出项目无须进行量纲的标准化；能给出每一种投入的利用效率，为决策层提供提升效率的最佳途径（甘小丰，2007）。基于此，本章将运用 DEA 来测算吉林省农业绿色发展效率。

传统的 DEA 模型中的 CCR（规模报酬不变）模型和 BCC（规模报酬可变）模型，可以根据径向和角度的不同分为四类，其中将投入和产出按同比例增减称为径向，径向现象显然与现实情况不符，同时，由于角度偏差的存在也会使得效率的测算结果失真。传统的 DEA 模型可以在径向方面计算最优距离，但无法区分产出的好坏；而且，传统的 DEA 模型测算出的效率结果也无法按照时间序列进行纵向对比。随着 DEA 模型研究的不断深化，2001 年，Tone 提出非径向、非角度的 DEA 模型，即 SBM 模型。SBM 模型充分考虑了投入、产出的松弛性，能够更有效地解决农业生产中投入、产出不成比例变动问题，其度量的环境效率值也更加准确，更符合农业生产实际。SBM 模型将松弛变量加入目标函数中，兼顾了期望产出和非期望产出，由此对农业绿色发展效率测度更加有意义。本章研究农业绿色发展效率，度量的是考虑环境变量的效率值，因此引入"农业碳排放"作为非期望产出。

在考虑了环境变量的情况下，如果非期望产出的值不变，那么投入越少，期望产出越多，绿色发展效率就越高；而在投入和期望产出不变的情况下，非期望产出的减少意味着绿色发展效率得到提升。

设有 n 个决策单元 DMU_i（$i=1$，2，$\cdots$，n），每个决策单元有 m 种投入、s_1 种期望产出和 s_2 种非期望产出，$\boldsymbol{x}$、$\boldsymbol{y}^g$ 和 $\boldsymbol{y}^b$ 分别表示投入向量、期望产出向量和非期望产出向量，λ 是权重向量，包含非期望产出的生产可能集为

$$P=\{(\boldsymbol{x},\boldsymbol{y}^g,\boldsymbol{y}^b)|\boldsymbol{x}\geqslant X\lambda,\boldsymbol{y}^g\leqslant Y^g\lambda,\boldsymbol{y}^b\geqslant Y^b\lambda,\lambda\geqslant 0\} \quad (4-1)$$

本章采用 SBM 模型进行吉林省农业绿色发展效率测度，模型表达式如下：

$$\rho^*=\min \frac{1-\dfrac{1}{m}\sum_{k=1}^{m}\dfrac{s_k^-}{\boldsymbol{x}_{k_0}}}{1+\dfrac{1}{s_1+s_2}(\sum_{r=1}^{s_1}\dfrac{s_r^g}{\boldsymbol{y}_{r_0}^g}+\sum_{p=1}^{s_2}\dfrac{s_p^b}{\boldsymbol{y}_{p_0}^b})} \quad (4-2)$$

$$s.t. \quad \boldsymbol{x}_0=X\lambda+s^-$$

$$\boldsymbol{y}_0^g=Y^g\lambda-s^g$$

$$\boldsymbol{y}_0^b=Y^b\lambda+s^b$$

$$s^-\geqslant 0,\ s^g\geqslant 0,\ s^b\geqslant 0,\ \lambda\geqslant 0$$

式中，ρ^* 表示被评价决策单元 DMU_0（x_0，y_0^g，y_0^b）的农业绿色发展效率，s^-、s^g、s^b 分别表示投入向量 x、期望产出向量 y^g 和非期望产出向量 y^b 的松弛变量；λ 为权重向量；s_k^-、s_r^g 和 s_p^b 分别对应第 k 种投入、第 r 种期望产出和第 p 种非期望产出的松弛变量，通过 s_k^-/x_{k_0}、$s_r^g/y_{r_0}^g$、$s_p^b/y_{p_0}^b$ 来计算出决策单元各变量的冗余程度，进而计算出决策单元的农业绿色发展效率；目标函数 ρ^* 满足 $0<\rho^*\leqslant1$，且对 s^-、s^g、s^b 单调递减，当且仅当 $s^-=s^g=s^b=0$ 时，$\rho^*=1$，此时，DMU_0 有效。

4.3 农业绿色发展效率测度指标的选取与说明

根据行政区划，吉林省共包括长春市、吉林市、四平市、辽源市、延边朝鲜族自治州、白山市、通化市、松原市、白城市共 9 个地市（州）。按照《吉林省乡村振兴战略规划（2018—2022）》空间布局，将吉林省 9 地市（州）划分为东部、中部和西部三大农业产业集聚区，其中，东部地区包括延边州、白山市、通化市，中部地区包括长春市、吉林市、四平市、辽源市，西部地区包括松原市、白城市。在综合考虑吉林省 9 地市（州）农业发展实际情况的基础上，选取相关投入和产出指标测算其农业绿色发展效率。基础数据来源于《吉林统计年鉴》（2011—2020 年）、吉林省 9 地市（州）历年的《国民经济和社会发展统计公报》、吉林省及各地市（州）统计局相关数据。

本章聚焦狭义农业（种植业），所选取的投入指标包括土地投入、劳动力投入、资本投入和技术投入，产出指标包括期望产出和非期望产出，如表 4-1 所示。

表 4-1 吉林省农业发展的主要投入、产出指标

指标分类	指标名称	指标释义	计量单位
投入指标	土地投入	总播种面积	公顷

（续）

指标分类	指标名称	指标释义	计量单位
投入指标	劳动力投入	农业劳动力数量	万人
	资本投入	化肥施用量	吨
		有效灌溉面积	千公顷
	技术投入	农业机械总动力	万千瓦
产出指标	期望产出	农业总产值	万元
	非期望产出	农业碳排放量	千克

4.3.1　投入指标

（1）土地投入：作为农业生产活动的基本生产资料，土地是提供农作物生长发育所必需的水分和养料的来源。本书用"总播种面积"代表土地投入。

（2）劳动力投入：农业劳动力指直接参与并投入到农业生产劳动第一线的劳动力，本研究用"农业劳动力数量"代表劳动力投入，其中，农业劳动力数量＝农业产值/农林牧渔总产值×农林牧渔业从业人员数。

（3）资本投入：结合吉林省实际，并参考吕娜和朱立志（2019）的指标选取情况，本书以"化肥施用量"和"有效灌溉面积"代表资本投入。

（4）技术投入：目前农业现代化、规模化发展逐渐显现，农业生产多采取大型机械作业，本书以"农业机械总动力"代表技术投入。

4.3.2　产出指标

农业绿色发展效率研究，需考虑期望产出和非期望产出两类产出指标。

（1）期望产出：针对狭义农业（种植业）而言，如果采用大多数学者选择的农林牧渔业总产值，则存在指标不匹配情况。因此，本书选择"农业总产值"作为期望产出，并以2010年为基期统一进行折算，以剔除物价变动的影响。

（2）非期望产出：农业生产中，施用化肥、灌溉和采用机械翻耕作业等都会产生一定量的碳排放，本书以"农业碳排放量"表示非期望产出。考虑农地利用碳排放情况和相关数据的可得性，本书参考田云等（2012）的做法，确定与农业生产相关的碳排放系数，计算吉林省各地市（州）农业碳排放量，其公式为

$$C = \sum c_i = \sum e_i \cdot \varepsilon_i \qquad (4-3)$$

式中，C 为农业碳排放总量；i 为产生碳排放的排放源的种类；c 为每种排放源的碳排放量；e 表示各碳排放源；ε 为各碳排放源的碳排放系数，如表 4-2 所示。

表 4-2   农业碳排放系数

碳排放源	碳排放系数	数据参考来源
化肥	0.895 6 千克 C/千克	美国橡树岭国家实验室（ORNL）
翻耕	312.60 千克 C/千米²	中国农业大学生物与技术学院（IABCAU）
灌溉	266.48 千克 C/公顷	段华平等（2011）

数据来源：田云等（2012）。

4.4   吉林省 9 地市（州）农业绿色发展效率测度结果

本书采用含非期望产出的 SBM 模型，根据表 4-1 确定的投入、产出指标体系，借助 MatlabR2016a 软件测算 2010—2019 年吉林省 9 地市（州）的农业绿色发展效率，结果如表 4-3 所示。

表 4-3   2010—2019 年吉林省 9 地市（州）农业绿色发展效率

地区	2010 年	2011 年	2012 年	2013 年	2014 年	2015 年	2016 年	2017 年	2018 年	2019 年	均值
长春市	0.902	0.444	0.924	0.825	1.000	1.000	0.645	0.271	0.748	0.733	0.749
吉林市	0.697	0.801	0.899	0.936	1.000	1.000	0.726	0.562	0.603	0.596	0.782
四平市	0.932	1.000	0.965	0.999	0.595	0.953	0.879	0.688	0.707	0.715	0.843

（续）

地区	2010 年	2011 年	2012 年	2013 年	2014 年	2015 年	2016 年	2017 年	2018 年	2019 年	均值
辽源市	0.153	0.156	0.144	0.143	0.155	0.153	0.150	0.123	0.127	0.131	0.143
通化市	0.110	0.115	0.132	0.189	0.189	0.247	0.159	0.108	0.560	0.574	0.238
白山市	0.687	0.789	0.764	1.000	1.000	1.000	1.000	1.000	1.000	1.000	0.924
松原市	0.711	0.805	1.000	1.000	1.000	1.000	1.000	0.712	0.469	0.690	0.839
白城市	0.485	0.541	0.606	0.641	0.734	0.858	0.996	0.997	0.291	0.903	0.705
延边州	0.446	0.557	0.616	0.613	0.687	0.713	0.686	0.445	0.465	0.477	0.570
全省	0.569	0.578	0.672	0.705	0.707	0.769	0.693	0.545	0.552	0.646	0.644
东部	0.415	0.487	0.504	0.600	0.625	0.653	0.615	0.518	0.675	0.683	0.578
中部	0.671	0.600	0.733	0.726	0.688	0.776	0.600	0.411	0.546	0.544	0.629
西部	0.598	0.673	0.803	0.821	0.867	0.929	0.998	0.855	0.380	0.796	0.772

数据来源：《吉林统计年鉴》（2011—2020 年）、吉林省 9 地市（州）历年《国民经济和社会发展统计公报》、吉林省及各地市（州）统计局相关数据。

表 4-3 效率测度结果显示，2010—2019 年，吉林省 9 地市（州）农业绿色发展效率最低值为 0.108，最高值为 1.000。其中，长春市、吉林市 2014 年、2015 年效率值为 1.000，达到效率最优；白山市 2013—2019 年连续 7 年效率值为 1.000，达到效率最优；松原市 2012—2016 年连续 5 年效率值为 1.000，达到效率最优。概括来看，吉林省 9 地市（州）2010—2019 年农业绿色发展效率表现各异，其中，白山市、松原市大多数年份农业绿色发展投入产出组合处于生产边界面，对吉林省农业绿色发展效率的贡献最大。

从吉林省效率均值变化情况看（图 4-1），2010—2015 年农业绿色发展效率持续上升，2015 年效率均值达到最高点 0.769，比 2010 年增加 0.200，2016 年略有下降，2017 年大幅下降，2018 年转而小幅上升，2019 年呈继续上升趋势。总体来看，吉林省 9 地市（州）2010—2019 年农业绿色发展效率均值呈现先上升后下降再上升的发展态势；根据表 4-3，吉林省农业绿色发展效率均值从 2010 年的 0.569 上升至 2019 年的 0.646，提升 0.077，2010—2019 年这 10 年效率均值为 0.644。

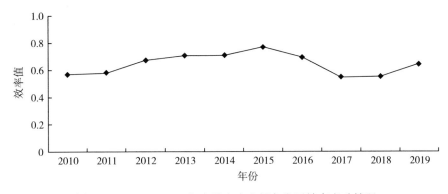

图 4-1 2010—2019 年吉林省农业绿色发展效率变动情况

　　农业绿色发展受耕地、水、气候等资源条件影响，近年吉林省积极扭转过去的粗放的经济发展模式，坚持可持续发展观，努力使农业发展与资源和环境的承载力相适应。吉林省更加注重农业绿色发展，如2018 年 3 月，《吉林省黑土地保护条例》等相关文件颁布，农业高校及科研院所加强对化肥、农药减施问题的研究，探讨农户化肥农药减施行为机理及生态补偿激励机制，并积极向农业生产企业和广大农民宣传绿色发展理念，推广科学育种、测土配方施肥、秸秆还田技术等绿色生产技术和生产方式。官产学研多方协作共促，有效降低农业化学品投入，有效降低农业碳排放，提升秸秆、农膜和其他农业生产资料利用率，促进了农业绿色发展效率的提升。

　　但是，从效率测度结果来看，吉林省农业绿色发展效率 2010—2015 年持续上升，2015 年达到最高点，2016 年后开始下降，2017 年降到最低，2018 年后小幅上升，10 年来，农业绿色发展效率仅提升0.077，幅度较小。这一测度结果，与吉林省农业绿色发展的实际表现不相匹配。为探究原因所在，秉持科学严谨的治学态度，笔者对效率测度指标的原始数据与统计年鉴——复核，以剔除数据整理录入环节的错误或纰漏，核对结果显示，数据整理与录入均没有错误，所选测度模型和投入产出指标亦为相关研究中普遍采用的模型和指标；于是，进一步对投入产出指标的原始数据变化特征进行了细致观察，经分析发现，投入指标、非期望产出指标的数据变动特征均与本书对吉林省农业绿色发展的实际观察情况基本吻合，而期望产出指标-农业总产值的变化与农业绿色发展效率的变化趋势基本一致，如图 4-2 所示，剔除物价变动影响，吉林省的农业总产值在 2010—2014 年呈持续上升趋势，2015 年下跌，2016—2017 年大幅下跌，之后，2018—2019 年小幅回升，其变化特征与农业绿色发展效率均值的变动趋势基本一致，这表明农业总产值对吉林省农业绿色发展效率产生重要影响。

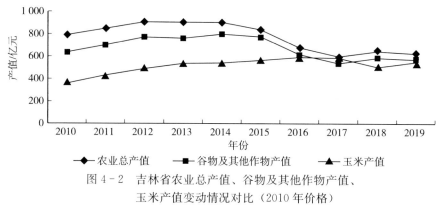

图 4-2　吉林省农业总产值、谷物及其他作物产值、
玉米产值变动情况对比（2010 年价格）

数据来源：根据《吉林统计年鉴》相关数据计算整理。
注：玉米价格根据国家粮食局 2010 年国家临储玉米收购价格确定。

为进一步分析吉林省 9 地市（州）农业总产值增减变动情况及其原因，结合长期的研究积累，笔者有针对性地查阅了相关文件，梳理分析了相关政策导向，其中，玉米临储政策的调整是需要关注的关键因素。吉林省是玉米主产省，玉米价格政策的变化可能对农业总产值产生一定的影响。我国玉米临时收储政策始于 2008 年，其基本政策内涵是国家在东北及内蒙古东四盟地区按每年一定的收购价格（即"临储价格"）向农民敞开收购玉米。该政策实施 8 年后，作为玉米临储政策的替代品，国家在 2016 年中央 1 号文件中提出了"价补分离"的政策设计。2016 年 4 月，国家发展和改革委又发布了"市场化收购"加"补贴"

的进一步说明。"价补分离"之后，农民依据种植面积得到了相应的价格补贴，但是市场价格加补贴之后的收益仍远低于 2015 年的"临储价格"，农民种植玉米的收入显著减少，农民收入开始进入下降周期。由于受自然条件和农作物属性的影响，农作物种植结构的调整滞后于价格调整，玉米主产区的种植结构在市场的起伏震荡中持续调整。2017 年，种植玉米收入降到最低，玉米播种面积大幅减少；2018 年后，由于市场供求对价格的调节效果开始显现，玉米市场价格略有回升，玉米种植面积开始增加。

吉林省为主产玉米的农业大省，玉米总量超过粮食产量的三分之一，玉米收储价格政策的调整对农业总产值产生了哪些影响？笔者进一步咨询了专家和农业农村厅相关管理人员，这一疑问得到了进一步的证实。而且，统计数据也提供了充分证据。本书对 2010—2019 年农业总产值、谷物及其他作物产值、玉米产值的变动情况进行比较，其中图 4-2 为以 2010 年为基期扣除物价变动影响的产值，图 4-3 为以观察期价格计算的实际产值。在图 4-2 中，由于玉米"临储价格"持续大幅上涨，农户种植玉米热情高涨，玉米种植面积和玉米产量均持续上

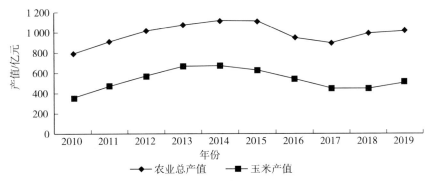

图 4-3 吉林省农业总产值、谷物及其他作物产值、玉米产值
变动情况对比（当年价格）

数据来源：根据《吉林统计年鉴》相关数据计算整理。

注：2010—2015 年玉米价格根据国家粮食局国家临储玉米收购价格整理，2016—2019 年玉米价格根据《吉林统计年鉴》玉米价格指数与 2015 年玉米临储收购价格为基价折算。

涨，2015 年，玉米种植面积达到最高点 425.11 万公顷，产量为 3 138.77万吨；2016 年，玉米种植面积达 424.2 万公顷，产量达到最高点 3 286.28 万吨。由于耕地资源有限，玉米的大量种植挤占了其他农作物的种植面积。又，由于玉米产值在谷物及其他作物中占有较大比重（60％～70％），且谷物与其他作物在农业总产值中占较大比重（80％～90％），当其他农作物的种植面积缩减到一定程度后，如果这些作物（如水稻和大豆）的单价高于玉米价格，就会出现玉米产值增加而谷物及其他作物产值、农业总产值下降的情形，具体如图 4 - 2 中 2015—2016 年三种产值变动态势。

2016 年，"价补分离"取代玉米临储政策，2017 年玉米种植面积锐减 7.8 万公顷，产量为 3 250 万吨，由于玉米价格比 2016 年下降 16％，比 2015 年下降 30％多，2017 年，按照实际价格统计的玉米产值降到了最低点，如图 4 - 3 所示。如果以各年实际价格进行比较，可以看出玉米产值与农业总产值的变动趋势几乎一致。

作为农业大省，玉米产值约占吉林省农业总产值的二分之一，玉米产值的变化是引起农业总产值的变化的主要原因，而玉米价格政策的调整产生了重要影响。

综上所述，吉林省农业绿色发展效率变动特征是波动上升；具体来看：2010—2015 年持续上升，2015 年达到最高点；2016—2017 年连续下降，2017 年为最低点；2018—2019 年开始小幅回升。本书认为，2016—2019 年吉林省农业绿色发展效率降低主要是受到了期望产出-农业总产值下降的影响。实际上，2010—2019 年，吉林省 9 地市（州）农业绿色发展总体向好，尤其是 2016 年以来，随着非期望产出的逐步降低（图 4 - 4），农业碳排放量不断下降，吉林省农业绿色发展水平有所提升。但由于农业绿色发展效率考虑了经济产出-农业总产值，2016—2017 年农业总产值的大幅下降是拉低吉林省农业绿色发展效率的主要因素，而农业总产值的下降主要是由于玉米收储价格的变化和调整。

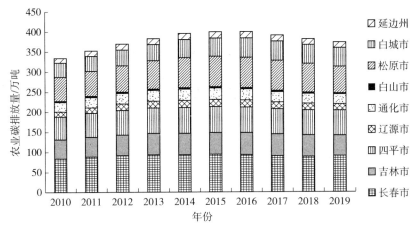

图 4-4　2010—2019 年吉林省 9 地市（州）农业碳排放变动情况

4.5　吉林省 9 地市（州）农业绿色发展效率的时空差异分析

4.5.1　时间差异分析

　　纵观 2010—2019 年吉林省 9 地市（州）农业绿色发展效率变化情况，白山市、四平市、松原市、吉林市、长春市、白城市的农业绿色发展效率均值高于吉林省效率均值，延边州、通化市、辽源市的农业绿色发展效率均值低于吉林省效率均值，各地市（州）表现各异，吉林省农业绿色发展效率总体呈现波动上升趋势（图 4-5、图 4-6）。其中，白山市、通化市农业绿色发展效率持续大幅上涨；除 2016 年、2017 年（白城市除了 2018 年），延边州、松原市、白城市、吉林市农业绿色发展效率提升明显；长春市、四平市农业绿色发展效率的波动最大，变动规律不易总结，但长春市、延边州、吉林市、四平市、松原市在 2016 年、2017 年两年效率值均明显下降，这一现象主要与各地市（州）农业总产值的变动轨迹有关；辽源市的农业绿色发展效率与其他地市（州）相比，一直处于低位，效率波动相对平稳。如果以效率值大小来评价各地市（州）对吉林省农业绿色发展的贡献，则白山市、松原市大多数年份农业绿色发展投入产出配置最优，效率稳居高位，对吉林省农业绿色发展效率的贡献最大；四平市、吉林市、长春市、白城市、延边州效率水平较高，对吉林省农业绿色发展效率的贡献较大；通化市和辽源市效率水平较低，拉低了吉林省农业绿色发展效率，但通化市2018—2019年农业绿色发展效率的变化趋势对吉林省农业绿色发展效率的整体走势产生了积极效果。总体来看，未来吉林省农业绿色发展效率提升空间依然较大。

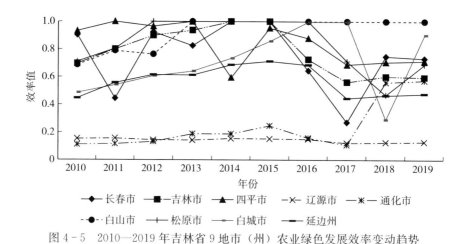

图 4-5 2010—2019 年吉林省 9 地市（州）农业绿色发展效率变动趋势

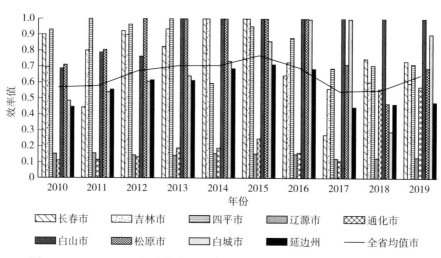

图 4-6 2010—2019 年吉林省 9 地市（州）及全省农业绿色发展效率对比

此外，吉林省各地市（州）农业绿色发展效率的异常变化各有原因。下面就具体某一区域的关键节点进行进一步的讨论。

（1）2018年，白城市农业绿色发展效率异常下降。近年，白城市积极开展沙化盐碱化治理，逐步扩大资本投入和技术投入，耕地总面积缓慢增加、农地利用过程中产生的碳排放量随着化肥施用量、翻耕和灌溉等投入要素的增加而增加。虽然盛产水稻的白城市农业总产值受玉米临储价格调整的影响不大，但在投入大幅增加、非期望产出增幅加大的情况下，2018年，白城市农业绿色发展效率出现了异常下跌。另据《2018年白城市国民经济和社会发展统计公报》，经济下行压力加大，严重的旱情导致白城玉米单产下降4％，水稻单产下降11.4％，在播种面积增加的情况下，产出的增长幅度小于投入的增长幅度，最终导致效率下降。尽管2015年以来白城市实施的"海绵"城市建设，有效缓解了旱灾的肆虐，但在严重旱灾面前，农业发展无疑会受到影响。

（2）2011年，长春市农业绿色发展效率异常下降。通过分析发现，2011年，长春市伴随着耕地播种面积的扩张、化肥施用量、灌溉面积和农用机械动力的使用均大幅增加，同时，农地利用过程中的碳排放增加，其间期望产出趋势未变。因此，投入的大幅扩张和碳排放量的增加，是长春市农业绿色发展效率下降的主要原因。

（3）2014年，四平市农业绿色发展效率异常下降，产生此变动情形的原因同长春市2011年的原因基本一致，但有一点不同，除了投入扩张和非期望产出增加的双重影响，2014年四平市的农业总产值分别低于2013年和2015年的规模。2014年，吉林省发生63年来最严重的旱灾，导致玉米等庄稼产量减半甚至绝收，以玉米为主要粮食作物的四平市，在一定程度受到旱灾影响，农业总产值大幅降低。因此，在投入扩大、期望产出缩减、非期望产出增加的共同作用下，2014年四平市农业绿色发展效率出现大幅下降，拉低了2010—2019年该市农业绿色发展效率总水平。

（4）2013—2019 年，白山市农业绿色发展效率值均为 1，达到效率最优。白山市位于吉林省东部长白山地区，农产品以山地农林特产品为主，该农产品类别决定其农业产出对环境的污染较小，并可以减少化肥、农药投入量。此外，人参产业已经在白山市形成百亿级产业集聚，提供较高农业产出的同时，对环境造成的污染处于较低水平，其投入和产出要素配置符合绿色发展理念。白山市农业绿色发展效率居于全省最高水平，效率均值为 0.924。

上述分析进一步说明，农业绿色发展受产业发展规划和资源禀赋的双重影响，如何做到经济发展与环境保护相协调，形成人与自然和谐共处的美好愿景，是摆在我们面前的重要课题。目前，吉林省亟须转变农业生产经营方式、发挥产业集聚效应，进一步倡导集约经营、规模化经营，以推动化肥、农药减施，推广秸秆还田利用，提升农业发展质量，从而提高农业绿色发展效率。

4.5.2　空间差异分析

从空间分布来看，吉林省东部、中部、西部三大产业集聚区的农业绿色发展效率均值分别为 0.578、0.629、0.772，呈现出"西部＞中部＞东部"的绿色发展格局，东部、中部、西部三大产业集聚区的农业绿色发展效率存在一定差异（图 4 - 7）。具体如下：东部地区农业绿色发展效率起点最低，为 0.415，但在 2010—2019 年整个区间内表现较好，除了 2016—2017 年受到玉米收储价格政策调整影响，基本上呈现上升趋势，2019 年为 0.683，提高 0.268，远高于全省均值的提高幅度；中部地区起点较高，2010 年农业绿色发展效率为 0.671，效率值最高，但在 2010—2019 年整个区间内，中部地区农业绿色发展效率波动较大，起伏跌宕（图 4 - 8），2019 年中部地区的绿色发展效率低于东部地区和西部地区，效率值为 0.544，降低 0.127；西部地区绿色发展效率总体上高于东部地区和中部地区，除 2018 年，其效率值高于吉林省效率均值，2010—2016 年西部农业绿色发展效率稳步上升，2016 年效率值最高，为 0.998，其投入产出组合配置接近于生产边界面。2019 年西部地区农业绿色发展效率比 2010 年的效率值高 0.197，达到 0.796，高于中部地区和东部地区。

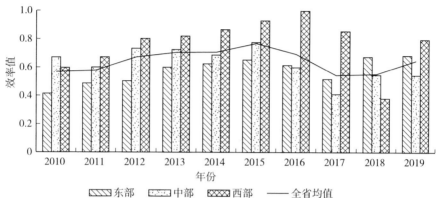

图 4 - 7　2010—2019 年吉林省东部、中部、西部三大农业
产业集聚区农业绿色发展效率对比

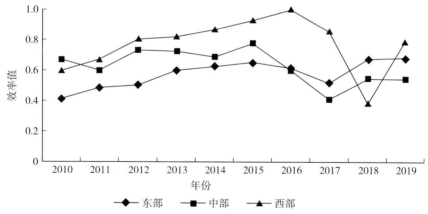

图 4 - 8　2010—2019 年吉林省东部、中部、西部三大农业
产业集聚区农业绿色发展效率变动趋势

具体来看，吉林省东部、中部、西部三个地区的农业绿色发展效率变化各有特点。东部地区的 3 个地市（州）中，白山市近十年效率均值为 0.924，远高于东部的延边州和通化市，也高于吉林省其他地市，处

于绿色生产前沿，农业生产位于最佳前沿面，表明其农业绿色发展效果已经凸显，但是通化市较低的农业绿色发展效率值却拉低了东部地区的平均值。中部长春市、吉林市、四平市、辽源市四市的农业绿色发展效率均值为 0.629，四个城市中，辽源市效率较低，一定程度上拉低了平均值，这意味着中部地区辽源市的农业生产存在着巨大的绿色发展潜力损失，亟待加强；西部两市的效率均值为 0.772，处于相对较高水平，使地区均值较高，松原市和白城市两市的近十年效率均值分别为0.839、0.705。

是何种原因导致东部、中部、西部农业绿色发展效率产生如此鲜明的空间差异，以及其是否与近年吉林省产业空间布局和战略规划有一定关联？毋庸置疑，答案是肯定的。

（1）玉米收储政策的调整。首先，2016—2017 年，吉林省农业绿色发展效率的整体下滑是受到玉米收储价格政策调整的影响，这一点是受国家层面的政策调整影响。吉林省为玉米种植大省，其农业发展随玉米种植结构的调整而产生连锁反应。2016—2017 年，除个别地市，农业总产值下滑导致该期间农业绿色发展效率下降，各地市（州）效率变化动态比较一致。

（2）农业资源禀赋与产业结构的差异化。从投入产出指标的构成来看，产出指标农业总产值是效率测算系统中的关键指标，若要获得较高的农业总产值，就需要扩大投入，而化肥、翻耕、灌溉等投入的扩大又会释放更多的碳排放，如表 4-4 所示。农业总产值受到各地资源禀赋和产业结构布局的双重影响。其中，东部地区濒临长白山区，土地多为山区或丘陵地带，不适宜粮食作物大规模生产，产业布局以发展林特产品为主。中西部多为平原地带。中部的长春市经济增长主要依靠第二、三产业拉动，伴随产业结构调整的不断深化，长春市第一产业在国民经济结构中占比逐年下降，按照可比价格计算，2019 年长春市第一产业对经济增长的贡献率仅为 4.1%；吉林市工业基础雄厚，主导产业为石化、汽车产业，第一产业占比逐年降低；近年辽源市农产品加工业蓬勃发展，但种植业在总产值中的比重相对较低；四平市是我国重要的粮食主产区，其粮食总产、单产和商品率三大指标常年保持全国前列。西部的白城市为国家大型商品粮基地，第一产业占比常年维持在 20% 左右，高于全省平均水平；处于松辽平原腹地的松原土地肥沃，随着黑土地保护行动逐步铺开，松原农业绿色生产取得了较好成效。

表 4 - 4　2010—2019 年吉林省农业总产值比重及农业碳排放情况

地区	期望产出-农业总产值 （亿元）	占地区生产总值比例 （%）	非期望产出-农业碳排放量 （万吨）
东部	202.52	9.07	43.68
中部	665.90	7.25	221.35
西部	382.16	18.93	112.93

（3）产业规划的推动。2015 年，习近平总书记做出吉林省要"争当现代农业建设排头兵，率先实现农业现代化"的重要指示，此后，四平市、松原市、白城市三市充分发挥自身优势，在资金、政策等方面大力支持农业发展。2016 年至今，三市在全省率先实现农业现代化进程中取得了显著成效，呈现出稳中向好、加快变革的良好态势。同时，三市在地理位置上位于松辽平原腹地，《吉林省率先实现农业现代化总体规划（2016—2025 年）》及《吉林省农业可持续发展规划（2016—2030 年）》（吉农计发〔2016〕1 号）等文件中特别强调，吉林省应统筹推进松辽平原典型农业区加快发展。2016 年以来，相关政策文件的出台进一步推动了四平市、松原市、白城市三市的农业产业集聚水平快速上升。2018 年 12 月，《吉林省乡村振兴战略规划（2018—2022 年）》颁布实施；2019 年 1 月，吉林省人民政府印发《"一主、六双"产业空间布局规划》（吉政发〔2019〕6 号），这些文件的实施将进一步引领吉林省产业布局调整，进而对吉林省农业绿色发展产生影响。

4.6 本章小结

本章研究综合考虑了吉林省农业发展现实情况及农业生产过程中的碳排放问题，在参考已有研究成果基础上，使用 MaxDEA 计量软件，通过包含非期望产出的 SBM 模型，测算了吉林省 9 地市（州）农业绿色发展效率，主要结论如下。

（1）从整体表现来看，2010—2019 年，吉林省农业绿色发展效率提升缓慢，幅度较小。效率变动趋势呈现"上升—下降—上升"的发展态势。吉林省 9 地市（州）的效率排序为白山市、四平市、松原市、吉林市、长春市、白城市、延边州、通化市和辽源市。

（2）从时空差异来看，吉林省各地农业绿色发展效率在时间上呈现不同的变化趋势，空间上呈现"西部＞中部＞东部"的分布特征。2010—2019 年，吉林省 9 地市（州）农业绿色发展效率变动趋势呈现差异化。其中东部地区白山市、通化市和延边州效率涨势强劲，白山市大部分年份处于效率前沿面，但延边州和通化市的效率值较低，拉低了东部地区的效率；中部地区长春市、四平市两地效率波动频繁、无规律，辽源市则一直低位运行，效率走势平稳；除 2017 年、2018 年效率下降，西部白城市、松原市效率持续上涨，效率值较高。综观东部、中部、西部农业绿色发展效率水平，呈现出"西部＞中部＞东部"的分布特征。

（3）吉林省农业绿色发展效率存在时空差异的主要原因，是农业资源禀赋与产业结构布局的差异化，是由东部、中部、西部显著的自然生态条件差异和经济社会发展特色决定的。

（4）吉林省农业绿色发展效率在 2016—2017 年大幅下降，是该期间作为期望产出的农业总产值大幅下降所致，而农业总产值的大幅度下降在一定程度上受玉米收储政策调整的影响，尤其是玉米主产地区。

5 吉林省农业产业集聚对农业绿色发展效率的影响分析

5.1 吉林省农业产业集聚发展情况

《吉林省乡村振兴战略规划（2018—2022 年）》要求，吉林省应贯彻实施东部、中部、西部"三大板块"战略、"一主六双"区域协调发展布局的部署，统筹城乡融合发展。实施乡村振兴战略，产业兴旺是关键。依据各地的资源禀赋、发展基础，吉林省的产业布局划分为东部、中部、西部三大农业产业集聚区：东部侧重于包括人参和蘑菇在内的林特产品的开发与生产，中部侧重于粮食、牲畜和家禽的生产与加工，西部则突出发展谷物、豆类、肉类以及替代品的生产和加工。另外，文件明确提出乡村振兴国土空间、产业发展、人口聚集等方面的布局要求，强调要大力依托区域中心村镇，引导人口、产业的集聚式发展；推进第一、二、三产业融合发展，建成独具特色、富有竞争力的国家级和省级特色农产品优势区；应将产业集聚作为现代农业发展的动力源，打造若干个农产品加工业集聚园区。在《吉林省乡村振兴战略规划（2018—2022 年）》的指导下，吉林省不断优化产业布局，打造农业产业集聚区，为吉林省率先实现农业现代化提供了产业支撑。

目前，吉林省各地市（州）农业产业集聚的发展已经呈现东部、中部、西部三大区域不同发展格局，共包括 9 个地市（州），分别为通化市、白山市、延边州、长春市、吉林市、辽源市、四平市、松原市及白城市。其中，以通化市、白山市和延边朝鲜族自治州为代表的东部农业产业集聚区，主要包括延边州、白山市整个辖区及通化市南部地区，共计 16 个县（市、区）；以高山、丘陵、山地为主的自然条件限制了大规模粮食作物生产，吉林省东部农业产业集聚区以山地特色农林产品为抓手，目前已经发展了一批人参、黑木耳、蓝莓等生态食品标准化种植基地，并已打造成全国著名的绿色食品生产与加工供应基地，形成以"长白山"系列品牌为主的农林产品品牌集聚区。以松辽平原为主的中部农业产业集聚区，主要包括松原市下辖的扶余市，长春市、吉林市、辽源市及四平市的全部辖区，共计 30 个县（市、区）；中部地区是全省商品粮核心区域，目前以玉米、水稻两种粮食作物为主的种植带已经基本形成，农业产业集聚格局逐渐清晰。西部农业产业集聚区主要包括白城市整个辖区及松原大部分地区，共计 9 个县（市、区）；西部地区由于受到草原沙化、盐化、碱化等环境因素的影响，目前侧重于发展生态农牧业。

5.2 吉林省 9 地市（州）农业产业集聚水平测算及分析

5.2.1 农业产业集聚水平测算方法的选择

在产业集聚研究中，产业集聚水平的测度方法已经比较成熟，关于农业产业集聚水平的测算，比较常见的方法有空间基尼系数（geographic gini coefficient）、行业集中度（concentration ratio）及区位熵（location quotient）等。

（1）空间基尼系数。空间基尼系数是衡量产业空间集聚程度的重要评价标准。1991 年，克鲁格曼（Krugman）提出空间基尼系数，用于测算美国制造业的行业集聚程度。后经有关学者改进，该指标的应用领域拓展到衡量特定区域内农业产业分布的均衡程度，其计算方法如下：

$$G = \frac{1}{2n^2\bar{x}} \sum_{k=1}^{n} \sum_{j=1}^{n} |x_j - x_k| \qquad (5-1)$$

式中，n 为研究样本（即"地区"）的个数；j 和 k 分别表示具体地区；

$\bar{x}$ 为各地区农业总产值份额的均值；x_j 和 x_k 分别为地区 j 和地区 k 农业总产值的份额；G 为农业的空间基尼系数，取值为 $[0, 1]$。如果所有地区的农业产值份额相等，则 G 为 0；如果农业产业集中于一个地区，则 G 接近于 1。如果 G 越小，则农业产业在区域间的分布就越均衡；如果 G 越接近于 1，说明农业产业的集聚程度越强。

该指标的缺陷在于，空间基尼系数大于 0 并不一定表明有集群现象存在，因为它没有考虑企业规模的差异。若一个地区存在一个规模较大的企业，有可能会造成该地区农业产业集聚程度高，但实际上并无明显的集聚现象出现。

（2）行业集中度。行业集中度用行业内规模最大的几个地区的经济指标（如销售额、就业人数、产值等）占整个行业的份额度量，其计算公式如下：

$$CR_n = \sum_{i=1}^{n} x_i \Big/ \sum_{i=1}^{N} x_i \qquad (5-2)$$

式中，CR_n 表示行业中规模最大的前 n 个地区的集中度；x_i 为第 i 个地区的经济指标；N 为地区总数。CR_n 越大，说明行业越集中于生产规模较大的地区。

行业集中度采用最常用的指标，形象地描述产业集聚水平，计算方法简单，但其缺陷也很明显：一是集中度的测算容易受到 n 值选取的影响；二是忽略了规模最大地区之外其他地区的规模分布情况；三是不能反映规模最大地区内部之间产业结构与分布的差别。

（3）区位熵。区位熵可以反映不同区域的集聚水平，如测算特定区域内某一细分行业的产业集聚水平，即利用区域内特定部门产值占该地区整体产值的比例比上全国（或大区）范围内该特定部门产值所占全国（或大区）整体产值的比率。这一指标可以反映某一地区特定产业的专业化程度，一经提出就被广泛应用于产业集聚的相关研究。

区位熵的测算方法如下：

$$LQ_{ij} = \frac{E_{ij}/\sum_j E_{ij}}{\sum_i E_{ij}/\sum_i \sum_j E_{ij}} \qquad (5-3)$$

式中，LQ_{ij} 为 j 地区内 i 行业的区位熵；E_{ij} 表示的是 j 地区内 i 行业的产值；$\sum_j E_{ij}$ 是 j 地区的各行业总产值；$\sum_i E_{ij}$ 是 i 行业在全国或大区总产值；$\sum_i \sum_j E_{ij}$ 是全国或大区的各行业总产值。

该方法计算操作简单方便，指标选取目标明确。其局限性主要体现在不能反映区域经济发展水平的差异性对区位熵的影响。

针对吉林省农业产业集聚水平的测算，相较而言，空间基尼系数仅能衡量吉林省不同区域农业生产分布的均衡程度；行业集中度能够反映某个或某几个地区的产业集聚程度最大，却难以反映出各地市（州）农业的专业化水平及其集聚程度；而区位熵则能很好地解决这一问题。因此，本书选择区位熵测算吉林省 9 地市（州）农业产业集聚水平。

5.2.2　吉林省 9 地市（州）农业产业集聚水平测算

依据区位熵测算原理，本书计算吉林省不同地市（州）农业产业区位熵值，并以其表示该地区农业产业集聚水平。同时，该地区区位熵的波动也可以反映这一区域内产业集聚的变化状态。根据区位熵的计算公式及《吉林统计年鉴》相关数据，计算出吉林省 9 地市（州）农业产业区位熵值（即 LQ 系数），如表 5-1 所示。

表 5-1　2010—2019 年吉林省 9 地市（州）农业产业区位熵值

地区	2010 年	2011 年	2012 年	2013 年	2014 年	2015 年	2016 年	2017 年	2018 年	2019 年
长春市	0.519	0.528	0.544	0.538	0.538	0.522	0.536	0.360	0.331	0.407
吉林市	0.619	0.698	0.793	0.826	1.024	0.942	1.021	0.528	0.549	0.918
四平市	1.629	1.581	1.551	1.576	1.600	1.611	1.845	1.730	1.773	2.195
辽源市	0.603	0.614	0.549	0.493	0.609	0.566	0.595	0.511	0.549	0.863

（续）

地区	2010 年	2011 年	2012 年	2013 年	2014 年	2015 年	2016 年	2017 年	2018 年	2019 年
通化市	0.692	0.731	0.710	0.717	0.728	0.815	0.906	0.838	0.894	1.082
白山市	0.567	0.710	0.641	0.873	0.933	0.995	1.066	0.866	0.910	1.256
松原市	1.499	1.565	1.573	1.619	1.685	1.684	1.893	1.535	1.581	3.195
白城市	1.641	1.699	1.843	1.797	1.905	1.969	2.166	2.432	2.537	3.141
延边州	0.803	0.968	0.948	0.952	1.003	1.062	1.181	0.798	0.837	0.884

数据来源：据《吉林统计年鉴》（2011—2020 年）计算得出。

假设将吉林省农业产业区位熵值设为 1，以此为标准：当区位熵值大于 1，表明该地区农业产业竞争力处于相对优势地位；当区位熵值小于 1，则表明该地区农业产业发展处于相对劣势，进一步说明其农业产业专业化水平相较于全省平均水平有差距，农业产业集聚程度不够；当区位熵值等于 1，则表示该地区农业产业专业化发展水平与全省持平，区域内农产品供求相对平衡。

根据表 5-1 可知，2010—2019 年四平市、松原市和白城市农业产业区位熵值均大于 1，其中，在整个研究区间内，松原市 2019 年农业产业区位熵值最高，达到 3.195；而长春市和辽源市在 2010—2019 年农业产业区位熵值都小于 1，一直在低位徘徊；其他地区少数年份农业产业区位熵值超过 1，但大部分年份均低于 1。

5.2.3 吉林省 9 地市（州）农业产业集聚水平分析

吉林省 9 地市（州）农业产业集聚现象表现出不同特征，通过图 5-1 可以更加清晰地分析和评价。本书根据区位熵值变化特征，将吉林省农业产业集聚情况大致分为以下三类。

第一类是以四平市、松原市、白城市三市为代表的农业大市，其区位熵值常年在 1 以上。四平市、松原市和白城市农业产业集聚处于较高水平，其种植业发展水平也在吉林省处于相对领先地位。其中，四平市是我国重要的粮食主产区，其粮食总产、单产和商品率三大指标常年保持全国前列，2019 年，四平市粮食产量实现"十五连丰"；另外，作为国家大型商品粮基地的白城市，其农业产业区位熵值自 2016 年突破 2.000，2019 年达到 3.141，常年居于全省前列。根据历年《白城市国民经济和社会发展统计公报》显示，白城市第一产业的占比常年维持在 20% 左右，高于全省平均水平，尤其是第一产业中种植业发展优势明显，贡献较大。根据图 5-1 区位熵变动趋势，四平市、松原市、白城市三市的农业产业集聚水平在 2016 年后上升趋势明显加快。究其原因，2015 年，习近平总书记做出吉林省要"争当现代农业建设排头兵，率先实现农业现代化"的重要指示，此后，四平市、松原市、白城市三市充分发挥自身优势，在资金、政策等方面大力支持农业发展。2016 年至今，三市在吉林省率先实现农业现代化进程中取得了显著成效，呈现出稳中向好、加快变革的良好态势。同时三市在地理位置上正位于松辽平原腹地，《吉林省率先实现农业现代化总体规划（2016—2025 年）》、《吉林省农业可持续发展规划（2016—2030 年）》（吉农计发〔2016〕1 号）等文件中特别强调，吉林省应统筹推进松辽平原典型农业区加快发展。2016 年以来，相关政策文件的出台进一步推动了四平市、松原市、白城市三市的农业产业集聚水平快速上升。

第二类以长春市、吉林市、辽源市三市为代表，其农业产业集聚常年处于较低水平，并且远低于吉林省平均水平。表 5-1 数据显示，2010—2019 年，长春市区位熵值常年低于 1.000，农业产业集聚水平低于吉林省平均水平。近年，伴随产业结构调整的不断深化，长春市第一产业在国民经济结构中占比逐年下降，按照可比价格计算，2019 年长春市第一产业对经济增长的贡献率仅为 4.1%。长春市经济发展水平在全省遥遥领先，经济增长的拉动作用主要依靠第二、三产业，产业结构的优化调整是造成农业产业集聚处于相对低水平的主要原因。吉林市工业基础雄厚，改革开放 40 多年间，产业结构调整不断深化，其主导产业为石油化工和汽车产业，其中第一产业尤其是种植业对于经济发展的拉动作用逐年降低。辽源市种植业的产业基础发展条件相对较差，近年农业发展主要以"蛋品＋农产品加工"产业为主，同时以梅花鹿等特色农产品养殖及加工作为发展的主要方向，种植业在总产值中的比重相对较低。

第三类以通化市、白山市、延边州为代表，该3市（州）位于吉林东部的长白山区，林特产品丰富，农业产业集聚水平处于前两类之间，但大多数年份低于1.000。其中，白山市人参产业已经形成百亿级产业集聚，通化葡萄酒业、延边朝鲜族食品已形成区域品牌，具备了一定的产业集聚规模，拉动了其原材料的种植和生产规模，但就种植业而言，通化市、白山市和延边州的集聚水平还远低于四平市、松原市和白城市等农业大市。

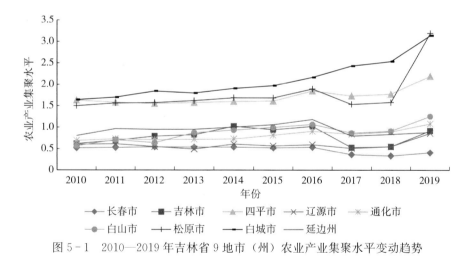

图 5-1 2010—2019 年吉林省 9 地市（州）农业产业集聚水平变动趋势

由于区位熵指数是基于产值比重计算而得，没有考虑产业的绝对规模，产业规模较小的区域也可能出现较高的区位熵值。为了克服这个缺点，本书参考李二玲等（2012）、贾兴梅和李平（2014）的做法，将农业产值从大到小排在前4位的城市与区位熵值从大到小排列前4位的城市结合比对，如表5-2所示。

表 5－2 2010—2019 年吉林省 9 地市（州）农业产值与区位熵值排名比对

年份	区位熵值排名前 4 的城市	农业总产值排名前 4 的城市
2010	白城市、四平市、松原市、延边州	长春市、松原市、吉林市、四平市
2011	白城市、四平市、松原市、延边州	长春市、松原市、四平市、吉林市
2012	白城市、松原市、四平市、延边州	松原市、长春市、四平市、吉林市
2013	白城市、松原市、四平市、延边州	松原市、长春市、吉林市、四平市
2014	白城市、松原市、四平市、吉林市	长春市、松原市、吉林市、四平市
2015	白城市、松原市、四平市、延边州	长春市、松原市、吉林市、四平市
2016	白城市、松原市、四平市、延边州	长春市、松原市、吉林市、四平市
2017	白城市、松原市、四平市、延边州	长春市、松原市、吉林市、四平市
2018	白城市、四平市、松原市、白山市	长春市、松原市、四平市、白城市
2019	白城市、四平市、松原市、白山市	长春市、松原市、四平市、白城市

从表 5－2 中可以看出，区位熵值和农业总产值的城市排名具有一定的差异，出现该现象的原因，既有区位熵指数没有考虑产业绝对规模的原因，也反映出"大而全"的产业发展模式未必与专业化生产相符合的情况。现代农业的发展要求各地区基于比较优势进行专业化生产和区域分工，走"小而精"或"大而精"的生产模式。对于吉林省这样的农业大省而言，可以充分发挥体量大、综合实力雄厚的优势，在优化农业生产力布局上发力。在农业产业集聚的演进过程中，吉林省各地市（州）应充分发挥自身的比较优势，紧跟市场，合理规划，优化布局，推动农业专业化程度的提高。

5.3 农业产业集聚对农业绿色发展效率影响的实证分析

为探究农业产业集聚水平对农业绿色发展效率是否存在影响以及具体的影响效应，本书结合相关学者的研究成果，提出理论假设，构建分析模型，并进行实证检验。本书利用区位熵值衡量吉林省 9 地市（州）

的农业产业集聚水平，利用包含非期望产出的 SBM 模型测算吉林省 9 地市（州）的农业绿色发展效率，效率测算结果详见本书第 4 章。

5.3.1 研究假设

农业产业集聚可以通过降低交易成本、打造区域品牌和企业品牌、共享公共资源、促进技术创新来实现小农经济与规模经济的结合（杨丽、王鹏生，2005），从而实现规模效益。伴随农业产业集聚区内市场规模的扩大，规模效应逐渐显现。农业产业集聚使基础设施建设得到有效利用，改善环境，提高产量，进一步提高集聚区内的农业绿色发展效率（王珧等，2019）。从世界范围来看，无论是发达国家还是发展中国家，在农业生产中都表现出具有明显区域性的地理集聚现象，许多国家或者地区的农业之所以具有较高的生产率和较强的国际竞争力，与诸多专业化、规模化和特色化的农业产业集聚区发挥了重要支撑作用有着直接关系（肖卫东，2012a）。但由于农业生产高度依赖于化肥、农药、农膜等生产资料的投入，伴随规模扩张而出现投入过量现象，进而导致严重的农业面源污染；同时，生产规模扩大也将引起集聚区内就业机会的增加，人口扩张产生的生活垃圾和废弃物如得不到及时、有效处理也将加剧农业面源污染，从而降低农业绿色发展效率（徐承红、薛蕾，2019）。农业产业集聚既促进又阻碍农业绿色发展，对农业绿色发展效率的影响关系复杂，因此，提出以下研究假设：农业产业集聚影响农业绿色发展效率，且二者之间存在非线性相关关系。

5.3.2 模型与变量

相关学者研究发现，进行回归分析时，连续型的被解释变量有时因截断或者截堵而只能选取一定范围的值，从而导致估计量不一致。因为本书采用包含非期望产出的 SBM 模型获得的农业绿色发展效率值均大于 0，属于［0，1］截断数据。所以，本书采用了能够处理受限因变量的 Tobit 模型，以有效规避最小二乘法（ordinary least squares，OLS）回归分析参数估计偏离的问题，其一般表达式为

$$y_i^* = \sum_{j=1}^{k} \beta_j x_{ij} + \beta_0 + u_i \qquad (5-4)$$

$$u_i \sim N（0，\delta^2）$$

$$y_i = \begin{cases} y_i^*, & y_i^* > 0 \\ 0, & y_i^* \leqslant 0 \end{cases}$$

式中，y_i 为观测到的因变量；x_{ij} 为自变量；β_j 为回归系数向量；β_0 为常数项；y_i^* 为潜变量。y_i^* 满足经典线性模型的基本假定，并且服从正态同方差分布。Tobit 模型的一个重要特征在于自变量 x_{ij} 是实际观察到的值，并且因变量 y_i 以受限的方式被观察到，即当 $y_i^* > 0$ 时，所观测的因变量 y_i 等于 y_i^*。

依据式 5-4，本书以农业绿色发展效率为被解释变量，以农业产业集聚水平为核心解释变量，并选取适当指标作为控制变量，建立 Tobit 回归模型。

模型设定如下：

$$AGDE_{it} = \beta_0 + \beta_1 LQ_{it} + \beta_2 LQ_{it}^2 + \beta_3 QTV_{it} + \mu_{it} \qquad (5-5)$$

式中，t 表示时期；i 表示待评估地区。$AGDE_{it}$ 代表 i 地区第 t 年的农业绿色发展效率，LQ_{it} 表示 i 地区第 t 年的农业产业集聚水平；LQ_{it}^2 是农业产业集聚水平的二次项。QTV_{it} 表示影响农业绿色发展效率的其他控制变量；β_0 为截距项；μ_{it} 为随机扰动项。

本书采用区位熵（LQ）作为衡量农业产业集聚水平的核心变量，在不受研究地域规模影响下，其能够反映要素在空间上的分布情况，其值越大则表示该要素的集聚程度越高，反之分布越分散。

同时，由于影响农业绿色发展效率的因素是多方面、多层次的，控制变量的合理选择非常重要。本书总结归纳了有关农业绿色发展效率的影响因素，如表 5-3 所示。

表5-3 关于农业绿色发展效率影响因素的代表性文献

文献	影响因素
肖卫东（2012b）	自然资源禀赋、农业技术、农村人力资本、城镇化、人口密度、农产品运输成本、农业对外开放
潘丹（2014）	农村经济发展水平、农业产业结构调整、城乡收入差距、农村基础设施投资、工业发展程度、财政支农政策、政府资源环境管制政策
屈志光等（2014）	农业产业结构调整、农业政策支持、农业生态资本投资、绿色农业发展水平、城镇化发展水平
吴传清和宋子逸（2018）	机械化水平、财政支出水平、受灾率、人力资本存量、灌溉设施水平、第二三产业发展水平、对外开放水平
王宝义和张卫国（2018）	人均农业增加值、农业机械密度、农业受灾率、农民家庭经营收入、农业规模化水平、财政支农水平、工业化水平、区位因素、农村人力资本
石健和黄颖利（2019）	人均GDP、林业投资、城市化率、环境支出占比、旅游收入占比
尚杰和许雅茹（2020）	农业经济发展水平、农业产业结构、农业生态资本投资、城市化发展水平、农业财政支持政策

因此，除了将农业产业集聚水平作为影响农业绿色发展效率的核心变量，本书结合吉林省9地市（州）农业绿色发展的具体情况，细致筛选表5-3中影响因素并重新命名，最终确定了以下控制变量。

（1）农业资源禀赋（ARE）：农业对自然资源具有高度依赖性，农业资源禀赋是农业实现绿色发展的基本要素。不同地理区域存在土壤、水质、气候等差异，农业绿色发展往往与农业资源禀赋密切相关，农业资源禀赋的差异性导致其对农业绿色发展效率产生不同影响。本书选择农业资源禀赋（ARE）作为控制变量，并以"总播种面积（公顷）"表示。

（2）农民收入水平（FIL）：该变量分别以收入效应和替代效应综合作用于农业绿色发展效率。一方面，农民收入增长将增加农户购买力，使其有能力增加对农药、化肥等生产要素的投入和使用，加重农业面源污染，最终影响农业绿色发展效率；另一方面，消费升级提高绿色农产品需求，促使农户减少农业生产环节化学品投入，从而提高农业绿色发展效率。本书选取农民收入水平（FIL）作为控制变量，并以"农村常住居民人均可支配收入（元）"表示。

（3）农业机械化水平（AML）：它是农业现代化的重要表现形式。农业机械化水平会从劳动力投入变化和化石能源消耗两个方面综合影响农业绿色发展效率。本书选取农业机械化水平（AML）作为控制变量，并以"农业机械总动力（万千瓦）"表示。

（4）城镇化水平（UL）：一定区域内城市化所带来的劳动力转移，既改变农业生产投入结构，也使农产品需求结构发生变化，进而影响农业绿色发展效率。本书选取城镇化水平（UL）作为控制变量，设"城镇化水平＝该区域内城镇人口数量÷城乡总人口数量"。

（5）财政支农水平（FAL）：农业基础设施、农业技术推广等领域通常是农业财政投资的重点领域，而农业基础设施完备和农业技术推广扩散有利于农业绿色生产，因此，财政支农水平将影响农业绿色发展效率。本书选取财政支农水平（FAL）作为控制变量，并以"农林水事务财政支出（万元）"表示。

本书将上述控制变量加入回归方程，构建模型如下：

$$AGDE_{it} = \beta_0 + \beta_1 LQ_{it} + \beta_2 LQ_{it}^2 + \beta_3 ARE_{it} + \beta_4 FIL_{it} +$$
$$\beta_5 AML_{it} + \beta_6 UL_{it} + \beta_7 FAL_{it} + \mu_{it} \qquad (5-6)$$

式中，AGDE 代表农业绿色发展效率，为被解释变量；LQ 代表农业产业集聚水平，为核心解释变量；ARE、FIL、AML、UL、FAL 分别代表农业资源禀赋、农民收入水平、农业机械化水平、城镇化水平、财政支农水平，为控制变量；β_1 至 β_7 为回归参数；β_0 为截距项；μ_{it} 为随机扰动项。

5.3.3　数据来源

本书采用 2010—2019 年吉林省 9 地市（州）面板数据，其中农业绿色发展效率来源于第四章测算结果，农业产业集聚水平来源于本章测算结果，各控制变量的基础数据均来源于历年《吉林统计年鉴》，吉林省统计局及各地市（州）的国民经济统计公报。另外，根据《吉林统计年鉴》关于农民收入水平的统计数据，2010—2013 年为农民人均纯收入，2014 年后为农村常住居民人均可支配收入，但两指标的统计内容基本一致，数据可衔接。

5.3.4 模型参数检验

5.3.4.1 单位根检验

单位根检验是将非平稳的时间序列转变为平稳序列，以进行相应研究。由于本书采用吉林省 9 地市（州）2010—2019 年数据进行 Tobit 回归分析，为保证回归结果的有效性，避免出现伪回归现象，在数据处理过程中，首先应对各变量进行单位根检验。若时间序列存在单位根，则可以通过差分法消除单位根，得到平稳序列。

面板数据的单位根检验可分为同根检验和异根检验。为保证单位根检验结果的稳健性，本书综合采用常用的 LLC、IPS、Frisher-ADF、Frisher-PP 四种单位根检验方法。单位根检验结果如表 5 - 4 所示。

表 5 - 4 单位根检验结果

变量名称	LLC	IPS	Frisher-ADF	Frisher-PP
$AGDE$	$-3.782\ 7^{***}$	$-0.638\ 7$	$25.203\ 7$	$27.910\ 8^{*}$
$\Delta AGDE$	$-5.783\ 5^{***}$	$-3.440\ 6^{***}$	$47.675\ 8^{***}$	$61.932\ 8^{***}$
LQ	$-2.227\ 5^{**}$	$-0.599\ 8$	$26.665\ 7^{*}$	$7.148\ 8$
ΔLQ	$-2.459\ 9^{***}$	$-3.126\ 8^{***}$	$43.927\ 3^{***}$	$49.815\ 1^{***}$
ARE	$-10.356\ 8^{***}$	$-2.393\ 9^{***}$	$48.247\ 5^{***}$	$60.948\ 6^{***}$
FIL	$1.080\ 7$	$3.153\ 6$	$6.151\ 0$	$6.270\ 9$
ΔFIL	$-3.354\ 4^{***}$	$-1.252\ 8$	$26.318\ 2^{*}$	$31.359\ 2^{**}$
AML	$-3.469\ 7^{***}$	$0.142\ 9$	$14.277\ 1$	$23.302\ 9$
ΔAML	$-7.379\ 1^{***}$	$-3.186\ 7^{***}$	$44.084\ 8^{***}$	$55.622\ 7^{***}$
UL	$-7.832\ 8^{***}$	$-1.337\ 8^{*}$	$27.815\ 0^{*}$	$13.841\ 3$

（续）

变量名称	LLC	IPS	Frisher-ADF	Frisher-PP
ΔUL	-5.8043^{***}	-2.3714^{***}	36.6702^{***}	62.2909^{***}
FAL	-5.4763^{***}	-0.3001	19.4880	29.3674^{**}
ΔFAL	-8.6671^{***}	-4.2878^{***}	55.6278^{***}	77.2719^{***}

注：表中 ***、**、* 分别代表该统计量在1%、5%、10%水平下显著；Δ代表变量的一阶差分。

　　检验结果显示，每个变量的一阶差分都通过了至少两种单位根检验，拒绝原假设。

5.3.4.2　协整检验

　　单位根检验是有关协整关系存在性检验的基础。表5-4结果表明各变量均通过了单位根检验，然后可进行协整检验，以判断其是否具有长期稳定关系。本书采取 Kao 检验对相关变量进行协整检验：首先假设变量间不存在协整关系，并通过检验结果中 ADF 的 p 值大小判断是否拒绝原假设。协整检验结果如表5-5所示，检验结果的 p 值为0.0001，则证明在1%的置信水平下拒绝原假设，其变量间存在协整关系，即本研究的变量间存在长期稳定关系，可以避免在回归分析时出现伪回归现象。各变量通过协整检验后，可进行回归分析。

表5-5　协整检验结果

	t-Statistic	p 值
ADF	-3.861627	0.0001

5.3.5　Tobit 回归结果分析

　　为实证检验农业产业集聚是否对农业绿色发展效率产生影响及影响效应变化情况，本章研究借助 Stata 16.0 软件进行 Tobit 回归分析，回归结果如表5-6所示。

表 5 - 6 Tobit 回归结果

解释变量	回归系数	t 值	p 值
LQ	0.912 806	5.00	0***
LQ^2	−0.177 116 8	−3.20	0.002***
ARE	3.873 372 5	1.81	0.074*
FIL	0.000 030 9	2.23	0.029**
AML	0.000 780 5	1.52	0.132
UL	2.658 741	6.46	0***
FAL	−1.091 607 5	−3.60	0.001***
_ cons	−1.940 21	−6.13	0***

注：***、**、*分别表示回归系数在1%、5%、10%的水平上显著。

根据 Tobit 回归结果，具体分析如下。

（1）核心解释变量——农业产业集聚水平（LQ）。Tobit 回归结果显示，农业产业集聚水平对农业绿色发展效率存在显著影响。农业产业集聚水平（LQ）的一次项回归系数的 p 值为 0，通过 1% 显著性水平检验。

为了检验农业产业集聚对农业绿色发展效率存在非线性相关关系，本书将农业产业集聚水平（LQ）的二次项引入回归方程。Tobit 回归结果显示，农业产业集聚水平的一次项和二次项均通过了显著性检验，在 1% 水平上显著，农业产业集聚水平的一次项系数为正，二次项系数为负，此结果证明农业产业集聚与农业绿色发展效率之间存在非线性相关关系，呈先促进后抑制的倒 U 形关系，如图 5 - 2 所示，验证了研究假设，并且此结果与程琳琳等（2018）的实证分析结果相一致。

回归结果显示，农业产业集聚水平（LQ）的一次项系数为 0.912 806，二次项系数为 −0.177 116 8。进一步对农业产业集聚水平（LQ）的二次项求偏导，得出倒 U 形曲线的拐点为 2.576 847 6，即农业产业集聚水平（LQ）存在临界值 2.576 847 6，当农业产业集聚水平（LQ）小于

2.576 847 6时，农业绿色发展效率随着农业产业集聚程度提升而提升；当跨越临界点后，二者呈反方向变动。

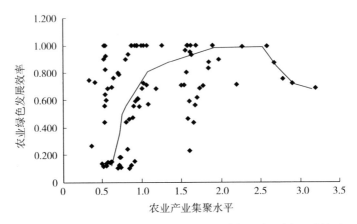

图 5-2　农业产业集聚对农业绿色发展效率影响的倒 U 形关系

结合农业产业集聚水平——区位熵 *LQ* 系数测算结果显示，除松原市和白城市 2019 年的农业产业集聚水平超过这一拐点外，其余地市（州）的 *LQ* 系数均小于拐点值，说明目前吉林省农业产业集聚水平尚处于倒 U 形曲线的左侧。目前，吉林省农业产业集聚对农业绿色发展效率主要发挥促进作用，即随着农业产业集聚水平的提高，农业绿色发展效率具有不断提高的潜力和空间。针对二者之间的倒 U 形关系，本章做出如下解释。

第一，在临界点之前，伴随农业产业集聚水平逐渐升高，区域内农作物种植规模增加，可用耕地分散问题出现改观。此后，区域内农业产业发展逐渐走上规模化、集约化道路，各类农业生产投入要素的集中配置有利于实现污染减排、资源节约等，进而促进农业绿色发展效率的提升。

第二，当农业产业集聚水平提高并超过临界点时，即超过了区域环境承载力，土地规模报酬出现递减趋势。这时，随着农业产业集聚水平继续提高，一定面积上增加的农业投入难以实现相应规模的农业期望产出；相反，农地利用规模扩大会增加非期望产出（如碳排放），因此区域内耕地资源的过度集中将会降低农业绿色发展效率。

第三，当农业产业集聚水平继续提高，伴随农用土地流转的出现，区域内的生产要素将过度集中于某一些合作社或种植大户，他们倾向于大量使用农业机械、农业化学品等，加重了农业碳排放，逐渐抵消农业产业集聚和规模效应所带来的正向效应，负向效应逐渐扩大，导致农业绿色发展效率进一步降低。

（2）控制变量。控制变量包括农业资源禀赋（ARE）、农民收入水平（FIL）、农业机械化水平（AML）、城镇化水平（UL）、财政支农水平（FAL），其中，除农业机械化水平（AML），其他控制变量均通过显著性检验，为重要的解释变量；农业机械化水平（AML）虽未通过显著性检验，但由于其影响具有滞后性，仍将其保留在模型中。

①农业资源禀赋（ARE）。农业资源禀赋与农业绿色发展效率存在显著的正相关关系，在10%的水平上通过显著性检验。农作物播种面积增加，出现了各种各样的新型农业经营者，他们将生产要素集中起来，共同进行农业生产经营活动；同时完善了社会化服务体系，使农业资源禀赋对农业绿色发展的提升作用得到充分发挥，进而促进了对农业绿色发展效率增长的推动作用。

②农民收入水平（FIL）。农民收入水平与农业绿色发展效率存在显著的正相关关系，在5%的水平上通过显著性检验。伴随着农民收入水平的提高，农民可以有更多的资本投入土地上，进而提高土地利用能力和土地质量，起到调整生产要素结构的作用。当农民的经济收益水平较高时，他们对资源和环境保护的意识将得到提高。资源节约和环境保护是农业绿色发展的重要内涵。农业的资本投入增加可以有效优化资源配置，改善农业基础设施，使农业发展过程中的资源浪费和消耗逐渐减少，可知农民收入水平对农业绿色发展效率的推动作用是清晰的。

③农业机械化水平（AML）。Tobit回归结果显示，农业机械化水

平对农业绿色发展效率的影响不显著，未通过显著性水平检验，究其原因：一方面，可能是近些年国家大力推进农业机械化以提高农业生产效率的做法与现实情况下存在的农业资源禀赋差异性不完全适应，土地细碎化而带来的小规模农业经营往往造成大型农业机械的规模化作业较难开展的局面；另一方面，我国农业机械化进程起步晚、发展慢、缺乏科学管理和技术推广等，造成农业机械的使用损耗高，目前，农业机械化水平尚未对农业绿色发展效率产生较大的推动作用。

④城镇化水平（UL）。城镇化水平与农业绿色发展效率存在显著正相关关系，显著性水平为1%。伴随产业结构调整，农村劳动力逐渐走向城市，劳动力非农化趋势明显加快。同时，我们也应看到，大量农民工返乡创业等劳动力回流现象，他们将城市先进的技术和理念带回农村，对加速农业生产技术变革和农业技术推广扩散起到一定的促进作用，此结论与李士梅和尹希文（2017）的实证分析结果相似，即"在一定区域内，城镇化产生劳动力转移，农民工在城乡间的流动将在一定程度上使要素结构发生改变，从而促使农业实现绿色发展"。同时，城镇为农产品提供了巨大的消费市场，城镇居民对绿色农产品需求量的增加也进一步加快农业绿色化发展。

⑤财政支农水平（FAL）。财政支农水平与农业绿色发展效率存在负相关关系，显著性水平为1%。究其原因，主要是由于财政支农资金往往投向农业基础设施建设，其投资效果存在一定的时滞性，还未完全发挥其基础性、促进性作用，但从长远考虑，财政支农投入将有效改善农业生产条件。这与叶初生和惠利（2016）的观点"财政支农支出对农业绿色生产率的影响具有一定时滞性"完全一致。

5.4 本章小结

本章研究采用SBM模型测算吉林省9地市（州）农业绿色发展效

率，采用区位熵测算其农业产业集聚水平，并引入相关控制变量，运用
Tobit 回归模型和面板数据，就农业产业集聚对农业绿色发展效率的影
响进行了实证分析，主要研究结论如下。

（1）吉林省 9 地市（州）农业产业集聚水平差异明显。吉林省 9 地
市（州）农业产业集聚水平大致分为三类：第一类以白城市、松原市、
四平市三市为代表的农业产业化地区，其资源禀赋优势十分明显，农业
产业集聚水平常年高于吉林省平均水平；第二类以长春市、吉林市、辽
源市三市为代表，其农业产业集聚在吉林省常年处于较低水平，两类地
区的农业产业集聚水平差距较为明显；第三类是为通化市、白山市和延
边州，处于前两类之间。

（2）吉林省各地市（州）的农业产业集聚对农业绿色发展效率存在
显著影响。农业产业集聚水平（LQ）一次项系数的 p 值为 0，显著性
水平 1%，农业产业集聚对农业绿色发展效率存在显著影响。同时，通
过对吉林省 9 地市（州）的农业产业集聚水平（LQ）与其农业绿色发
展效率分别比较，农业产业集聚水平（LQ）对农业绿色发展效率的影
响呈现不同特征，存在区域异质性。

（3）吉林省各地市（州）农业产业集聚水平与农业绿色发展效率之
间存在明显的非线性相关关系。吉林省 9 地市（州）农业产业集聚水平
与农业绿色发展效率之间存在明显的倒 U 形关系，农业产业集聚对农
业绿色发展效率存在先促进后抑制的作用，拐点为 2.576 847 6。目前，
吉林省农业产业集聚对农业绿色发展效率的提升作用逐渐显现，9 地市
（州）的农业产业集聚水平距离拐点还有较大的提升空间，农业产业集
聚尚未达到最佳规模，其与农业绿色发展效率增长较为适应。近阶段，
吉林省需结合各区域特色，有效推进农业产业集聚，促进农业提质增
效，进一步提高农业绿色发展效率。

6 吉林省畜牧业绿色发展水平评价

　　近年，吉林省畜牧业发展较快，极大地满足了人民群众对肉、蛋、奶的需求，但同时也带来了一定的环境污染。2017 年 5 月，国务院办公厅印发了《国务院办公厅关于加快推进畜禽养殖废弃物资源化利用的意见》（国办发〔2017〕48 号）；2017 年 7 月，农业部制订了《畜禽粪污资源化利用行动方案（2017—2020 年）》。吉林省严格贯彻落实以上政策措施，对减少面源污染、促进农牧业绿色发展都起到了积极的作用。

　　吉林省既是农业大省，也是畜牧业大省。前面几章对吉林省农业绿色发展水平、发展效率等进行了实证分析，那么，吉林省畜牧业的绿色发展水平如何，它的主要影响因素又有哪些呢？针对这两个问题，本章和下一章将分别进行探索性研究。由于国内缺少对畜牧业绿色发展水平评价的研究成果，笔者借鉴农业绿色发展水平评价的权威研究成果，结合畜牧业绿色发展的特点，通过专家咨询等方法，构建了吉林省畜牧业绿色发展水平的评价指标体系，并进行了实证研究。

6.1　吉林省畜牧业绿色发展水平评价指标体系构建

6.1.1　构建目标

　　评估吉林省畜牧业绿色发展情况，建立一套适合吉林省畜牧业绿色发展水平的评价指标体系，探索吉林省畜牧业绿色发展主要制约因素并提出相应建议,旨在进一步促进吉林省畜牧业持续健康发展,进一步加强吉林省经济发展和环境保护的有机结合。

6.1.2 构建原则

6.1.2.1 全面性原则

构建的评价指标间要具有一定的逻辑关系,指标不仅要从多方面反映出畜牧业绿色发展的主要特征和发展状态,而且要反映出畜牧业绿色发展过程中各个环节之间的内在联系。畜牧业绿色发展水平评价包含多方面内容,在建立评价指标体系时应全方位考量,各个指标既要有相互独立性,又要有内在联系性,并且具有层次性。本章围绕吉林省畜牧业绿色发展构建全面的系统的评价指标体系。

6.1.2.2 科学性原则

指标体系的构建要在符合经济发展规律的前提下进行,从实际情况出发,正确选取畜牧业绿色发展评价指标,不能主观臆想,选取的评价指标要能够较好反映吉林省畜牧业绿色发展状况。指标体系的构建可以借鉴国内外学者对绿色发展研究的理论成果,但也不能完全照搬,因为研究对象不同,所选择的指标也会有所不同,指标的筛选、权重的测算都要保证科学性。

6.1.2.3 代表性原则

畜牧业绿色发展所包含的内容较为丰富,能够体现绿色发展的评价指标也很多,但选取指标的数量不宜过多。在坚持科学性原则的基础上,指标选取应遵循代表性原则,确保评价指标的典型、相关、有用。在选取指标过程中,不宜把所有指标简单罗列出来,而应结合吉林省实际情况,选取能够反映吉林省畜牧业绿色发展实际的代表性指标。

6.1.2.4 可操作性原则

在畜牧业绿色发展评价指标选取时,坚持可操作性原则,不应选取难以量化或难以表述的指标。指标含义应清晰、明确，尽量利用已有资源，确保指标体系构建的每个步骤均具有实际可操作性。

6.1.3 评价指标识别

目前对畜牧业绿色发展评价指标体系的构建尚处于初级阶段，笔者在阅读了大量国内外文献和政府相关文件后认识到，吉林省畜牧业绿色发展评价研究是一个综合性评价过程。2016 年，农业部办公厅颁布《关于印发畜牧业绿色发展示范县创建活动方案和考核办法的通知》（农牧办〔2016〕17 号），印发了《畜牧业绿色发展示范县创建活动方案》和《畜牧业绿色发展示范县考核办法》，要求畜牧业绿色发展示范县要建立产出高效、产品安全、资源节约、环境友好的现代畜牧业发展模式。2020 年，国务院办公厅《关于促进畜牧业高质量发展的意见》（国办发〔2020〕31 号）认为，畜牧业发展要形成产出高效、产品安全、资源节约、环境友好、调控有效的新格局，为畜牧业绿色发展评价指标构建指引了方向。相关学者研究认为，农业绿色发展的内涵包括资源节约、环境友好、生态保育、质量高效（魏琦等，2019）。畜牧业绿色发展是实现农业绿色发展的过程，其绿色发展指标的选取可借鉴农业绿色发展相关研究，同时要兼顾畜牧业自身特点。畜牧业绿色发展不同于传统的畜牧业发展，传统的畜牧业发展看重的是发展带来的经济效益，而畜牧业绿色发展还会考虑生态环境效益。畜牧业绿色发展关键在于"绿色"和"发展"的结合，旨在突出经济社会与资源环境协调发展。"绿色"就是强调生态效益，在畜牧业发展过程中要提高资源利用率，保护产地环境，即资源节约和环境友好；"发展"强调经济增长和保障人民生活水平及身体健康，在关注经济的同时要加强对生活质量的提升，即经济增长和绿色供给。

综上所述，评价指标应涵盖资源节约、环境友好、绿色供给、经济增长，所以，本章将这四个指标作为一级指标纳入评价指标体系中，使畜牧业绿色发展评价指标体系更全面、客观。

　　要评价吉林省畜牧业绿色发展水平，就要明确哪些指标决定了畜牧业绿色发展水平的变化。下面继续探讨具体指标的识别，以进一步明确评价指标。第一步，在吉林省畜牧业绿色发展构建目标的基础上，通过文献梳理选取使用频率较高的指标，在对吉林省实际情况进行分析的前提下，找出畜牧业绿色发展评价指标；第二步，确定参与绿色发展评价指标的人员，参与指标筛选有 80 人，包括具有资深经验的行业专家 33人、各级畜牧管理局有关研究人员 27 人、畜禽养殖企业人员 20 人；第三步，通过实地走访调研和电话、邮件等方式发放调查问卷，回收反馈结果，进行资料整理归纳、总结分析；第四步，对识别出来的指标结合吉林省实际情况，借鉴相关绿色发展评价的经验，对指标进行检验，看是否达到构建目标，并对部分专家进行回访，再次对评价指标修改、筛选、检验。指标识别全过程如图 6-1 所示。

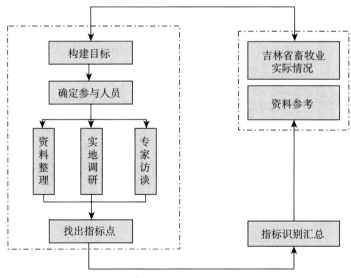

图 6-1　吉林省畜牧业绿色发展评价指标识别过程

　　根据指标识别过程，建立出畜牧业绿色发展水平评价指标库，如表 6-1。

表 6 - 1　畜牧业绿色发展水平评价指标库

一级指标	二级指标
资源节约	畜禽劳动力投入水平
	秸秆综合利用率
	单位 GDP 能源消耗
	畜禽粪污综合利用率
	饲料转化率
	养殖土地利用情况
	人均水资源量
	其他资源节约指标
环境友好	规模养殖场粪污处理设施装备配套率
	污水处理厂集中处理率
	空气质量达到及好于二级的比例
	森林覆盖率
	政府对环境污染治理投入
	草原综合植被覆盖率
	畜禽养殖业化学需氧量（chemical oxygen demand，COD）减排情况
	畜禽养殖业氨氮减排情况
	病死畜禽无害化集中处理率
	畜牧业受灾情况
	其他环境友好指标
绿色供给	绿色标志畜禽产品比例
	绿色食品标志认证产品数量
	畜禽良种化程度
	畜禽养殖规模化程度
	绿色食品产地环境监测面积
	绿色养殖技术水平
	饲料质量安全合格率
	其他绿色供给指标
经济增长	畜禽养殖出栏状况
	人均地区生产总值
	畜禽产值占农业产值的比例
	畜禽产值占人均地区生产总值的比例

（续）

一级指标	二级指标
经济增长	养殖结构
	畜禽养殖密度
	畜牧业增加值增长率
	畜禽人均饲有量
	畜禽产品人均占有量
	政府财政补贴
	农村居民人均纯收入
	其他经济增长指标

6.1.4　评价指标筛选与释义

6.1.4.1　评价指标筛选

在评价过程中要结合畜牧业特点，需要根据构建原则对指标库的指标运用专家访谈和问卷调查方式进行再次筛选，分析各指标对吉林省畜牧业绿色发展的重要程度：第一步，将相关指标的分值从 0～10 分进行标度定义，如表 6-2 所示；第二步，通过对吉林省畜牧业绿色发展评价指标筛选调查问卷反馈结果进行汇总整理，得到各指标的平均得分，如表 6-3 所示。

表 6-2　指标重要程度的标度定义

标度	定义
0	不重要
3	稍微重要
5	一般重要
7	非常重要
10	极端重要
1、2、4、6、8、9	中间值

表 6 - 3　各评价指标的平均得分

一级指标	二级指标	重要程度
资源节约	畜禽劳动力投入水平	6.15
	秆综合利用率	6.45
	单位 GDP 能源消耗	3.75
	畜禽粪污综合利用率	8.90
	饲料转化率	4.60
	养殖土地利用情况	5.80
	人均水资源量	1.30
	其他资源节约指标	4.40
环境友好	规模养殖场粪污处理设施装备配套率	9.60
	污水处理厂集中处理率	2.70
	空气质量达到及好于二级的比例	2.75
	森林覆盖率	3.80
	政府对环境污染治理投入	5.80
	草原综合植被覆盖率	4.45
	畜禽养殖业 COD 减排情况	5.80
	畜禽养殖业氨氮减排情况	4.85
	病死畜禽无害化集中处理率	6.80
	畜牧业受灾情况	3.45
	其他环境友好指标	3.95
绿色供给	绿色标志畜禽产品比例	7.90
	绿色食品标志认证产品数量	3.90
	畜禽良种化程度	7.60
	畜禽养殖规模化程度	2.95
	绿色食品产地环境监测面积	4.45
	绿色养殖技术水平	6.60
	饲料质量安全合格率	4.85
	其他绿色供给指标	3.30
经济增长	畜禽养殖出栏状况	6.90
	人均地区生产总值	2.75
	畜禽产值占农业产值的比例	3.80
	畜禽产值占人均地区生产总值的比例	3.70
	养殖结构	4.25
	畜禽养殖密度	4.35
	畜牧业增加值增长率	4.75

（续）

一级指标	二级指标	重要程度
	畜禽人均饲有量	4.90
	畜禽产品人均占有量	4.95
经济增长	政府财政补贴	5.00
	农村居民人均纯收入	1.90
	其他经济增长指标	3.85

本书发放问卷 80 份，回收问卷 80 份，有效问卷 73 份，有效率达到 91%，在调查样本中，畜禽养殖场企业人员占比 25%、畜牧管理局研究人员占比 33.75%、具有资深经验的行业专家占比 41.25%，问卷发放对象基本符合预期。

表 6-3 中指标标度分值 5 分（一般重要）以下的指标，其重要程度尚且达不到"一般重要"的要求，与评价目标的关联度较低，不能有效评价其发展水平，所以剔除平均分小于 5 分的评价指标。"畜禽产值占农业产值的比例"和"畜牧业增加值增长率"虽然平均分在 5 分以下，但对畜禽养殖绿色发展水平是有影响的，经过专家商谈决定保留这两项指标。

从调查反馈的情况及之后与部分专家的交流来看，专家们最终认为表 6-4 所列指标已有足够的代表性，不再另行添加。经过归纳分析，最终得到吉林省畜牧业绿色发展水平评价指标体系。

表 6-4　吉林省畜牧业绿色发展水平（A）评价指标体系

一级指标 B	二级指标 C
B_1 资源节约	C_1 畜禽劳动力投入水平
	C_2 秸秆综合利用率
	C_3 畜禽粪污综合利用率
	C_4 养殖土地利用情况
B_2 环境友好	C_5 规模养殖场粪污处理设施装备配套率
	C_6 政府对环境污染治理的投入
	C_7 畜禽养殖业 COD 减排情况
	C_8 病死畜禽无害化集中处理率

(续)

一级指标 B	二级指标 C
B_3 绿色供给	C_9 绿色标志畜禽产品比例
	C_{10} 畜禽良种化程度
	C_{11} 绿色养殖技术水平
B_4 经济增长	C_{12} 畜禽养殖出栏状况
	C_{13} 畜禽产值占农业产值比例
	C_{14} 畜牧业增加值增长率
	C_{15} 政府财政补贴

6.1.4.2 评价指标释义

（1）资源节约。资源节约是绿色发展的核心。加快绿色发展，需要实现节本增效，约束各种资源过度开发行为，合理规划现有资源，减少不合理利用情况，提高利用资源效果，简而言之，就是减少资源的浪费行为，实现最大化利用。

①畜禽劳动力投入水平：反映地区畜禽养殖生产中产业的发展和劳动力投入水平，如数量、劳动者素质、技术水平等。陈伟生等（2019）认为畜禽劳动力投入水平越高，越可以有效利用资源，从而达到节约资源、提升生产效率的目的。

②秸秆综合利用率：综合利用秸秆数量占总量的比例。任继勤和于佩显（2017）指出应提高农作物秸秆的综合开发利用和利用率，促进畜禽养殖过程中的废弃物资源化利用。综合利用包括制成饲料、还田、作燃料等，对环境保护、资源节约及可持续发展有重大的意义。

③畜禽粪污综合利用率：综合利用的畜禽粪便量/畜禽粪便产生总量×100%。加快推进畜禽废弃物资源化利用，通过沼气、堆肥、还田等方式进行资源利用，这不仅有利于有效预防畜禽污染、加强农村人居环境的整治，还有利于中央环保要求稳定落实、加强对黑土地的保护。

④养殖土地利用情况：指对现有的养殖土地的利用，包括土地开发程度、布局合理程度、土地产出能力等，是衡量土地资源节约程度的指标。要求在土地整理中实行优化整治；对未开发的土地在土地开发过程中，加大养殖土地面积，落实畜禽养殖用地与国家发布的土地利用总体规划相衔接，不断完善养殖设施用地的相关法规和政策，提升养殖设施利用效率，达到提升土地利用的目的。

（2）环境友好。绿色环境发展是绿色发展的自然前提，环境友好是绿色发展的主要内容，本质是经济发展与资源环境的和谐统一。本章设置以下指标反映畜牧业绿色发展的生态环境友好程度。

①规模养殖场粪污处理设施装备配套率：配套建设粪便污水储存、处理、利用设施并通过县级畜牧、环保部门验收的畜禽规模养殖场/畜禽规模养殖场总数×100%。装备配套率的提高，为粪污处理提供了有力的支撑，有利于加强环境保护。

②政府对环境污染治理的投入：指用于反映一个区域内政府对畜牧业绿色发展的支持力度及重视程度的相关指标，是国家对环境治理的支出方式。环境污染治理投入越大，说明政府对该地区的生态环境越重视。

③畜禽养殖业 COD 减排情况：魏琦等（2019）指出，该指标是衡量畜禽养殖业养殖过程中水体污染的处理情况，是水体有机物污染处理程度的综合性指标。COD 指标反映一个地区生产环境污染状况，在畜禽养殖业发展过程中 COD 总量减排有利于减少水体污染，从而达到环境友好的目的。

④病死畜禽无害化集中处理率：病死畜禽处理数量/病死畜禽总量×100%。司瑞石等（2019）指出，其发展旨在全面推进畜禽养殖绿色发展，病死畜禽会对环境甚至人体、活禽造成危害，影响绿色发展的进程。畜禽养殖人员在对病死畜禽进行处理时，要操作规范，处理完全，这是环境友好的体现。

（3）绿色供给。绿色供给是绿色发展的重要目标，是畜牧业生产的基本前提。推进绿色发展，就是要增加优质、安全畜禽产品供给，促进畜禽产品供给形成"由量到质"的需求转变。绿色供给过程中加强初期的管理，就是关注畜禽良种化程度。在畜禽养殖过程中，绿色养殖技术水平关乎绿色产品的供给水平，绿色标志畜禽产品比例代表绿色供给的能力和产出质量。

①绿色标志畜禽产品比例：指带有绿色标志（由绿色食品发展中心在国家工商行政管理局正式注册的质量证明商标）的畜禽产品占绿色标志食品的比例，反映畜禽绿色供给的能力。王明利（2018）指出，绿色标志畜禽产品越多，表明绿色供给能力越强。

②畜禽良种化程度：反映畜禽产品质量情况，具有产业效益。耿宁等（2015）指出，畜禽良种的选用、推广应用与畜禽良种繁育体系是可持续发展的前提和基础，是提高畜禽产品质量的关键环节。

③绿色养殖技术水平：绿色养殖技术是推动畜牧业健康持续发展的重要动力，对畜禽产品质量和经济效益有影响，包括基础设施建设、饲料配比、药物治疗、污染处理、疫病防治、灾害预防、畜产品加工等方面。玉霞（2019）指出，绿色养殖技术在保证畜禽产品质量安全、提高畜牧业经济效益及改善生态环境等方面发挥着重要作用。

（4）经济增长。经济增长指标主要评价畜牧业生产的经济效益，反映经济与绿色发展之间的联系。一方面，畜牧业发展可提升区域经济发展；另一方面，经济发展影响畜牧业绿色发展，是在畜禽养殖生产过程中对生态环境的影响和对现有资源消耗的状况，经济增长的程度和水平是绿色发展的现实状态。

①畜禽养殖出栏状况：衡量地区畜牧业发展水平和效益的重要技术经济指标，是评价区域内畜禽生产情况的重要指标，包括数量、出栏率、产品质量等，对提升地区的经济效益有着至关重要的作用。王洋等（2009）认为，它反映了畜禽生产周期，周转速率在某种程度上反映出

该行业的生产水平和效率。

②畜禽产值占农业产值的比例：畜禽产值/农业产值×100%，是衡量地区畜禽养殖发展、农业结构优化状况和国民经济发展水平的重要标志。畜禽养殖是畜牧业生产和国民经济重要组成部分。夏晓平等（2010）指出，畜禽产值占农业产值的比例直接影响地区的畜禽养殖业总体发展状况和现代化水平。

③畜牧业增加值增长率：（当年的畜牧业增加值－去年畜牧业增加值）/去年畜牧业增加值×100%。冉锦成等（2017）认为，畜牧业增加值增长率是衡量产业发展过程中中间消耗多少和效益高低的重要指标。畜牧业增加值＝畜牧业总产出－畜牧业中间投入。

④政府财政补贴：刘刚等（2018）指出，政府在畜禽养殖中起宏观调控的作用，如对场地选址、养殖水电、疫苗经费、良种补贴等一系列养殖过程中的补贴，该指标对绿色发展进程有着重要作用。

6.2　吉林省畜牧业绿色发展水平评价实证分析

6.2.1　数据来源

本章依据吉林省畜牧业绿色发展评价指标，进行实地调研和专家访谈，收集相关数据，对 2019 年吉林省 9 个地市（州）畜牧业绿色发展水平进行评价。研究数据主要来源于各类统计年鉴、政府统计公报的基础数据或依据基础数据推算得到，结合专家访谈结果确定权重值，最后得出综合评分。

6.2.2　评价方法

本章首先使用层次分析法评估确定各个指标的权重；其次，采用模糊数学中多级估量法对各地区的各个指标进行评分，得出的分值按行业不同加权平均；最后，将层次分析法求出的 15 个指标权重和打分加权平均后求出的分值进行加权求和，得出 9 个地市（州）的综合评分。现有研究中，畜牧业绿色发展水平评价指标尚未形成完善的体系且有部分指标无法进行量化，所以，本章采用层次分析法和专家打分法相结合进行研究。

层次分析法是运筹学家萨蒂（T. L. Saaty）提出的层次权重决策分析方法。该方法将研究对象看成一个系统，将系统划分为不同的层次，对各层次中的因素两两比较，从而得到各因素重要程度值。层次分析法具备较严格的数学逻辑特征，可对难以完全量化的复杂系统做出决策，适用于多目标综合评价。专家打分法是指适用于无统一标准、需要多领域专家合作评估的研究方法，该方法通过匿名方式征询专家意见，进行统计处理、分析归纳，能够对难以进行定量分析的因素做出合理估算。

6.2.2.1 层次分析法下的权重确定

科学合理的指标权重是确保评价结果客观可信的前提。权重是某一指标在指标体系中相对于其他指标而言对评价对象的重要程度，评价指标包含定量指标和定性指标，因此选择适用于分析与决策复杂系统的层次分析法对评价指标进行赋权，具体步骤如下。

（1）建立层次结构模型。按照评价目标，将吉林省畜牧业绿色发展水平评价指标体系分为三个等级层次：第一层为目标层，即吉林省畜牧业绿色发展水平；第二层为中间层，表示采取某种措施、政策、方案等实现目标层所涉及的中间环节，一般为准则层和指标层；第三层为最底层，即方案层。其中，目标层（吉林省畜牧业绿色发展水平）用 A 表示，准则层一级指标用 B 表示，二级指标用 C 表示，层次结构关系如表 6-4 所示。

（2）构造判断矩阵。判断矩阵是本层所有因素针对上一层某个因素的相对重要性的比较。判断矩阵的元素 a_{ij} 用萨蒂的 1～9 标度方法给出（表 6-5）。

表 6 - 5 萨蒂 1～9 标度法

重要性（因素 i 比因素 j）	标度
同样重要	1
稍微重要	3
明显重要	5
强烈重要	7
极端重要	9
处于上述两相邻判断的中间	2、4、6、8
若因素 i 与 j 比较为 a_{ij}，则 $a_{ji}=1/a_{ij}$	倒数

在赋予指标权重时，为使权重结果客观，笔者将长期从事畜牧业相关内容研究的 10 位高校学者（畜牧学 4 人、动物医学 3 人和畜牧业经济管理 3 人）和 15 位吉林省畜牧管理局长期从事畜牧业管理等相关工作的 15 名研究人员（涉及畜牧经济 3 人、防疫监督 3 人、畜产品质量安全 3 人、兽医药政 3 人、动物饲料 3 人）以及 5 位畜牧业企业人员组成标度评价小组，从而获取评价指标的重要性得分，并取其算术平均值作为判断矩阵的元素，构成判断矩阵（表 6 - 6 至表 6 - 10）。

表 6 - 6 准则层判断矩阵 $A - B$

A	B_1	B_2	B_3	B_4
B_1	1	1	5/4	2
B_2	1	1	5/4	2
B_3	4/5	4/5	1	3/2
B_4	1/2	1/2	2/3	1

表 6 - 7 准则层判断矩阵 $B_1 - C$

B_1 资源节约	C_1	C_2	C_3	C_4
C_1	1	2/3	1/2	2/3
C_2	3/2	1	3/4	1
C_3	2	4/3	1	4/3
C_4	3/2	1	3/4	1

表 6-8 准则层判断矩阵 B_2 - C

B_2 环境保护	C_5	C_6	C_7	C_8
C_5	1	5	5	5/2
C_6	1/5	1	1	1/2
C_7	1/5	1	1	1/2
C_8	2/5	2	2	1

表 6-9 准则层判断矩阵 B_3 - C

B_3 绿色供给	C_9	C_{10}	C_{11}
C_9	1	1	2
C_{10}	1	1	2
C_{11}	1/2	1/2	1

表 6-10 准则层判断矩阵 B_4 - C

B_4 经济增长	C_5	C_6	C_7	C_8
C_5	1	1/2	1	2
C_6	2	1	2	4
C_7	1	1/2	1	2
C_8	1/2	1/4	1/2	1

（3）最大特征根、权向量及一致性检验。以矩阵 **A** - **B** 为例，计算权值，具体步骤如下。

①计算判断矩阵 **A** - **B** 每一行的乘积 M_i，则有

$$M_1 = B_1 \times B_2 \times B_3 \times B_4 = 2.5 \quad (6-1)$$

则有

$$M_2 = 2.5, \ M_3 = 0.96, \ M_4 = 0.166\ 7$$

②计算出 M_i 的 n 次方根，n 为该层内指标个数，即可得到特征向量 $\bar{\omega}_i$ 为

$$\bar{\omega}_i = \sqrt[n]{M_i} \ (i=1,2,\cdots,n) \quad (6-2)$$

③进行归一化处理，即可得到对应的权重系数为

$$\omega_1 = \frac{\bar{\omega}_1}{\sum\limits_{i=1}^{n} \bar{\omega}_i} = \frac{\bar{\omega}_1}{\bar{\omega}_1 + \bar{\omega}_2 + \bar{\omega}_3 + \bar{\omega}_4} = 0.303\ 5 \qquad (6-3)$$

即系数为 $\omega_i = (0.303\ 5,\ 0.303\ 5,\ 0.238\ 9,\ 0.154\ 1)$

④计算最大特征值 $\lambda_{\max}$，则有

$$(\boldsymbol{A} - \boldsymbol{B})\boldsymbol{\omega} = \begin{bmatrix} 1 & 1 & 5/4 & 2 \\ 1 & 1 & 5/4 & 2 \\ 4/5 & 4/5 & 1 & 3/2 \\ 1/2 & 1/2 & 2/3 & 1 \end{bmatrix} \begin{bmatrix} 0.303\ 5 \\ 0.303\ 5 \\ 0.238\ 9 \\ 0.154\ 1 \end{bmatrix} = \begin{bmatrix} 1.213\ 8 \\ 1.213\ 8 \\ 0.955\ 7 \\ 0.616\ 9 \end{bmatrix}$$

$$(6-4)$$

$$\lambda_{\max} = \frac{1}{4} \sum_{i=1}^{4} \frac{\left[(\boldsymbol{A} - \boldsymbol{B})\boldsymbol{\omega} \right]_i}{\omega_i}$$

$$= \frac{1}{4} \left[\frac{1.213\ 8}{0.303\ 5} + \frac{1.213\ 8}{0.303\ 5} + \frac{0.955\ 7}{0.238\ 9} + \frac{0.616\ 9}{0.154\ 1} \right] \qquad (6-5)$$

$$= 4.000\ 5$$

⑤由于人的主观认知存在差异性，可能会影响判断结果，需要进行一致性检验。计算一致性指标 CI 为

$$CI = \frac{\lambda_{\max} - n}{n - 1} = \frac{4.000\ 5 - 4}{3} = 0.000\ 17 \qquad (6-6)$$

⑥计算一致性系数 CR，其中 RI 为平均随机一致性指标，如表 6-11 所示。

$$CR = \frac{CI}{RI} = \frac{0.000\ 17}{0.89} = 0.000\ 19 < 0.1 \qquad (6-7)$$

表 6-11　平均随机一致性指标 RI 取值参考（1 000 次正互反矩阵计算结果）

阶数	1	2	3	4	5	6	7	8	9	10
RI	0	0	0.52	0.89	1.12	1.26	1.36	1.41	1.46	1.49

当一致性系数 $CR<0.1$，则该矩阵通过一致性检验，否则就需要对

判断矩阵进行修正。上述 $\boldsymbol{A}\text{-}\boldsymbol{B}$ 判断矩阵一致性系数 $CR=0.000\,19<$ 0.1，所以判断矩阵 $\boldsymbol{A}\text{-}\boldsymbol{B}$ 通过一致性检验，同理则有如下结论。

①准则层判断矩阵 $\boldsymbol{B}_1\text{-}\boldsymbol{C}$ 为

$$\omega_i=(0.166\,7,\ 0.25,\ 0.333\,3,\ 0.25);$$

$$\lambda_{\max}=4;\ CI=0;\ RI=0.89;\ CR=0<0.1$$

通过判断矩阵一致性检验。

②判断矩阵 $\boldsymbol{B}_2\text{-}\boldsymbol{C}$ 为

$$\omega_i=(0.555\,6,\ 0.111\,1,\ 0.111\,1,\ 0.222\,2);$$

$$\lambda_{\max}=4;\ CI=0;\ RI=0.89;\ CR=0<0.1$$

通过判断矩阵一致性检验。

③准则层判断矩阵 $\boldsymbol{B}_3\text{-}\boldsymbol{C}$ 为

$$\omega_i=(0.4,\ 0.4,\ 0.2);$$

$$\lambda_{\max}=3;\ CI=0;\ RI=0.52;\ CR=0<0.1$$

通过判断矩阵一致性检验。

④准则层判断矩阵 $\boldsymbol{B}_4\text{-}\boldsymbol{C}$ 为

$$\omega_i=(0.222\,2,\ 0.444\,5,\ 0.222\,2,\ 0.111\,1);$$

$$\lambda_{\max}=4;\ CI=0;\ RI=0.89;\ CR=0<0.1$$

通过判断矩阵一致性检验。

（4）层次总排序和一致性检验。总排序是指所有判断矩阵各因素与目标层的相对权重，是最下层对最上层总排序的权向量。总排序的一致性比率为

$$CR=\frac{a_1\,CI_1+a_2\,CI_2+\cdots+a_m\,CI_m}{a_1\,RI_1+a_2\,RI_2+\cdots+a_m\,RI_m}=0<0.1 \quad (6\text{-}8)$$

层次总排序符合判断矩阵一致性标准，通过一致性检验。

由此可得吉林省畜牧业绿色发展水平评价层次权重总排序（表6-12）。从层次总排序权重，可看到一级指标中权重的比较：资源节约=环境保护>绿色供给>经济增长，资源节约和环境友好两类指标占比较高，其

占比均为 30.35%，说明这两类指标对绿色发展水平影响较大，是评价的核心内容；绿色供给和经济增长占比分别为 23.89% 和 15.41%，是评价绿色发展的重要指标；在二级指标中，规模养殖场粪污处理设施装备配套率权重 16.86%，对畜牧业绿色发展起重要影响，而政府对环境污染治理投入和政府财政补贴指标所占比例相对较小，在 3.5% 以下，这两项指标能够在一定程度上反映当地政府对畜牧业绿色发展的重视程度。

表 6 - 12　吉林省畜牧业绿色发展评价指标层次权重总排序

一级指标	二级指标
B_1 资源节约 (30.35%)	C_1 畜禽劳动力投入水平权重为 5.06%
	C_2 秸秆综合利用率权重为 7.59%
	C_3 畜禽粪污综合利用率权重为 10.11%
	C_4 养殖土地利用情况权重为 7.59%
B_2 环境友好 (30.35%)	C_5 规模养殖场粪污处理设施装备配套率权重为 16.86%
	C_6 政府对环境污染治理的投入权重为 3.37%
	C_7 畜禽养殖业 COD 减排情况权重为 3.37%
	C_8 病死畜禽无害化集中处理率权重为 6.75%
B_3 绿色供给 (23.89%)	C_9 绿色标志畜禽产品比例权重为 9.56%
	C_{10} 畜禽良种化程度权重为 9.56%
	C_{11} 绿色养殖技术水平权重为 4.77%
B_4 经济增长 (15.41%)	C_{12} 畜禽养殖出栏状况权重为 3.42%
	C_{13} 畜禽产值占农业产值比例权重为 6.85%
	C_{14} 畜牧业增加值增长率权重为 3.42%
	C_{15} 政府财政补贴权重为 1.72%

6.2.2.2　评价标准等级划分

目前，畜牧业绿色发展水平评价尚未形成统一的标准，为了方便专家进行打分，使打分结果具有有效性，本章采用模糊数学的多级估量法，即把评分标准分为七个等级标准（最好、好、较好、一般、较差、差、最差），定量指标的标准值是专业人士根据有关依据，如国家政策文件、吉林省地方标准、公开发表的文献资料等确定的；定性指标是根据专家访谈建议确定的，而后根据专家看法对每个指标进行评级。七个等级相应分数分别为 100 分、90 分、80 分、60 分、40 分、20 分、10 分（表6-13）。

表6-13 评价标准等级

一级指标	二级指标	评价标准
	畜禽劳动力投入水平	最好（100分）：劳动力数量、技术水平、素质等方面达到高水平
		好（90分）：人员接受过相关技能培训，数量多
		较好（80分）：劳动人员素质和数量较高
		一般（60分）：劳动力数量、素质与行业发展相适宜
		较差（40分）：劳动力数量较少、技术知识水平较低
		差（20分）：人员构成不合理，没有技术和高素质人员
		最差（10分）：人员结构和层次差
	秸秆综合利用率	最好（100分）：96%～100%
		好（90分）：90%～95%
		较好（80分）：86%～89%
		一般（60分）：80%～85%
		较差（40分）：76%～79%
		差（20分）：70%～75%
		最差（10分）：70%以下
资源节约	畜禽粪污综合利用率	最好（100分）：81%～100%
		好（90分）：76%～80%
		较好（80分）：70%～75%
		一般（60分）：66%～69%
		较差（40分）：60%～65%
		差（20分）：50%～59%
		最差（10分）：50%以下
	养殖土地利用情况	最好（100分）：布局合理、产出力高、数量多，养殖土地全部利用，生态系统自然度低
		好（90分）：布局较合理、产出潜力大
		较好（80分）：养殖土地利用程度呈现良好态势
		一般（60分）：养殖土地处于半自然状态，需调整布局，加强土地产出能力
		较差（40分）：养殖土地利用情况存在问题较多
		差（20分）：布局较差、产出力低
		最差（10分）：高质量养殖土地大面积荒废

（续）

一级指标	二级指标	评价标准
环境友好	规模养殖场粪污处理设施装备配套率	最好（100分）：96%～100% 好（90分）：90%～95% 较好（80分）：86%～89% 一般（60分）：80%～85% 较差（40分）：76%～79% 差（20分）：70%～75% 最差（10分）：70%以下
	政府对环境污染治理的投入	最好（100分）：污染治理投入达到可改善环境阶段，生态环境达到平衡状态 好（90分）：治理投入规模大，环境机构运转有效 较好（80分）：投入资金增加，环境机构运转良好 一般（60分）：资金投入一般，生态环境仅达到一般平衡水平 较差（40分）：政府对该方面投入不完善 差（20分）：政府对该方面投入较小 最差（10分）：生态环境处于不稳定的状态，政府未对环境污染治理进行投入
	畜禽养殖业COD减排情况	最好（100分）：减排工作得到高反馈，水体未受到污染 好（90分）：减排效果明显，水体污染较轻 较好（80分）：减排情况良好，能完成核定量 一般（60分）：水体污染得到治理，水质改善，水生态环境达到平衡状态 较差（40分）：畜禽废水数量超过水体自净能力 差（20分）：减排效果较差，水质污染较重 最差（10分）：畜禽废水未经处理直接排放
	病死畜禽无害化集中处理率	最好（100分）：98%～100% 好（90分）：95%～97% 较好（80分）：92%～94% 一般（60分）：89%～91% 较差（40分）：80%～88% 差（20分）：70%～79% 最差（10分）：70%以下

（续）

一级指标	二级指标	评价标准
绿色供给	绿色标志畜禽产品比例	最好（100分）：产品质量安全、绿色标志畜禽产品数量达到饱和 好（90分）：品质好、绿色供给能力较强，绿色标志畜禽产品数量多 较好（80分）：绿色供给能力稍欠缺，绿色标志畜禽产品数量较多 一般（60分）：绿色标志畜禽产品数量达到全省平均水平 较差（40分）：绿色标志畜禽产品数量少且比例低 差（20分）：区域内无绿色标志畜禽产品 最差（10分）：畜禽产品质量不达标且无绿色标志畜禽产品
	畜禽良种化程度	最好（100分）：选种、繁育和推广体系完善 好（90分）：选种、繁育和推广体系较完善 较好（80分）：畜禽良种化程度大幅度提升 一般（60分）：有一定的配套繁育体系 较差（40分）：畜禽良种化进程缓慢 差（20分）：极少数采用繁育体系，良种覆盖率低 最差（10分）：传统模式养殖
	绿色养殖技术水平	最好（100分）：各项绿色技术配备完善且全部应用 好（90分）：绿色技术配备较好多数得到应用 较好（80分）：绿色技术配备和应用都需完善 一般（60分）：生产中绿色技术得到一定程度的应用 较差（40分）：绿色技术使用程度较低 差（20分）：生产过程中绿色技术未得到使用 最差（10分）：生产呈现粗放式
经济增长	畜禽养殖出栏状况	最好（100分）：数量和效率均达到优秀水平 好（90分）：达到较高水平，出栏状况好 较好（80分）：良好水平，呈现平稳趋势 一般（60分）：出栏状况一般，收入较低 较差（40分）：出栏状况和经济效益不理想 差（20分）：补栏能力不足，经济受到制约 最差（10分）：出栏状况差，经济滞后
	畜禽产值占农业产值比例	最好（100分）：81%～100% 好（90分）：70%～80% 较好（80分）：50%～69% 一般（60分）：40%～49% 较差（40分）：35%～39% 差（20分）：30%～34% 最差（10分）：30%以下

（续）

一级指标	二级指标	评价标准
经济增长	畜牧业增加值增长率	最好（100分）：25%～100%
		好（90分）：15%～25%
		较好（80分）：10%～14%
		一般（60分）：5%～9%
		较差（40分）：0%～4%
		差（20分）：−5%～0%
		最差（10分）：−5%以下
	政府财政补贴	最好（100分）：政府对畜牧业补贴达到饱和程度，补贴落实效果超出预期
		好（90分）：补贴专项资金较完善，发展障碍较小，补贴落实效果好
		较好（80分）：补贴有相应资金，但无专项资金，补贴效果较好
		一般（60分）：国家和地方均有相应补贴政策，补贴落实效果达到预期
		较差（40分）：国家有相关财政补贴政策
		差（20分）：无具体财政补贴政策
		最差（10分）：政府无财政补贴相关政策

6.2.2.3 综合评价

在进行专家打分时，专家人员构成为长期研究畜牧业相关内容（畜牧学、动物医学和畜牧业经济管理）的3位高校学者和吉林省畜牧业管理局长期从事畜牧业管理等相关工作（涉及畜牧经济、防疫监督、畜产品质量安全、兽医药政、动物饲料）的5位研究人员及2位畜牧业企业人员，为使结果更加客观，对各类专家打分按照权值0.3、0.5、0.2进行加权平均，加权计算公式为

$$\overline{Cn} = \frac{D_1 + D_2 + D_3}{3} \times 0.3 + \frac{D_4 + D_5 + D_6 + D_7 + D_8}{5} \times 0.5 +$$

$$\frac{D_9 + D_{10}}{2} \times 0.2 \qquad (6-9)$$

式中，$\overline{Cn}$为专家打分的综合得分；$D_1 \sim D_3$为高校学者打分值，$D_4 \sim D_8$

为畜牧业管理局研究人员打分值，D_9、D_{10} 分别为畜禽养殖企业人员打分值。

由此，专家基于评价标准对吉林省各地市（州）的评价指标打分，将专家打分值进行加权平均，得到表 6-14 中的分值。

表 6-14　2019 年吉林省各地市（州）畜禽养殖绿色发展各个评价指标评分值

指标	权重（%）	地区								
		长春市	吉林市	四平市	辽源市	通化市	白山市	松原市	白城市	延边州
C_1	7.5	89	87	85	75	79	75	80	70	79
C_2	7.5	90	90	90	80	86	75	87	70	78
C_3	9.9	87	85	85	70	75	60	80	60	90
C_4	7.5	69	69	60	46	44	44	70	70	66
C_5	16.8	99	98	100	70	80	65	90	60	95
C_6	3.3	60	59	60	65	55	75	60	61	90
C_7	3.3	54	60	70	80	65	75	79	61	54
C_8	6.6	59	76	70	56	52	50	62	45	60
C_9	9.6	80	85	85	70	65	60	65	55	80
C_{10}	9.6	100	99	98	70	78	75	85	70	88
C_{11}	4.8	60	60	56	48	58	40	40	41	46
C_{12}	3.5	87	79	80	50	60	48	75	54	52
C_{13}	7.2	85	75	79	65	50	36	44	33	41
C_{14}	3.5	56	72	80	62	87	52	73	58	40
C_{15}	1.8	69	70	65	54	62	60	64	50	66

最后将指标权重与专家打分数值进行加权求和，从而得到各地市（州）的各个一级指标得分和综合评分，具体计算方法如下

$$F(x) = \sum_{i=1}^{n} W_i f_i(x) \qquad (6-10)$$

式中，$F(x)$ 为综合评价指数；W_i 为评价指标权重值；$f_i(x)$ 为评价指标赋分值；n 为评价指标的个数。

各地市（州）的各个一级指标得分和综合评分，如表 6-15 所示。根据综合评价值划分评价等级论域，以此来判断和评价不同区域畜牧业绿色发展水平，本章分为四个等级论域，即"高、较高、一般、较差"，对应的等级分值区间为 $F=\{（80，100]，（70，80]，（60，70]，（0，60]\}$。

表 6-15　2019 年吉林省各地市（州）畜牧业绿色发展水平综合得分值

地区	综合分值	资源节约	环境友好	绿色供给	经济增长
四平市	85.124（高）	26.040	26.370	20.256	12.458
长春市	84.919（高）	27.213	25.179	20.16	12.367
吉林市	84.761（高）	26.865	25.407	20.544	11.945
延边州	76.003（较高）	25.635	24.672	18.336	7.360
松原市	75.314（较高）	25.695	23.799	16.32	9.500
通化市	70.305（较高）	23.100	20.832	16.512	9.861
辽源市	67.560（一般）	22.005	20.241	15.74	9.572
白山市	61.712（一般）	20.490	19.170	14.88	7.172
白城市	59.930（一般）	21.690	17.076	13.968	7.196

6.2.3　评价结果分析

从表 6-15 中可以看出，2019 年，吉林省各地市（州）畜牧业绿色发展水平综合评价结果可分为三个区间，其中第一区间包括四平市、长春市和吉林市，第二区间包括延边州、松原市和通化市，第三区间包括辽源市、白山市、白城市，下面进行分类评价。

（1）四平市、长春市和吉林市的畜牧业绿色发展水平综合评价。四平市畜牧业绿色发展水平综合评分值为 85.124，是排名第一的，除资源节约指标排名第三，其他三个一级指标得分值均在其他各地市（州）之上，说明四平市畜牧业绿色发展过程中，资源有效利用不足，尤其是在养殖土地利用上，在吉林省排名第六，对土地的利用缺少合理规划，但是在环境友好、绿色供给和经济增长等方面有自身的优势，总体上看，四平市虽然在养殖土地利用、绿色养殖技术水平和财政补贴方面薄弱，但是其他指标上具有大的优势；其次是长春市和吉林市，畜牧业绿色发展水平也处于高水平，长春市综合排名第二，在资源节约方面占据最高位置，表明在资源有效利用上长春是发展最好的，尤其是在畜禽劳动力投入水平方面优势凸显；吉林市综合排名第三，畜牧业绿色发展水平较为均衡：绿色供给指标排名第一，除了畜禽良种化程度指标比长春市稍低，其余两个二级指标均在 9 个地市（州）排名第一，资源节约指标和环境友好指标都排名第二，经济增长指标排名第三，但与长春市和四平市差距明显，尤其是畜禽产值占比，长春市为 64.85%，四平市为 62.17%，而吉林市仅为 53.93%，在吉林市绿色发展过程中要着重提升畜禽产值。

（2）延边州、松原市和通化市的畜牧业绿色发展水平综合评价。延边州、松原市和通化市的畜牧业绿色发展水平较高，延边州综合排名第四，资源节约、环境友好和绿色供给三方面与第一区间的三个市差距较小，但是在经济增长方面排名第七，除政府财政补贴，其他二级指标的得分均在 45 分左右，畜禽养殖效益水平提升较慢、养殖生产过程中间消耗较大等问题抑制其绿色发展进程；松原市综合排名第五，各项一级指标表现不突出，但也没有特别薄弱的方面，发展较为均衡，在未来的发展中要在保持现状的基础上，加快提高畜禽产值，优化畜禽养殖结构，政府也应加大对畜牧业的资金投入，尤其是污染治理投入，畜禽养殖场应加大对绿色养殖技术的使用；通化市综合排名第六，但得分为 70.305，距离畜牧业绿色发展一般水平较近，经济增长排名第四，绿色供给排名第五，所以在其发展过程中，应提高资源节约和环境友好方面，特别是在养殖土地利用方面，土地布局要合理，积极发展规模化养殖，节约土地资源，加强政府对污染治理和病死畜禽无害化处理的重视程度。

（3）辽源市、白山市和白城市的畜牧业绿色发展水平综合评价。辽源市和白山市畜牧业绿色发展水平较为一般，综合评分值为 60～70，从资源节约和环境友好方面来看，辽源市、白山市与综合排名前六的地市（州）差距较为明显，辽源市在养殖土地利用上得分较低，原因基于土地面积小且未利用土地面积较大，两市在政府污染治理以及病死畜禽无害化处理方面能力不足；在绿色供给方面，白城市排名第八，辽源市排名第七，说明在畜牧业绿色发展过程中，两市都缺失对绿色供给的重视，绿色养殖技术投入和应用水平低下；白山市在经济增长方面排名最低，得分为 7.172，说明白山市在发展过程中，没有注重经济效益的提升，白山市与白城市总体综合得分差距较小，应加快自身绿色发展进程；白城市综合得分为 59.93，排名第九，畜牧业绿色发展水平较差，尤其是在环境友好方面，与其他地市（州）差距较大，在病死畜禽无害化处理方面得分为 45 分，病死畜禽无害化处理设施不完善；白城市环境友好和绿色供给方面排名第九，资源节约和经济发展方面排名第八，在畜牧业绿色发展进程中还有很大的提升空间。

6.3 本章小结

在现有研究基础上，本章结合吉林省畜牧业发展的实际情况构建吉林省畜牧业绿色发展水平评价指标体系，利用层次分析法、专家打分法对 2019 年吉林省 9 个地市（州）畜禽养殖绿色发展水平做出评价，研究结论如下。

（1）构建了吉林省畜牧业绿色发展评价指标体系，通过实证分析得出评价结果。基于现有的文献研究和政府相关文件，从资源节约、环境友好、绿色供给、经济增长 4 个层面筛选出 15 个评价指标因子，构建了吉林省畜牧业绿色发展评价指标体系；通过层次分析法测算权重，确定评价模型并建立详细的计分标准和评分等级；通过对吉林省 9 个地市（州）畜牧业绿色发展水平进行评价，找出畜牧业绿色发展过程中存在的制约因素。

（2）经实证分析发现，吉林省 9 个地市（州）之间的畜牧业绿色发展水平不平衡。在资源节约、环境友好、绿色供给、经济增长 4 个方面存在较大差距，9 个地市（州）中畜禽养殖绿色发展水平最高的为四平市，最低的是白城市。综合排名前三的四平市、长春市和吉林市，各项指标发展均衡，并且具备很多优势指标；松原市排名第五，处在中间位置，各项指标发展也较为均衡；其余各地市（州）畜牧业绿色发展水平评价指标都存在发展不均衡情况，优势指标较少，且部分指标水平较低。

（3）通过评价体系应用发现，9 个地市（州）在畜牧业绿色发展过程中的主要制约因素为养殖土地利用情况、病死畜禽无害化集中处理率、绿色养殖技术水平、畜禽产值占农业产值比例、政府财政补贴等。一是养殖土地利用不合理。养殖土地的合理布局、土地产出率等状况对畜牧业的发展起到关键作用，吉林省各区域存在养殖土地面积较小且分布分散，无法进行合理利用的问题。二是病死畜禽无害化集中处理率处于较低水平。集中处理率较低大多数是因为病死畜禽数量较大、养殖人员的观念、法律法规不健全及技术和资金等方面的问题。三是绿色养殖技术水平薄弱。发达国家科技对畜牧业贡献率普遍 60% 以上、应用率 90% 以上，吉林省科技贡献率为 50%、应用率 70% 以上，表明吉林省各区域的绿色畜禽养殖技术投入不够，养殖过程中缺乏技术人才，机械化生产水平较低。四是畜禽产值占农业产值比例普遍不高，畜牧业增加值增长率较低。发达国家的畜禽产值占农业产值比例都在 66% 以上，丹麦高达 90%，而在吉林省畜牧业发展较好的地区也仅是 58%，吉林省均值是 40%，畜禽养殖发展和农业结构调整受到制约，影响畜禽养殖绿色发展进程，畜牧业增加值增长率低则说明在发展过程中中间消耗大且经济效益提升并不明显。五是政府财政补贴并未达到较好效果。虽然政府在畜牧业发展过程中也投入了一定的资金，但远远没有达到预期效果，政府对畜牧业的财政补贴仅处于一般水平。

7 吉林省畜牧业绿色发展影响因素分析

本章遵循畜牧业绿色发展的影响机制，运用决策与试验评价实验室法（Deamatel），通过文献检索和专家访谈收集资料信息并进行编码，提炼出具体影响因素，探究影响当前畜牧业绿色发展的关键影响因素及其作用机制。

7.1 畜牧业绿色发展的影响机制分析

畜牧业绿色发展是传统模式向理想模式过渡并不断进化发展的复杂系统过程。根据陈秀羚（2017）提出的转型理论分析框架，可以将畜牧业绿色发展的影响来源归为五大类，分别是市场需求、要素供给、技术进步、制度设计及内部的主体特征，这五大来源相互影响，在不同发展阶段有其独特的作用效应和机制（图7－1）。

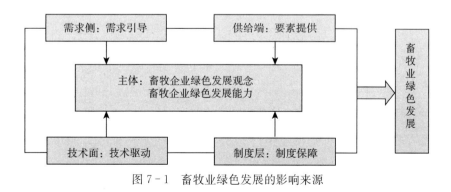

图7－1 畜牧业绿色发展的影响来源

绿色发展的根本要求是保持生态系统平衡，人与自然和谐共处。从短期看，绿色发展可能会要求参与者让渡一部分经济利益，而从全局和长远来看，绿色发展将有助于人类生存环境的改善和生命健康。畜牧业生产主体是影响畜牧业绿色发展的能动因素。作为理性经济人的畜牧业生产主体基于自身利益的最大化，一般不会主动寻求畜牧业可持续发展。在传统发展模式下，生产主体主要依靠自然资源和劳动力的大量投入来推动畜牧业经济增长，发展方式简单粗放，高投入、高消耗、低产出、高污染，打破了人类与其生存环境和谐共处的美好局面。日益恶劣的自然环境给人们带来了各种警示，如环境污染、异常气候特征等，反向推动人类不得不转变经济发展模式，保护环境，促进人与自然和谐共生。同时，人们生活水平和健康意识的提高，也影响了其消费理念和消费偏好，进而影响了市场需求结构和要素供给结构，进一步引导畜牧业生产主体转变经营模式、寻求绿色发展。绿色发展对绿色生产、环境保护提出了更高的质量要求，技术进步为其提供了技术支撑；而且，学术研究和实践结果均显示，政策和法规监管对参与者行为具有较强约束和引导作用，有利于加快绿色发展。总而言之，主体能力的提升、市场需求和要素供给的转变、技术的进步和制度的完善，将推动畜牧业发展逐渐由高投入、高消耗、低产出、高污染的传统发展模式向低投入、低消耗、高产出、低污染的绿色可持续发展模式转变。下面分别介绍这五种影响因素的作用机制。

（1）主体能力。畜牧业生产主体主要包括养殖场（户）、畜牧业生产资料企业、畜禽产品加工企业等，其对畜牧业绿色发展的影响归因于生产主体是畜牧业绿色发展的实际操控者（关常欢、吕金阳，2018）。对于生产主体而言，生产行为取决于自身利益最大化，同时也受社会责任感的影响，当认识到绿色生产的重要性时，生产主体会基于社会责任感主动寻求绿色发展。一般而言，主体能力越强，其行为表现越明显，影响作用也越大。主体能力推动畜牧业绿色发展的作用机制如图 7-2

所示。

图 7-2 主体能力对畜牧业绿色发展的作用机制

（2）市场需求。市场需求是产业链成长的起点和原动力。市场需求能够使畜产品价值得以实现，提高畜牧业生产主体的收益；同时，消费者的需求也会反过来影响畜产品的生产与供给，从而引导畜牧业产业调整方向和结构（陈伟生等，2019）。随着人们生活水平的提高和健康意识的增强，畜产品的消费逐渐由满足基本生活的"量"的需求逐渐转向满足绿色、安全、健康的"质"的保障；绿色畜产品市场需求量逐渐增加，进一步刺激了绿色畜产品的生产和供给。于是，市场在资源配置中的调节作用引导了生产和消费导向，推动了畜牧业绿色发展。市场需求引导畜牧业绿色发展的作用机制如图 7-3 所示。

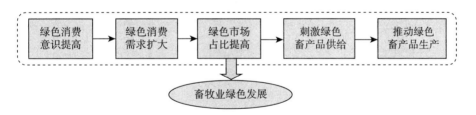

图 7-3 市场需求对畜牧业绿色发展的作用机制

（3）要素供给。生产要素是人类进行物质生产所必需的基础资源，包括生产资料、劳动力、技术和资金等。劳动力作为主要的生产要素，其行为和质量直接形成了畜牧业生产主体的能力，将通过生产主体影响畜牧业绿色发展；技术创新作为推动生产力发展的首要条件，将伴随着技术进步推动畜牧业绿色发展；因此，本章主要讨论生产资料和资金等生产要素的影响。畜牧业生产资料要素主要包括自然资源、饲料以及生产所必需的基础设施等。资金主要来源于畜牧业生产主体的自身积累和银行信贷。要素投入对畜牧业绿色发展的影响在于要素对产业发展的基础性支撑。即通过加强要素有效投入，以绿色要素替代传统要素，提升要素质量水平，优化要素投入结构，从源头提升畜牧业产业基础和竞争优势，提升畜牧业产业链附加值，进而提高畜牧业绿色发展水平。要素供给对畜牧业绿色发展的作用机制如图 7-4 所示。

图 7-4　要素供给对畜牧业绿色发展的作用机制

（4）技术进步。技术进步与科技创新是推动产业发展的主要动力，畜牧业绿色发展必须依靠技术创新和绿色技术。国务院办公厅《关于促进畜牧业高质量发展的意见》（国办发〔2020〕31 号）提到，"实现畜牧业持续稳定发展，根本在科技"。推动畜牧业绿色发展，要做到：着力技术研发，优化畜牧业生产要素投入的质量，保障畜产品安全；着力技术推广应用，强化对生产者的技术培训，提高生产者科学知识素养，加强绿色养殖技术的推广力度，促使生产方式绿色化；加强产学研合作，整合技术要素、劳动力要素、生产资料要素，发挥协同创新作用。技术进步对畜牧业绿色发展的作用机制如图 7-5 所示。

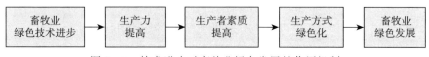

图 7-5　技术进步对畜牧业绿色发展的作用机制

（5）制度设计。总体来看，有关绿色技术、绿色创新、绿色发展，我国主要依靠自上而下的以政府驱动为主的制度安排，即政府以制度化手段主导着畜牧业绿色发展。主要原因是，对于畜牧业生产主体而言，进行绿色发展需要承担资金、技术等要素的高额成本及生产风险（刘源等，2019）。而非绿色发展中，畜牧业生产主体肆意使用过量抗生素、肆意使用激素缩短养殖周期、肆意排放畜禽粪污及废弃物等行为较为普遍，加深了畜牧业生产的负外部性效应。保持原有粗放的生产方式能够使生产主体在短期内获得较大收益，生产者更愿意选择这种生产方式而不愿意承担绿色发展的高投入。制度作为重要的外生变量，主要通过限制人们行为选择的边界，平衡个别利益与整体利益不对等、短期利益与长期利益相互矛盾的问题（陈秀羚，2017），从而推动畜牧业绿色发展。制度设计对畜牧业绿色发展的作用机制如图 7-6 所示。

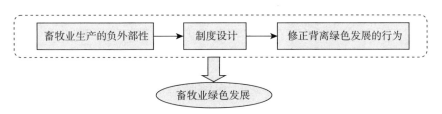

图 7-6　制度设计对畜牧业绿色发展的作用机制

上述各个因素相互作用、协同共促，推动畜牧业走向绿色发展之路。

技术进步与制度设计：科学技术是生产力，是推动人类社会发展的根本动力，而制度设计属于生产关系；遵循生产力和生产关系之间的辩证统一的逻辑关系，技术进步会推动制度设计日臻完善，制度设计也将对技术进步的效率产生影响。二者相互促进，共同提升。

技术进步与主体能力：技术进步能够为生产主体提供技术支持，绿色技术的推广应用可以提高畜牧业生产主体的绿色生产能力；与此同时，生产主体对相关绿色技术的需求，又会反向推动技术的研发、推广和应用。

技术进步与要素供给：技术进步能够提升生产要素的科技水平，从而实现要素投入结构优化；而生产要素科技水平的提升，又会进一步促进技术创新。

市场需求与要素供给：需求直接反馈于供给，消费者对于绿色畜产品的消费需求会影响畜牧业生产结构，从而改变要素投入结构；而要素投入的质量和结构通过畜产品品质间接影响市场需求。

市场需求与主体能力：当绿色畜产品消费市场扩大时，畜牧业生产者将会主动采取有利于实现绿色发展的相关措施，以增强自身的市场竞争力；主体能力的提升，推动畜产品质量的提高，可能促进畜产品的需求结构调整，进一步带动绿色消费。

总之，畜牧业在市场需求导向下，以要素供给为基础，以技术进步和制度设计相互作用为动力，激发生产主体之间的竞争与合作，迫使生产主体行为符合畜牧业绿色发展要求，从而实现畜牧业绿色发展目标。

7.2 吉林省畜牧业绿色发展的影响因素选择分析

本章根据畜牧业绿色发展的影响机制，从主体能力、市场需求、要素供给、技术进步和制度设计五个维度来选择和分析吉林省畜牧业绿色发展影响因素。本章以 2000—2021 年为研究区间，以中国知网论文期刊库为主要数据库，应用文献检索法，分别以"因素＋绿色发展""畜牧业＋绿色发展""畜牧业绿色发展＋影响因素"为主题，对期刊论文、学位论文逐次进行检索，生成吉林省畜牧业绿色发展影响因素集。为提高畜牧业绿色发展影响因素与吉林省畜牧业绿色发展实践的契合度，笔者调研了吉林省畜牧业管理局、吉林省九台区畜牧业管理局、吉林农业大学动物科技学院、皓月集团、德翔牧业有限公司、金翼蛋品有限公司、桦甸金牛牧业有限公司等畜牧行业管理部门、高校院所和畜牧企业，广泛征求实践领域和业界专家意见，最终选取了 5 个维度 25 个具体影响因素。

7.2.1 主体能力因素

畜牧业生产主体是畜牧业绿色发展的实施者，主体能力是畜牧业绿色发展的能动因素，本章选取绿色生产意识、绿色生产能力、职业畜禽劳动力数量、畜禽养殖组织化程度、主体协作程度 5 个因素来反映主体能力。

（1）绿色生产意识（f_1）：指畜牧业生产主体改变原有的以污染环境为代价的简单粗放的生产方式，采取以"资源节约、环境清洁、绿色供给、生态稳定、经济增长、社会发展"为目标的绿色生产模式的意识。生产者绿色意识的提高，对于实现畜牧业绿色发展发挥引领作用。

（2）绿色生产能力（f_2）：指畜牧业生产主体是否具备进行绿色生产所需要的充足的资金、绿色养殖基础设施、绿色技术等要素，以保障其能够进行绿色生产的能力。绿色生产能力越高，实现绿色发展的可能性越高。

（3）职业畜禽劳动力数量（f_3）：畜牧业从业人员能力的提升是实现畜牧业绿色发展的积极因素。职业畜禽劳动力一般指有文化、懂技术、善经营、会管理的专门从事畜禽养殖及防疫的人员等，如专业养殖员、饲料配方员、动物防疫员、绿色技术推广人员等。提高职业畜禽劳动力数量是提高畜牧业绿色生产能力的有效途径之一。

（4）畜禽养殖组织化程度（f_4）：畜禽养殖组织化程度越高，越能改善小规模畜牧业生产绿色生产能力低下而导致的环境污染问题。通过提高畜禽养殖组织化程度，采用统一绿色技术、统一培育良种、统一技术培训等方式，提高参与成员绿色生产能力，进而提高畜牧业绿色发展水平。

（5）主体协作程度（f_5）：产业内部主体之间的协作程度以及与其他产业的交流程度，能够促进产业内部的整体竞争力提高，促使产业实现融合，对提高畜牧业绿色附加值具有重要意义。畜牧业主体之间协作程度越紧密，信息流、物质流、资金流越顺畅，越能够降低成本，提高抗风险能力，并形成协同效应。若畜牧业主体加强与高校、科研院所的合作，则能够促进信息沟通和绿色技术的推广应用，进而推动畜牧业绿色发展。

7.2.2 市场需求因素

市场具有资源配置功能，市场需求通过反映消费者消费取向从而引导和调节畜产品供给结构。本章选取绿色畜产品消费意愿、居民消费能力、绿色畜产品消费渠道、绿色畜产品定价、绿色畜产品质量认证 5 个因素，以揭示市场需求对畜牧业绿色发展的影响。

（1）绿色畜产品消费意愿（f_6）：指与普通畜产品相比，消费者更愿意消费优良生态环境中所生产的绿色畜产品的想法或倾向。随着居民收入水平的提高、绿色意识的形成和消费结构的转变，畜产品质量成为消费者优先考虑的关键（何述辉，2019）。消费者对绿色畜产品的消费意愿越高，需求越高，绿色畜产品的市场前景就越广阔，从而带动畜牧企业更加主动地寻求绿色发展。

（2）居民消费能力（f_7）：表现为消费者对绿色畜产品消费的支付能力。消费能力提升促生新的消费点，消费者也将关注点由畜产品价格逐渐转向畜产品质量与安全，刺激了对绿色、有机、健康畜产品的消费需求，从而推动畜牧业生产主体主动寻求绿色发展。

（3）绿色畜产品消费渠道（f_8）：影响消费者购买绿色畜产品的重要因素。绿色畜产品消费渠道宽广顺畅有利于缩短畜产品供应链，减少畜产品流通环节，节约流通成本，使绿色畜产品价格保持在合理区间，从而有效促进畜产品生产、流通和消费。拓宽畜产品消费渠道，构建消费流通网络体系，将有助于推动畜牧业绿色发展。

（4）绿色畜产品定价（f_9）：其影响体现在两个方面，一方面是对消费行为的影响。消费者对绿色畜产品与普通畜产品的价格进行对比，当两者差价与消费者预期不相符时，消费者倾向于购买普通畜产品；当两者差价满足消费者期望时，消费者倾向于购买绿色畜产品。另一方面是对生产行为的影响。若生产者生产绿色畜产品以较高的成本投入却以较低的价格进入市场，生产者无法获取更高的利润反而有可能承担绿色生产所带来的损失风险，以致生产者为规避风险而放弃生产绿色畜产品。因此，价格机制影响绿色畜产品的生产与消费。

（5）绿色畜产品质量认证（f_{10}）：畜产品质量认证既为绿色畜产品的优质提供了保证，又为消费者选择绿色畜产品时提供可参考的依据，避免绿色畜产品市场出现混乱。绿色畜产品质量认证从生产和消费两方面推动绿色畜产品发展（谭铁安，2015）。

7.2.3　要素供给因素

要素供给是畜牧业生产的基本保障。本章主要从畜牧业供给侧入手，选取自然资源禀赋、绿色生产资料、畜牧业基础设施、粪污处理设施装备配套率以及畜牧业绿色金融支持5个影响因素。

（1）自然资源禀赋（f_{11}）：指畜牧业生产所必备的环境条件，以及牧草资源、土壤资源、水资源等。通过研究可知，土壤、牧草、水资源的质量和数量都是影响畜牧业绿色发展的重要因素。自然资源禀赋对畜牧业绿色发展有着双重影响：一方面，自然资源丰富可以为畜牧业长久稳定发展提供基本保障；另一方面，自然资源获取门槛低导致生产者对自然资源的保护意识不强，资源浪费问题严重，也会阻碍畜牧业绿色发展（邓力等，2017）。

（2）绿色生产资料（f_{12}）：指畜牧业生产所必要的生产资料，如畜禽良种、新型绿色添加剂、兽用抗菌药、绿色饲料添加剂等。非绿色的畜牧业生产资料中，抗生素、兽药残留和动物细菌耐药问题严重，对食品健康安全以及生态安全造成严重负面影响，而绿色生产资料能解决此类问题。

（3）畜牧业基础设施（f_{13}）：指保证畜牧业生产、流通的各类基础性设施，包括草地围栏、家畜棚圈等硬设施；生产技术服务、支持畜牧业绿色发展的培训等软设施；支持养殖、加工场所的水、电、公路等公共设施。目前，圈养设施配备差，技术培训不及时，公用设施不完备等现象依然存在，阻碍了畜牧业绿色发展。

（4）粪污处理设施装备配套率（f_{14}）：在一定程度上代表了畜牧业生产主体的治理环境污染的能力。为推进畜禽养殖废弃物资源化利用，推广种养结合的养殖模式，目前，畜牧业急需畜禽舍环境控制、畜禽粪便处理与利用等机械化、自动化养殖装备。

（5）畜牧业绿色金融支持（f_{15}）：指用来提供畜牧业绿色发展所需的金融、信贷方面的支持。畜牧业绿色发展从饲料、禽舍、兽药、养殖、防疫、废弃物处理、畜产品加工、储存、销售过程都需要充足的资金。绿色金融支持是畜牧业绿色发展的重要支撑，加大绿色金融支持力度，能够弥补养殖户、畜牧企业自有资金短缺和国家补贴不足。

7.2.4 技术进步因素

技术进步是协调畜牧业发展与节约资源、保护环境之间关系的桥梁。本章在技术进步方面选取技术创新模式选择、畜牧业绿色技术、绿色技术投入费用、技术合作创新平台、技术推广应用体系 5 个影响因素。

（1）技术创新模式选择（f_{16}）：技术创新模式是指技术创新主体进行创新时采用的方式、样式或类型；涉及技术的创造、技术选择、技术应用以及技术扩散等要素，这些要素的不同配置会形成结构差异；主要包括模仿创新模式、合作创新模式和自主创新模式。不同的企业在进行技术创新时，应结合自身特征选择不同的技术创新模式，技术创新模式的选择是否合理将影响到技术创新的成败。技术创新模式选择是企业技术创新的战略抉择。

（2）畜牧业绿色技术（f_{17}）：指有利于畜牧业绿色生产的相关技术，具体包括生物育种技术、疫病防控技术、绿色养殖技术、畜禽粪污无害化处理技术、药物残留的治理技术等一系列提高绿色畜产品质量，降低环境污染的技术。绿色技术创新是推动畜牧业绿色化发展的根本途径。

（3）绿色技术投入费用（f_{18}）：维持绿色技术研发、转化及推广的基础条件。现实中，绿色技术研发经费投入不足，来源渠道单一，导致绿色技术创新能力弱、科技含量低等问题，畜牧业绿色技术投入费用的投入程度与绿色发展息息相关。

（4）技术合作创新平台（f_{19}）：若畜牧业绿色技术研发主体与使用主体沟通不畅，二者之间缺乏高效的合作创新平台，将会出现研发的技术无法得到最大限度的利用，或者畜牧业生产者由于技术获取难度大而降低应用绿色技术的积极性。因此，构建技术合作创新平台，有利于发挥绿色技术推动畜牧业绿色发展的作用。

（5）技术推广应用体系（f_{20}）：指承担畜牧业绿色技术的引进、试验、示范、培训、推广工作，推动技术成果转为生产力的机制或体系。技术推广应用体系在畜牧业生产主体采取绿色技术中发挥积极作用，有利于畜牧业绿色化发展。

7.2.5 制度设计因素

各类制度、政策安排构成畜牧业生产的规则框架，在这些框架下，引导畜牧业生产主体的生产行为，进而影响畜牧业发展方向。本章在制度设计方面主要选取畜牧业绿色发展规制、属地管理责任制、畜产品质量安全追溯制度、畜牧业补贴制度、生态补偿制度 5 个影响因素。

（1）畜牧业绿色发展规制（f_{21}）：指畜牧业绿色发展的专门制度。畜牧业绿色发展规制即政府为推进畜牧业绿色发展所制定发布的各项政策措施以及意见条例等，在这一系列畜牧业绿色发展规制下，对畜牧业的养殖户、合作组织、龙头企业等各个主体提出了具体明确的强制性要求，迫使产业内各个生产主体的生产行为符合畜牧业绿色发展目标，从而推动畜牧业绿色发展。

（2）属地管理责任制（f_{22}）：在废弃物资源化利用、粪污治理、环境保护等工作中实施属地管理责任制度，促使当地政府重视畜牧业绿色发展工作。如果没有属地管理责任制度的约束，地方政府可能出现制度执行不利等现象。因此，需要明确属地责任、部门职责，细化分工，强化监管，确保各项任务落实到位，强化地方政府关于畜牧业绿色发展的责任。

（3）畜产品质量安全追溯制度（f_{23}）：提供绿色优质畜产品是我国畜牧业绿色发展的重要内容。通过完善的畜产品产业链条监管追溯制度，对畜牧业生产主体的行为进行约束，才能保障畜产品质量安全、规范绿色畜产品交易市场、提高人们对于绿色畜产品的消费信心，为畜牧业绿色发展提供广阔的市场前景。

（4）畜牧业补贴制度（f_{24}）：包括良种补贴、标准化规模养殖场补贴、畜牧业保险补贴、畜牧业机械购置补贴政策等一系列政策。推行畜牧业补贴制度，既可以保障畜牧业生产者收入，又可以推动畜牧业的绿色发展（杨义风、王桂霞，2020）。然而，畜牧业补贴政策对于畜牧业生产的影响不全是正面的，只有合理的科学的补贴政策才能优化畜牧业生产，改善畜牧业生产环境。

（5）生态补偿制度（f_{25}）：指在畜牧业生态环境污染治理、资源保护与开发利用以及生态环境建设过程中，运用法律、经济等手段和技术措施，对保护生态环境、保育和改善生态系统而牺牲自身利益的个人或组织进行补偿的制度安排。完善的生态补偿制度，能够保障畜牧业生产主体利益，激励其转向畜牧业绿色发展。

综合上述分析，本书以主体能力、市场需求、要素供给、技术进步和制度设计为一级指标，以 25 个具体因素为二级指标构建吉林省畜牧业绿色发展影响因素体系，如表 7-1 所示。

表 7-1 吉林省畜牧业绿色发展影响因素体系

一级指标	二级指标	变量符号
主体能力	绿色生产意识	f_1
	绿色生产能力	f_2
	职业畜禽劳动力数量	f_3
	畜禽养殖组织化程度	f_4
	主体协作程度	f_5
市场需求	绿色畜产品消费意愿	f_6
	居民消费能力	f_7
	绿色畜产品消费渠道	f_8
	绿色畜产品定价	f_9
	绿色畜产品质量认证	f_{10}
要素供给	自然资源禀赋	f_{11}
	绿色生产资料	f_{12}
	畜牧业基础设施	f_{13}
	粪污处理设施装备配套率	f_{14}
	畜牧业绿色金融支持	f_{15}
技术进步	技术创新模式选择	f_{16}
	畜牧业绿色技术	f_{17}
	绿色技术投入费用	f_{18}
	技术合作创新平台	f_{19}
	技术推广应用体系	f_{20}
制度设计	畜牧业绿色发展规制	f_{21}
	属地管理责任制	f_{22}
	畜产品质量安全追溯制度	f_{23}
	畜牧业补贴制度	f_{24}
	生态补偿制度	f_{25}

7.3 吉林省畜牧业绿色发展影响因素的实证分析

7.3.1 研究方法

7.3.1.1 决策与试验评价实验法释义

本章选择决策与试验评价实验室法进行吉林省畜牧业绿色发展影响因素的实证分析。决策与试验评价实验法最早由美国学者 A. Gabus 和 E. Fontela 于 1971 年提出。该方法充分利用专家知识和经验，运用图论和矩阵原理，对各因素进行系统分析以解决现实生活中的复杂问题。该方法不仅关注因素之间的直接影响关系，而且考虑因素之间的间接影响关系，能够弥补一般因素分析而导致的信息缺失问题，是分析多因素相互作用对系统综合影响的有效方法（靳明，2006）。

本章通过决策与试验评价实验室法，将定性指标予以量化，直观地分析各影响因素之间的关系及其对分析对象的综合影响，并对影响因素的重要程度进行排序，以揭示吉林省畜牧业绿色发展的关键影响因素。

7.3.1.2 影响因素标识

本章研究对象为吉林省畜牧业绿色发展，设其影响因素分别为 f_1，f_2，…，f_n。影响因素的关系如图 7-7 所示。本章采用 0～1 刻度度量，0 表示 f_i 与 f_j 之间无直接影响关系，1 表示 f_i 与 f_j 有直接影响关

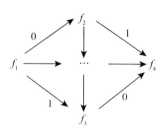

图 7-7 各因素之间的影响关系图

系，箭头表示因素间作用方向，即若 f_1 对 f_2 无直接影响，则取 0；f_1 对 f_3 有直接影响，则取 1，以此类推。

7.3.1.3 确定直接影响矩阵、规范化影响矩阵和综合影响矩阵

（1）确定直接影响矩阵。本章采用专家打分法确定影响因素之间是否具有直接影响关系，根据打分结果建立直接影响矩阵 $\boldsymbol{F}$，$\boldsymbol{F} = (f_{ij})_{n \times n}$。

其中，f_{ij} 表示系统中 f_i 对 f_j 的直接影响强度，设 $i=j$ 时，$f_{ij}=0$，如下所示：

$$\boldsymbol{F}=\begin{bmatrix} 0 & f_{12} & \cdots & f_{1n} \\ f_{21} & 0 & \cdots & f_{2n} \\ \cdots & \cdots & 0 & \cdots \\ f_{n1} & f_{n2} & \cdots & 0 \end{bmatrix} \tag{7-1}$$

（2）确定规范化影响矩阵。对直接影响矩阵 $\boldsymbol{F}$ 进行标准化处理，如式 7-2 所示，得到规范化影响矩阵 $\boldsymbol{X}$，$\boldsymbol{X}=(x_{ij})_{n\times n}$。其中，$0\leqslant x_{ij}<1$，且满足 $0\leqslant\sum_i x_{ij}\leqslant1$ 或 $0\leqslant\sum_j x_{ij}\leqslant1$，即矩阵 $\boldsymbol{X}$ 至少有一行或一列数据的和等于 1，但不是全部。

$$x_{ij}=\frac{f_{ij}}{\max(\sum_{j=1}^{n}f_{ij})(i=1,2,3,\cdots,n)} \tag{7-2}$$

（3）确定综合影响矩阵。由于规范化矩阵仅反映因素间的直接影响程度，没有考虑因素间的间接影响程度，需要将间接影响关系纳入分析系统，得到综合影响矩阵 $\boldsymbol{T}$，$\boldsymbol{T}=(t_{ij})_{n\times n}$，如下所示：

$$\boldsymbol{T}=\boldsymbol{X}(\boldsymbol{I}-\boldsymbol{X})^{-1}=(t_{ij})_{n\times n} \tag{7-3}$$

式中，$\boldsymbol{I}$ 为单位矩阵；t_{ij} 反映系统中因素间的综合影响程度。

7.3.1.4　确定影响度、被影响度、中心度和原因度

（1）确定影响度和被影响度。影响度记为 D，如式 7-4 所示；被影响度记为 C，如式 7-5 所示。

$$D_i=\sum_{j=1}^{n}t_{ij}(i=1,2,3,\cdots,n) \tag{7-4}$$

$$C_j=\sum_{i=1}^{n}t_{ij}(j=1,2,3,\cdots,n) \tag{7-5}$$

式中，影响度 D_i 由矩阵 $\boldsymbol{T}$ 中的元素按行相加所得，表示各行对应因素对所有其他因素的综合影响程度大小；被影响度 C_j 由矩阵 $\boldsymbol{T}$ 中的元素按列相加所得，表示其他所有因素对该因素的综合影响程度大小。

（2）确定中心度和原因度。中心度（M_i）表示该影响因素在系统中的位置和发挥作用的大小，中心度的值越大，则其对应的影响因素在吉林省畜牧业绿色发展中所起的作用越大，越是关键因素。计算公式为式 7-6。原因度（R_i）有正负之分，当原因度＞0 时，即为原因型因素，是畜牧业绿色发展的直接影响因素，会对其他影响因素和整个系统产生直接影响，要改变该影响因素存在一定的难度，且数值越大影响程度越大，改变难度也越大；当原因度＜0 时，即为结果型因素，是畜牧业绿色发展的间接影响因素，会受其他影响因素影响进而对吉林省畜牧业绿色发展产生影响，结果因素较容易得到改变，若其绝对值越大则越容易得到改变，在解决实际问题过程中越容易产生效果。计算公式为式 7-7。

$$M_i = D_i + C_j (i, j = 1, \cdots, n) \qquad (7-6)$$

$$R_i = D_i - C_j (i, j = 1, \cdots, n) \qquad (7-7)$$

7.3.1.5 建立影响因素坐标系

为直观反映因素的作用结果，以中心度（M_i）为横轴，原因度（R_i）为纵轴，建立坐标系。坐标系中的各点表示横坐标为中心度（M_i）、纵坐标为原因度（R_i）对应的影响因素的点的集合。因为中心度（M_i）反映对系统的作用程度，中心度（M_i）越大则其重要性越大；原因度（R_i）有正负之分，其符号反映作用方向（"原因"或"结果"）绝对值反映对系统施加影响产生的效果是否明显。根据点的位置来判断其所对应的影响因素对吉林省畜牧业绿色发展的影响程度，进一步推断该因素是否为吉林省畜牧业绿色发展的关键因素。

7.3.2 数据来源及问卷调查情况

7.3.2.1 数据来源

本章采用问卷调查和深度访谈形式，获取吉林省畜牧业绿色发展影响因素和因素间的关系强度。

7.3.2.2 问卷调查过程

为保证数据的合理性、可靠性和有效性，本章对问卷调查和访谈过程进行了控制，分为以下五步实施：第一步，以促进吉林省畜牧业绿色发展为目标，在畜牧业绿色发展影响机制分析的基础上，通过文献研究选取主体能力、市场需求、要素供给、技术进步和制度设计 5 个维度中影响程度较高的指标，初步确定关键影响因素；第二步，笔者征求了畜牧业管理局管理部门、相关高校和科研院所、典型畜牧企业的高管和技术人员等 10 位专家意见，最终确定了 5 个维度 25 个具体影响因素；第三步，确定问卷调查对象，具体由畜禽养殖企业人员 25 人、各级畜牧业管理局有关研究人员 25 人、具有资深经验的行业专家（包括高校、科研机构相关领域科研人员等）50 人等组成；第四步，通过实地访谈和通信方式（微信、QQ、邮件等）发放调查问卷，回收反馈结果，并进行资料整理归纳；第五步，就整理出的评价结果对第二步中咨询的专家进行回访，以确保数据的合理性和有效性。

调查问卷内容由被调研对象基本情况、影响因素指标解释和专家评分表等构成。调研期间为 2021 年 3—5 月。共发放问卷 100 份，最终回收问卷 95 份，剔除一些缺省数据较多和逻辑检验不能通过的问卷，有效问卷为 88 份，有效率为 92.63%。

7.3.2.3 调研对象分析

为保证研究的客观性，笔者选取了吉林省多年从事畜牧业研究领域的专家、学者、企业管理人员等作为被调研对象，并对专家的年龄、职称、工作经验及所从事的行业进行控制，具体情况如表 7 - 2 所示。

关于专家组成情况的合理性和有效性，从年龄结构看，31～50 岁

表 7 - 2　专家组成情况分析

统计指标	类别	频次	百分比（%）
年龄	30 岁及以下	9	10.23
	31～40 岁	34	38.64
	41～50 岁	30	34.09
	50 岁以上	15	17.04
职称	正高级职称	23	26.14
	教授或研究员	23	26.14
	副高级职称	41	46.59
	副教授或副研究员	26	29.55
	其他高级技术职务	15	17.04
	中级职称	24	27.27
	助理研究员	6	6.82
	其他中级技术职务	18	20.45
从事畜牧业相关领域工作年限	5 年及以下	6	6.82
	6～10 年	25	28.41
	11～20 年	27	30.68
	20 年及以上	30	34.09
行业背景	相关领域高校及科研机构	48	54.55
	畜牧业合作社及企业	23	26.14
	政府机构	17	19.31

的专家占 72.73%，30 岁以下和 50 岁以上占 27.27%，被调研人员多为年富力强的工作人员，专家年龄结构较为合理；从职称构成看，以高级职称为主，其中，正高级人员 26.14%，副高级人员 46.59%，中级职称人员 27.27%，被调研专家学识水平普遍较高，而且，37.49% 的专家具有相关行业专业技术职称，比较了解畜牧业发展情况；从从业时间来看，从业 10 年以内人员 35.23%，其中多为畜牧业企业从业人员，

10～20 年为 30.68%，20 年及以上为 34.09%，被调研专家工作经验比较丰富，可满足调研需求；从行业背景看，包括政府机关工作人员、高校教师、畜牧业企业高管和技术人员等。被调研专家对畜牧业领域及绿色发展研究具有较多实践经验，并能够积极配合调查研究，调研结果可信度较高。

7.3.2.4 评分标准

专家评分表采取 0～1 计分法，即由专家对两两因素之间的直接影响关系进行判断和比较，若有直接影响，则打分 1；若没有直接影响，则打分 0。问卷回收后，按照表 7-3 所示规则对专家打分结果进行统计与处理，最终得出吉林省畜牧业绿色发展影响因素的直接影响矩阵。

表 7-3 专家打分结果的整理规则

认为有影响的专家人数占总人数的比值（%）	80%以上（含 80%）	60%～80%（含 60%）	40%～60%（含 40%）	20%～40%（含 20%）	20%以下
影响因素（f_{ij}）赋值	4	3	2	1	0

为减少专家工作量，提高评价准确率，我们对专家评分表进行了专门设计，具体形式如表 7-4 所示，并附有提示语段：请专家由左侧第一列的各因素逐一与第一行的各因素相比较，判断值填在两因素相交的空白单元格内。

7.3.3 数据处理结果

根据式 7-1 至式 7-7，通过对问卷结果进行整理与计算，得到吉林省畜牧业绿色发展的直接影响矩阵 F，规范化影响矩阵 X 和综合影响矩阵 T（表 7-5 至表 7-7），进一步求得各因素的影响度、被影响度、中心度和原因度，结果如表 7-8 所示。

表 7 - 4 吉林省畜牧业绿色发展影响因素体系中各评价指标的相互影响程度评分表

f_{ij}	f_1	f_2	f_3	f_4	f_5	f_6	f_7	f_8	f_9	f_{10}	f_{11}	f_{12}	f_{13}	f_{14}	f_{15}	f_{16}	f_{17}	f_{18}	f_{19}	f_{20}	f_{21}	f_{22}	f_{23}	f_{24}	f_{25}
f_1	o																								
f_2		o																							
f_3			o																						
f_4				o																					
f_5					o																				
f_6						o																			
f_7							o																		
f_8								o																	
f_9									o																
f_{10}										o															
f_{11}											o														
f_{12}												o													
f_{13}													o												
f_{14}														o											
f_{15}															o										
f_{16}																o									
f_{17}																	o								
f_{18}																		o							
f_{19}																			o						
f_{20}																				o					
f_{21}																					o				
f_{22}																						o			
f_{23}																							o		
f_{24}																								o	
f_{25}																									o

表 7 - 5 吉林省畜牧绿色发展影响因素的直接影响矩阵

f_{ij}	f_1	f_2	f_3	f_4	f_5	f_6	f_7	f_8	f_9	f_{10}	f_{11}	f_{12}	f_{13}	f_{14}	f_{15}	f_{16}	f_{17}	f_{18}	f_{19}	f_{20}	f_{21}	f_{22}	f_{23}	f_{24}	f_{25}
f_1	0	1	2	2	3	0	0	1	1	2	0	3	2	3	2	2	2	2	2	3	2	1	1	1	1
f_2	2	0	3	2	2	1	0	2	1	1	2	3	1	3	3	3	3	2	2	2	2	1	1	1	1
f_3	2	4	0	2	2	2	0	2	1	1	2	2	1	1	1	2	1	2	1	1	2	1	1	2	1
f_4	3	3	2	0	3	1	2	3	2	3	1	0	2	2	0	2	1	2	2	2	1	0	0	1	1
f_5	4	0	0	3	0	1	3	2	2	3	2	0	2	0	0	2	0	1	1	1	1	0	2	0	2
f_6	2	0	0	3	1	0	0	2	3	0	0	1	0	0	0	1	0	0	2	0	0	0	2	0	0
f_7	1	1	0	2	3	0	0	2	4	3	0	2	1	0	1	0	2	2	0	2	2	0	0	0	0
f_8	0	0	2	3	2	3	2	0	2	0	3	2	0	2	0	0	0	3	0	1	2	3	0	1	1
f_9	4	0	2	2	2	2	3	3	0	3	0	0	2	2	2	0	2	2	2	2	2	3	2	1	0
f_{10}	3	1	1	3	2	4	3	3	3	0	0	3	0	0	0	0	3	3	1	0	2	3	0	0	3
f_{11}	1	1	0	1	2	3	0	1	0	0	0	2	0	0	1	0	1	3	3	2	2	1	1	1	0
f_{12}	1	2	1	2	0	0	0	0	3	0	3	0	0	0	1	0	0	0	1	0	2	0	0	0	3
f_{13}	0	0	1	0	2	2	2	2	2	2	0	0	0	2	2	2	2	2	2	2	2	0	2	0	0
f_{14}	0	2	0	2	2	2	2	2	0	3	3	2	2	0	2	2	2	2	2	2	1	3	1	0	1
f_{15}	0	3	2	0	2	0	0	2	2	3	1	3	1	2	0	2	2	2	1	2	2	3	2	1	1
f_{16}	1	2	1	2	2	2	2	1	1	2	2	2	2	2	2	0	1	2	2	2	2	3	3	1	1
f_{17}	1	0	1	1	0	2	0	0	2	3	3	0	2	2	1	1	0	2	2	2	3	3	4	1	1
f_{18}	0	2	2	2	1	0	0	1	1	3	1	0	2	1	1	2	2	0	2	2	1	3	1	1	1
f_{19}	0	2	0	2	1	2	0	2	2	2	0	2	0	0	2	0	2	2	0	2	2	2	3	4	2
f_{20}	3	2	0	2	1	0	2	2	2	2	0	0	2	2	1	0	2	2	2	0	2	2	1	0	0
f_{21}	2	2	2	1	1	0	0	2	4	3	3	2	1	2	1	0	3	2	2	2	0	4	3	4	2
f_{22}	3	2	2	0	0	0	0	2	3	3	1	1	1	2	2	1	2	2	2	3	3	0	4	1	3
f_{23}	2	3	1	0	2	2	0	0	2	2	2	1	2	2	2	0	3	2	2	2	1	0	0	2	2
f_{24}	1	2	1	1	0	0	0	2	2	2	3	1	1	2	1	1	2	3	2	3	2	2	2	0	2
f_{25}	1	1	1	1	2	0	0	1	2	2	3	1	1	2	1	1	2	2	2	2	3	4	2	3	0

表 7 - 6　吉林省畜牧业绿色发展影响因素的规范化影响矩阵

f_j	f_1	f_2	f_3	f_4	f_5	f_6	f_7	f_8	f_9	f_{10}	f_{11}	f_{12}	f_{13}	f_{14}	f_{15}	f_{16}	f_{17}	f_{18}	f_{19}	f_{20}	f_{21}	f_{22}	f_{23}	f_{24}	f_{25}
f_1	0	0.019	0.019	0.037	0.056	0	0	0.019	0.037	0.037	0	0.056	0.056	0.056	0.037	0.037	0.037	0.037	0.037	0.037	0.056	0.019	0.019	0.019	0.019
f_2	0.037	0	0.056	0.037	0.037	0.019	0	0.037	0.019	0.019	0.037	0.056	0.019	0.056	0.037	0.056	0.056	0.037	0.037	0.056	0.037	0.019	0.019	0.037	0.019
f_3	0.037	0.074	0	0	0.037	0.037	0	0.037	0.019	0.019	0.019	0.037	0.019	0.019	0.019	0.037	0.019	0.019	0.019	0.037	0.037	0.019	0	0.019	0.019
f_4	0.056	0.056	0.037	0	0.056	0.019	0.037	0.056	0.037	0.056	0.037	0.037	0	0.019	0	0	0.019	0.037	0.037	0.037	0.019	0	0	0	0.019
f_5	0.074	0	0	0.056	0	0.019	0.056	0.037	0.037	0.056	0.037	0	0	0	0	0	0	0	0.019	0	0.019	0	0.037	0	0.037
f_6	0.037	0	0	0	0.019	0	0.019	0.037	0.056	0.019	0.019	0.019	0	0	0	0	0	0	0	0.019	0.019	0	0.037	0	0
f_7	0.019	0.019	0	0	0	0.056	0	0.037	0.037	0.037	0	0	0	0	0	0	0	0	0	0.019	0.019	0.019	0	0	0
f_8	0	0	0	0.037	0.037	0.037	0.037	0	0.037	0.037	0	0.037	0	0	0.037	0.037	0.019	0.019	0.019	0.037	0.037	0.019	0	0	0
f_9	0.074	0	0.037	0.037	0.037	0.074	0.056	0.056	0	0.056	0	0.037	0	0.019	0.019	0	0.037	0.019	0.037	0.037	0.037	0.037	0.019	0.019	0.019
f_{10}	0.056	0	0	0	0.037	0.056	0	0.019	0.056	0	0.056	0.056	0	0	0	0	0.056	0.056	0.056	0.037	0.037	0.019	0.037	0.019	0.056
f_{11}	0.019	0.019	0.019	0.019	0.019	0	0	0.019	0.056	0.056	0	0.037	0	0.019	0	0	0.019	0.056	0.019	0	0.037	0	0	0	0
f_{12}	0.019	0.019	0	0.019	0.019	0	0	0.019	0.056	0.037	0.037	0	0	0	0.019	0	0.037	0.037	0.037	0.037	0.019	0.019	0	0	0
f_{13}	0	0.019	0	0	0	0	0	0	0	0	0.019	0	0	0.037	0.037	0	0	0	0	0.019	0	0	0.037	0	0
f_{14}	0	0.037	0.019	0.037	0.019	0	0	0.037	0.037	0.019	0.056	0.037	0.037	0	0.037	0.037	0.037	0.019	0.037	0.037	0.037	0.037	0.019	0.019	0.019
f_{15}	0.019	0.019	0	0	0	0	0.037	0.037	0	0	0	0	0.019	0	0	0.019	0.037	0.037	0.019	0.037	0.019	0.019	0	0	0.019
f_{16}	0	0	0.037	0.019	0	0.037	0	0	0.037	0	0	0.037	0.019	0.037	0.037	0	0	0.037	0.037	0.037	0.019	0.019	0	0	0.019
f_{17}	0.019	0.056	0.037	0.037	0.037	0.037	0	0.037	0.056	0.056	0.056	0.037	0.019	0.037	0.037	0.037	0	0.056	0.037	0.037	0.019	0.056	0.056	0.019	0.019
f_{18}	0	0.037	0.019	0.019	0	0	0	0.037	0	0	0	0.056	0	0	0	0.019	0.037	0	0.037	0.037	0.019	0.019	0.019	0.019	0.019
f_{19}	0	0.037	0	0.037	0.037	0	0	0.019	0.037	0.037	0.037	0	0.037	0.019	0.019	0.019	0.037	0.019	0	0.037	0.019	0.037	0.056	0	0.019
f_{20}	0	0.037	0	0	0.019	0.019	0	0.019	0.019	0.037	0	0.037	0	0.037	0.037	0.037	0.019	0.037	0.037	0	0.019	0.037	0.019	0.019	0.037
f_{21}	0.056	0.037	0.037	0.037	0.037	0.019	0	0.037	0.074	0.056	0.056	0.037	0.019	0.037	0.037	0.019	0.037	0.037	0.037	0.037	0	0.074	0.074	0.074	0.056
f_{22}	0.037	0.037	0.019	0.037	0.037	0.019	0	0.037	0.056	0.056	0.019	0.037	0.037	0.056	0.037	0.019	0.056	0.037	0.037	0.037	0.056	0	0.056	0.019	0.056
f_{23}	0.056	0.056	0.037	0.037	0	0.037	0	0.019	0.056	0.056	0.056	0.019	0.019	0.037	0.019	0.037	0.037	0.056	0.037	0.056	0.019	0.056	0	0.037	0.056
f_{24}	0.037	0.037	0.019	0.019	0.037	0.037	0	0.037	0.037	0.037	0.037	0.037	0.019	0.037	0.037	0.019	0.037	0.037	0.037	0.037	0.037	0.074	0.037	0	0.037
f_{25}	0.019	0.019	0.019	0	0	0	0	0.019	0.037	0.037	0.056	0.019	0	0.037	0.019	0.019	0.019	0.037	0.037	0.037	0.056	0.074	0.037	0.056	0

表 7 - 7 吉林省畜牧业绿色发展影响因素的综合影响矩阵

f_b	f_1	f_2	f_3	f_4	f_5	f_6	f_7	f_8	f_9	f_{10}	f_{11}	f_{12}	f_{13}	f_{14}	f_{15}	f_{16}	f_{17}	f_{18}	f_{19}	f_{20}	f_{21}	f_{22}	f_{23}	f_{24}	f_{25}
f_1	0.048	0.068	0.067	0.083	0.099	0.036	0.018	0.060	0.080	0.092	0.026	0.103	0.065	0.096	0.076	0.064	0.091	0.094	0.093	0.108	0.081	0.062	0.063	0.047	0.056
f_2	0.089	0.057	0.090	0.088	0.088	0.058	0.019	0.083	0.089	0.083	0.066	0.109	0.050	0.103	0.081	0.086	0.116	0.103	0.099	0.098	0.089	0.068	0.067	0.069	0.061
f_3	0.081	0.113	0.031	0.078	0.079	0.068	0.016	0.075	0.075	0.070	0.042	0.081	0.043	0.058	0.053	0.063	0.068	0.070	0.068	0.067	0.078	0.056	0.057	0.045	0.051
f_4	0.103	0.099	0.068	0.049	0.101	0.058	0.056	0.097	0.100	0.111	0.059	0.087	0.063	0.077	0.055	0.064	0.073	0.093	0.092	0.089	0.065	0.041	0.043	0.028	0.054
f_5	0.108	0.028	0.023	0.084	0.034	0.047	0.068	0.067	0.080	0.095	0.016	0.034	0.056	0.027	0.023	0.017	0.035	0.037	0.055	0.037	0.048	0.025	0.064	0.019	0.057
f_6	0.058	0.016	0.013	0.020	0.038	0.018	0.010	0.053	0.079	0.043	0.007	0.038	0.011	0.016	0.013	0.008	0.021	0.040	0.040	0.040	0.018	0.015	0.052	0.011	0.013
f_7	0.038	0.028	0.011	0.016	0.017	0.072	0.009	0.053	0.093	0.056	0.005	0.017	0.008	0.011	0.010	0.006	0.017	0.018	0.018	0.018	0.015	0.010	0.014	0.008	0.009
f_8	0.030	0.021	0.016	0.060	0.060	0.059	0.048	0.025	0.071	0.068	0.011	0.025	0.013	0.019	0.016	0.010	0.043	0.045	0.045	0.043	0.057	0.037	0.024	0.014	0.018
f_9	0.124	0.047	0.067	0.084	0.085	0.113	0.073	0.101	0.069	0.115	0.023	0.088	0.046	0.060	0.055	0.026	0.089	0.093	0.092	0.091	0.082	0.059	0.065	0.046	0.053
f_{10}	0.101	0.043	0.048	0.078	0.079	0.089	0.017	0.058	0.111	0.055	0.019	0.100	0.025	0.039	0.034	0.023	0.101	0.105	0.104	0.086	0.075	0.038	0.078	0.043	0.032
f_{11}	0.054	0.048	0.042	0.050	0.048	0.026	0.012	0.029	0.097	0.094	0.018	0.072	0.046	0.046	0.026	0.017	0.056	0.094	0.057	0.038	0.069	0.030	0.031	0.023	0.078
f_{12}	0.048	0.046	0.021	0.047	0.029	0.042	0.011	0.027	0.091	0.070	0.014	0.032	0.016	0.062	0.042	0.016	0.070	0.072	0.071	0.070	0.046	0.044	0.028	0.018	0.022
f_{13}	0.017	0.038	0.012	0.034	0.034	0.014	0.007	0.015	0.023	0.020	0.008	0.053	0.010	0.017	0.051	0.047	0.039	0.040	0.039	0.038	0.016	0.016	0.051	0.010	0.014
f_{14}	0.041	0.077	0.046	0.074	0.056	0.030	0.015	0.037	0.087	0.066	0.076	0.044	0.059	0.037	0.069	0.042	0.082	0.086	0.082	0.080	0.075	0.071	0.039	0.043	0.052
f_{15}	0.039	0.043	0.016	0.022	0.022	0.055	0.044	0.057	0.034	0.028	0.012	0.042	0.030	0.056	0.021	0.050	0.063	0.065	0.046	0.046	0.040	0.024	0.023	0.015	0.035
f_{16}	0.032	0.069	0.040	0.030	0.048	0.025	0.011	0.030	0.075	0.038	0.017	0.034	0.018	0.031	0.063	0.018	0.074	0.074	0.072	0.072	0.049	0.084	0.050	0.039	0.045
f_{17}	0.074	0.107	0.072	0.087	0.087	0.078	0.019	0.084	0.089	0.116	0.029	0.091	0.030	0.084	0.078	0.084	0.063	0.118	0.098	0.097	0.070	0.100	0.102	0.051	0.059
f_{18}	0.031	0.068	0.039	0.046	0.028	0.025	0.011	0.028	0.074	0.037	0.016	0.086	0.017	0.031	0.062	0.036	0.073	0.038	0.072	0.072	0.047	0.047	0.046	0.037	0.042
f_{19}	0.04	0.071	0.026	0.071	0.071	0.029	0.015	0.051	0.082	0.079	0.020	0.037	0.057	0.050	0.046	0.038	0.060	0.061	0.049	0.076	0.052	0.067	0.087	0.023	0.047
f_{20}	0.035	0.070	0.024	0.051	0.050	0.044	0.012	0.049	0.064	0.06	0.020	0.071	0.020	0.068	0.046	0.019	0.076	0.078	0.076	0.040	0.052	0.068	0.051	0.040	0.063
f_{21}	0.130	0.106	0.086	0.104	0.105	0.074	0.026	0.100	0.164	0.143	0.095	0.112	0.06	0.102	0.092	0.038	0.120	0.124	0.119	0.117	0.072	0.134	0.137	0.116	0.112
f_{22}	0.100	0.095	0.061	0.094	0.094	0.066	0.023	0.090	0.132	0.128	0.053	0.099	0.053	0.109	0.083	0.033	0.123	0.110	0.107	0.105	0.113	0.055	0.110	0.058	0.101
f_{23}	0.111	0.106	0.074	0.072	0.089	0.078	0.019	0.067	0.123	0.119	0.065	0.078	0.050	0.086	0.061	0.031	0.099	0.102	0.099	0.098	0.072	0.083	0.051	0.070	0.079
f_{24}	0.090	0.092	0.057	0.071	0.071	0.042	0.019	0.083	0.108	0.103	0.084	0.096	0.067	0.087	0.081	0.050	0.119	0.123	0.101	0.117	0.091	0.087	0.087	0.035	0.081
f_{25}	0.069	0.069	0.053	0.049	0.048	0.037	0.015	0.062	0.103	0.098	0.084	0.072	0.046	0.083	0.060	0.044	0.097	0.100	0.095	0.094	0.105	0.119	0.085	0.087	0.044

表 7 - 8　吉林省畜牧业绿色发展影响因素的综合影响关系

影响因素	影响度 D	被影响度 C	中心度 M	中心度排序	原因度 R	原因度排序
f_1 绿色生产意识	1.777	1.692	3.469	8	0.085	1
f_2 绿色生产能力	2.008	1.624	3.632	5	0.384	8
f_3 职业畜禽劳动力数量	1.585	1.103	2.688	18	0.482	6
f_4 畜禽养殖组织化程度	1.825	1.539	3.364	9	0.286	10
f_5 主体协作程度	1.185	1.561	2.746	17	−0.376	−8
f_6 绿色畜产品消费意愿	0.690	1.283	1.973	23	−0.593	−4
f_7 居民消费能力	0.577	0.591	1.168	25	−0.014	−12
f_8 绿色畜产品消费渠道	0.877	1.483	2.360	19	−0.606	−3
f_9 绿色畜产品定价	1.847	2.192	4.039	2	−0.345	−10
f_{10} 绿色畜产品质量认证	1.580	1.986	3.566	6	−0.406	−7
f_{11} 自然资源禀赋	1.175	0.885	2.060	22	0.290	9
f_{12} 绿色生产资料	1.053	1.703	2.756	16	−0.650	−2
f_{13} 畜牧业基础设施	0.663	0.931	1.594	24	−0.268	−11
f_{14} 粪污处理设施装备配套率	1.466	1.454	2.920	15	0.012	13
f_{15} 畜牧业绿色金融支持	0.927	1.296	2.223	20	−0.369	−9
f_{16} 技术创新模式选择	1.140	0.932	2.072	21	0.208	11
f_{17} 畜牧业绿色技术	1.968	1.867	3.835	3	0.101	12
f_{18} 绿色技术投入费用	1.109	1.981	3.090	12	−0.872	−1
f_{19} 技术合作创新平台	1.295	1.883	3.178	10	−0.588	−5
f_{20} 技术推广应用体系	1.247	1.834	3.081	13	−0.587	−6
f_{21} 畜牧业绿色发展规制	2.588	1.576	4.164	1	1.012	3
f_{22} 属地管理责任制	2.194	1.442	3.636	4	0.752	4
f_{23} 畜产品质量安全追溯制度	1.983	1.505	3.488	7	0.478	7
f_{24} 畜牧业补贴制度	2.043	0.997	3.040	14	1.046	2
f_{25} 生态补偿制度	1.818	1.279	3.097	11	0.539	5

　　对影响因素进行分类分析，即分别对每个一级指标下二级指标的影响度、被影响度、中心度、原因度进行求和，即可得到一级指标对吉林省畜牧业绿色发展的综合影响关系，结果如表 7 - 9 所示。

表 7 - 9　吉林省畜牧业绿色发展影响因素（一级指标）的综合影响结果

一级指标	主体能力	市场需求	要素供给	技术进步	制度设计
综合影响度	8.380	5.571	5.284	6.759	10.626
综合被影响度	7.519	7.535	6.269	8.497	6.799
中心度	15.899	13.106	11.553	15.256	17.425
原因度	0.861	−1.964	−0.985	−1.738	3.827

7.3.4　关键影响因素分析

7.3.4.1　分析原理

根据决策与试验评价实验法，中心度（M_i）反映因素对系统的作用强度，原因度（R_i）反映因素对系统的作用方向和作用程度。在本章研究中，根据表 7 - 8 结果，分别以中心度（M_i）为横轴、以原因度（R_i）为纵轴，建立吉林省畜牧业绿色发展影响因素的坐标系，坐标系中的点表示某一影响因素的中心度（M_i）和原因度（R_i）构成的点。处于坐标轴上方的点为原因型影响因素，处于坐标轴下方的点则为结果型影响因素。由于中心度（M_i）越大则其重要性程度越大，可判断距离坐标原点越远的因素，对吉林省畜牧业绿色化发展的作用程度越大，越为关键因素；由于原因度（R_i）的绝对值越大对系统施加影响产生的效果越明显，则越远离横坐标轴的因素对吉林省畜牧业绿色发展的影响效果越明显。如图 7 - 8 所示，影响因素在坐标系中的位置越靠近右上方或越接近右下方，其对吉林省畜牧业绿色发展的影响作用就越大，为吉林省畜牧业绿色发展的关键影响因素。

如图 7 - 8 所示，过横轴上的点（2.500，0.000）画一条中心轴，则大部分的点都在中心轴的右侧，说明所选影响因素中大多数因素的影响因素影响作用较强；中心轴左侧的影响因素，主要为供给要素，虽然对系统的影响作用不及中心轴右侧的影响因素作用强度大，但却

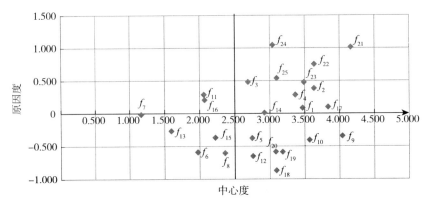

图 7-8 吉林省畜牧业绿色发展的影响因素坐标体系

是畜牧业绿色发展的基础支撑。总体来看，影响因素取值，中心度（M_i）为 $1.168 \leqslant M_i \leqslant 4.164$，原因度（$R_i$）为 $-0.872 \leqslant R_i \leqslant 0.875$，影响因素坐标点分布比较集中，都是吉林省畜牧业绿色发展的重要影响因素。

通过构建吉林省畜牧业绿色发展的影响因素坐标系，可以直观清晰地看出各个影响因素对于吉林省畜牧业绿色发展的影响方向及影响作用的大小。下述分别以影响因素的中心度和原因度两个角度，探寻吉林省畜牧业绿色发展的关键影响因素。

7.3.4.2 基于中心度（M_i）的分析

在本章中，中心度（M_i）表示影响因素对吉林省畜牧业绿色发展的影响程度，中心度（M_i）越大说明该影响因素的影响力越强。

比较表 7-9 中吉林省畜牧业绿色发展影响因素一级指标的影响结果，中心度（M_i）排序如下：制度设计＞主体能力＞技术进步＞市场需求＞要素供给。

从各个二级指标的中心度（M_i）来看（表 7-8），各影响因素对吉林省畜牧业绿色发展的影响作用由强到弱的顺序依次为：畜牧业绿色发展规制（f_{21}）＞绿色畜产品定价（f_9）＞畜牧业绿色技术（f_{17}）＞属地管理责任制度（f_{22}）＞绿色生产能力（f_2）＞绿色畜产品质量认证

（f_{10}）＞畜产品质量安全追溯制度（f_{23}）＞绿色生产意识（f_1）＞畜禽养殖组织化程度（f_4）＞技术合作创新平台（f_{19}）＞生态补偿制度（f_{25}）＞绿色技术投入费用（f_{18}）＞技术推广应用体系（f_{20}）＞畜牧业补贴制度（f_{24}）＞粪污处理设施装备配套率（f_{14}）＞绿色生产资料（f_{12}）＞主体协作程度（f_5）＞职业畜禽劳动力数量（f_3）＞绿色畜产品消费渠道（f_8）＞畜牧业绿色金融支持（f_{15}）＞技术创新模式选择（f_{16}）＞自然资源禀赋（f_{11}）＞绿色畜产品消费意愿（f_6）＞畜牧业基础设施（f_{13}）＞居民消费能力（f_7）。

以上排序结果揭示以下内容：

（1）目前，吉林省决定畜牧业绿色发展情况的最关键因素为制度设计。制度设计反映了国家或地区在畜牧业绿色发展方面出台的相关政策、法规和规定的指导思想、实施策略和具体内容等，从国家政策和制度安排上为畜牧业绿色发展保驾护航。谋求绿色发展在一定程度上会增加生产主体的投入成本，如果没有制度约束，将会使部分生产主体产生侥幸心理和"搭便车"思想，趁机捞取行业中已经形成的绿色发展环境带来的经济利益。从实证结果来看，制度设计各因素排名比较靠前，发挥了约束和导向作用。其中，畜牧业绿色发展规制、属地管理责任制对生产主体触犯绿色发展的行为提出了强制性要求，而畜牧业补贴制度、生态补偿制度则从另一侧面对从事畜牧业绿色发展的生产主体给予了相应的补偿，畜产品质量追溯制度则从制度层面对畜牧业绿色产品消费提供了保障，维护消费者利益，也维护了诚实守信的绿色畜产品生产主体的利益。

（2）主体能力作为推动事物发展的能动因素，是影响吉林省畜牧业绿色发展的第二个关键因素。主体能力反映了畜牧业生产主体在市场需求、要素供给、技术进步和制度设计的共同影响下从事绿色发展的能力，同时，生产主体的能力改变也对市场需求、要素供给、技术进步和制度设计产生影响，各因素产生协同效应，并对畜牧业绿色发展产生影响。从吉林省的目前情况来看，绿色生产意识、绿色生产能力和畜禽养殖组织化程度等二级指标排序比较靠前，主要是因为畜牧业龙头企业、合作组织及养殖大户等主体是畜牧业绿色发展的关键实施者，以主体特质、组成结构及相互协作程度为体现的主体能力是影响畜牧业绿色发展的重要因素，因此，提升主体能力对吉林省畜牧业绿色化发展至关重要。

（3）科学技术是第一生产力，技术进步作为畜牧业绿色发展的重要支持条件，是影响吉林省畜牧业绿色发展的第三个关键因素。从实证结果看，在吉林省畜牧业绿色发展影响因素指标体系中，畜牧业绿色技术发挥了重要影响，在二级指标中排名第三。通过采纳绿色技术，对畜牧业种质、畜产品质量、产地环境清洁、资源节约和生态保育等各方面产生重要影响，技术合作创新平台、绿色技术投入费用、技术推广应用体系排名在全部影响因素中比较靠前，表明技术的研发、推广和应用之间紧密的关系，技术合作创新平台的建设有利于优质技术的研发和推广扩散。尽管对于生产主体而言，技术创新模式属于战略决策层面，但就目前吉林省的实际情况看，该因素对畜牧业绿色发展还没有起到主导作用。

（4）市场需求是影响吉林省畜牧业绿色发展的第四个关键因素。在现代经济环境中，市场发挥着资源配置作用，作为一个非常活跃的因素，市场需求对生产主体、要素供给、技术进步和制度设计都将产生影响，从而进一步影响畜牧业绿色发展。从实证结果看，二级指标中，绿色畜产品定价排第二，绿色畜产品质量认证排序第六，对吉林省畜牧业绿色发展发挥重要影响；随着人们购物习惯的改变、电商平台及其他线上交易的发展，绿色畜产品消费渠道受到关注；从目前来看，绿色畜产品消费意愿和居民消费能力的排名比较靠后，是否是由于居民生活水平已普遍提高、购买力增强，居民消费能力已不再成为重要的影响因素？关于这两个指标，后续研究中将进一步跟进。

（5）要素供给作为生产主体进行绿色生产的基础条件，在吉林省畜牧业绿色发展中发挥重要影响。从实证结果看，相对于制度设计、主体能力、技术进步和市场需求，要素供给的影响相对较弱。这主要是因为畜牧业绿色生产的主要要素包括自然资源禀赋和畜牧业基础设施，而这些要素的功能和品质取决于自然条件或较难发生改变，但又是畜牧业绿色生产的必备支撑条件，不可或缺；而粪污处理设施装备配套率、绿色生产资料排名较靠前，发挥了重要影响；畜牧业绿色金融支持对吉林省畜牧业绿色发展也起到积极的推动作用。

7.3.4.3　基于原因度（R_i）的分析

原因度（R_i）说明因素作用于系统的影响方向和影响程度。由图7-8可以看出，吉林省畜牧业绿色发展的影响因素分布于横轴的上方和下方，分为原因型因素（原因度 R_i 大于 0）和结果型因素（原因度 R_i 小于 0）；不论是原因型因素还是结果型因素，其绝对值的大小均反映影响程度的强弱。

比较表7-9中吉林省畜牧业绿色发展影响因素一级指标中的原因度（R_i）的结果，其中原因型因素为制度设计和主体能力，且制度设计＞主体能力，表明制度设计和主体能力从整体上体现为对系统及其他因素的影响大于自身受到的影响，对吉林省畜牧业绿色发展起决定性作用，并且在目前情况下制度设计的影响要大于主体能力的影响；结果型因素为市场需求、要素供给和技术进步，且市场需求＞技术进步＞要素供给，表明市场需求、要素供给和技术进步更容易受到来自其他因素的影响而发生响应，并在目前环境中，受到影响而发生响应的效果或转变最为明显的是市场需求，其次是技术进步，要素供给的改变最为缓慢。

比较各个二级指标的原因度（R_i）（表7-8），当原因度（R_i）＞0时，该影响因素即为原因型因素。原因型因素是畜牧业绿色发展的直接影响因素，会对其他因素和整个系统产生直接影响，要改变该因素存在一定的难度，且数值越大影响程度越大，改变难度也越大。通过对原因因素进行排序，得到吉林省畜牧业绿色发展中发挥根本性推动作用的因素及其作用程度如下：绿色生产意识（f_1）＞畜牧业补贴制度（f_{24}）＞畜牧业绿色发展规制（f_{21}）＞属地管理责任制度（f_{22}）＞生态补偿制度（f_{25}）＞职业畜禽劳动力数量（f_3）＞畜产品质量安全追溯制度（f_{23}）＞绿色生产能力（f_2）＞自然资源禀赋（f_{11}）＞畜禽养殖组织化程度（f_4）＞技术创新模式选择（f_{16}）＞畜牧业绿色技术（f_{17}）＞粪污处理设施装备配套率（f_{14}）。从原因型因素排序来看：制度设计的 5 个二级指标的原因度（R_i）均大于 0，而且排序靠前，揭示出政策与制度安排在维护和推进畜牧业绿色发展中的地位——推进畜牧业绿色发展的决定因素。在畜牧业绿色发展的过程中，需要投入充足的人力、资金以及营造良好的生产环境，这就需要以政府为主导，制定和完善畜牧业绿色发展相关制度和政策措施，以推动畜牧业绿色发展。生产能力有 4 个二级指标的原因度（R_i）大于 0，且排序比较靠前。畜牧业绿色发展对主体能力要求较高，绿色发展的直接实施者是畜牧业生产主体，生产主体的绿色生产意识、绿色生产能力、职业劳动力数量及组织化程度对其是否采纳绿色生产技术、绿色生产资料生产绿色畜产品有直接的影响，进而对绿色发展产生影响。技术创新模式选择是技术进步中的战略性考量，选择是否正确关乎技术创新的成败，在技术进步中起决定性作用；畜牧业绿色技术有利于提高绿色畜产品质量，降低环境污染，绿色技术创新是推动畜牧业绿色化发展的根本途径。自然资源禀赋是畜牧业绿色发展的天然条件，对畜牧业绿色发展产生直接影响；而粪污处理设施装备配套率则是衡量绿色生产要素的关键指标。这些原因型因素直接影响吉林省畜牧业绿色发展。

当原因度（R_i）＜0 时，该影响因素即为结果型因素。结果型因素是畜牧业绿色发展的间接影响因素，会受其他因素的影响进而对畜牧业绿色发展产生影响，结果型因素较容易被改变，若其绝对值越大则越容易被改变。与原因型因素相比，结果型因素虽不能从根源上推动绿色发展，但在解决实际问题过程中容易产生效果。按原因度绝对值大小对结果型因素进行排序，具体如下：绿色技术投入费用（f_{18}）＞绿色生产资料（f_{12}）＞绿色畜产品消费渠道（f_8）＞绿色畜产品消费意愿（f_6）＞技术合作创新平台（f_{19}）＞技术推广应用体系（f_{20}）＞绿色畜产品质量认证（f_{10}）＞主体协作程度（f_5）＞畜牧业绿色金融支持（f_{15}）＞绿色畜产品定价（f_9）＞畜牧业基础设施（f_{13}）＞居民消费能力（f_7）。上述指标主要分布在市场需求、要素供给、技术创新和技术扩散、主体协作程度等方面，由这几个角度出发，改进畜牧业发展模式较容易取得效果。其中，市场需求的 5 个指标都属于结果型因素，目前吉林省畜牧业绿色发展从刺激市场需求入手，推动畜牧业绿色发展会取得较强的效果；要素供给有 3 个指标的原因度（R_i）＜0，包括绿色生产资料、畜牧业绿色金融支持、畜牧业基础设施，实证结果表明这些因素易于受到影响而改变，其中，投入畜牧业生产所必需的生产资料是否绿色化会对畜产品生产、质量安全以及生态环境造成影响，绿色金融支持和基础设施的改善将有利于促进绿色生产；技术进步有 3 个指标的原因度（R_i）＜0，包括绿色技术投入费用、技术合作创新平台、技术推广应用体系等，增加绿色技术投入、开展合作创新、加强技术推广扩散，将有利于提高现代化水平、提高生产效率、提高产品质量；主体协作程度的原因度（R_i）＜0，是主体能力唯一的结果型因素，实证结果表明，推动具备绿色生产能力、组织化程度较强的生产主体，尤其是畜牧业龙头企业，加强与研发机构、技术推广组织和产品推介服务平台等多元主体协同合作，发挥协同效应，将更有利于吉林省畜牧业绿色发展。

7.4 本章小结

本章基于循环经济理论和可持续发展理论，结合文献研究和深入访谈，构建了吉林省畜牧业绿色发展影响因素指标体系，并通过问卷调查和运用决策与试验评价实验室法进行实证分析，以揭示吉林省畜牧业绿色发展的关键影响因素。主要结论如下。

（1）研究结果表明，吉林省畜牧业绿色发展影响因素主要来源主体能力、市场需求、要素供给、技术进步和制度设计5类。5类因素的影响程度排序依次如下：制度设计＞主体能力＞技术进步＞市场需求＞要素供给。其中，制度设计和主体能力为原因型因素，而技术进步、市场需求、要素供给为结果型因素。原因型因素是畜牧业绿色发展的直接影响因素，起决定性作用；结果型因素更易于受到影响而改变，且在目前环境中，受到影响而发生响应的效果或转变最为明显的是市场需求，其次是技术进步，要素供给的改变最为缓慢。研究结果为推动吉林省畜牧业绿色发展的对策建议给出了方向，采取恰当措施作用于结果型因素可能产生更明显的效果，各因素相互影响将共同推进吉林省畜牧业绿色发展。

（2）研究表明，大多数影响因素均为关键影响因素。根据中心度（M_i）越大则其对系统的作用强度越大，结合吉林省畜牧业绿色发展影响因素坐标体系（图7-8）内点的分布特征，以"中心度（M_i）＝2.5"为临界值，M_i大于2.5的影响因素均为关键因素，那么，大多数因素均为关键因素，其影响程度依次为畜牧业绿色发展规制、绿色畜产品定价、畜牧业绿色技术、属地管理责任制度、绿色生产能力、绿色畜产品质量认证、畜产品质量安全追溯制度、绿色生产意识、畜禽养殖组织化程度、技术合作创新平台、生态补偿制度、绿色技术投入费用、技术推广应用体系、畜牧业补贴制度、粪污处理设施装备配套率、绿色生产资料、主体协作程度、职业畜禽劳动力数量。

（3）研究表明，原因型因素与结果型因素共同影响吉林省畜牧业绿色发展。根据原因度（R_i）能说明因素作用于系统的影响方向和作用强度，结合图7-8，其中原因型因素（原因度R_i大于0）共13项，依次为绿色生产意识、畜牧业补贴制度、畜牧业绿色发展规制、属地管理责任制度、生态补偿制度、职业畜禽劳动力数量、畜产品质量安全追溯制度、绿色生产能力、自然资源禀赋、畜禽养殖组织化程度、技术创新模式选择、畜牧业绿色技术、粪污处理设施装备配套率；结果型因素（原因度 R_i 小于 0）共 12 项，依次为绿色技术投入费用、绿色生产资料、绿色畜产品消费渠道、绿色畜产品消费意愿、技术合作创新平台、技术推广应用体系、绿色畜产品质量认证、主体协作程度、畜牧业绿色金融支持、绿色畜产品定价、畜牧业基础设施、居民消费能力。

8 国外农牧业绿色发展的经验与启示

他山之石可以攻玉。国外农牧业发达国家，如美国、德国、荷兰、日本、以色列等国家在发展生态农业、有机农业、循环农业促进农牧业可持续发展过程中，积累了丰富的实践经验，可为吉林省农牧业绿色发展提供借鉴和参考。本章在对国外发达国家农业绿色发展的演进与主要经验进行总结和梳理的基础上，探讨提出了有利于促进吉林省农业绿色发展的启示；同时，通过对国外发达国家畜牧业绿色发展的主要经验进行总结和梳理，探讨提出了有利于促进吉林省畜牧业绿色发展的启示。

8.1 国外农业绿色发展的经验与启示

8.1.1 国外农业绿色发展的演进与主要经验

关于农业绿色发展，在概念界定和语义描述上，主要体现在国内的生态环境保护与治理及绿色有机农产品等农业可持续发展领域。国外相关领域研究主要从可持续发展和循环经济的角度进行论述，语言表述多采用"可持续农业"或"循环农业"等。因此，在以下论述中，本章也遵循国外相关研究习惯，相关研究内容多体现农业的可持续发展和循环发展。

8.1.1.1 美国农业绿色发展的演进与主要经验

（1）美国农业绿色发展的演进。美国农业绿色发展大致可以分成3个阶段。

①20 世纪初至 60 年代：美国农业绿色发展的起步阶段。19 世纪末，美国开始大量使用化肥和农药，在推动农业高速增长的同时，也导致对农业生态环境的破坏。因此，自 20 世纪 30 年代，美国陆续出台相关法案进行农业生态环境治理，着手推动农业绿色发展。

②20 世纪 60—90 年代：美国农业绿色发展的提速阶段。该阶段，美国农业可持续发展相关法律体系日趋完善，农业生产结构进一步优化，农业绿色发展技术研发和推广成效显著，农业发展带来的环境污染问题得到有效抑制和缓解。整体上看，在这一时期，美国农业绿色发展速度加快，绿色发展成为农业发展的主流形态。

③20 世纪 90 年代以来：美国农业绿色发展的成熟及突破阶段。这一时期，美国农业绿色发展的范围和内容逐步扩大，主要以农村发展和农业的可持续发展为重点（杜志雄、金书秦，2021）。

（2）美国农业绿色发展的主要经验。美国是农业强国，在保护资源环境的同时，提高了资源利用率和土地产出率，1948—2017 年，美国农业生产的土地、水、劳动力、能源、化肥、农药、资本等要素的投入基本维持不变，而粮食、牲畜、水果、蔬菜、纤维等农产品产出增加了170%（周应华等，2020）。美国农业绿色发展，离不开系统完备的法律体系的支撑、可持续农业政策的支持、可持续发展模式的实施和农业产学研一体化的推动，具体经验如下。

①拥有系统完备的法律体系。在农业资源保护和管理方面，美国联邦政府和各州政府出台了一系列法律法规，使农业生态环境保护与治理有法可依。美国联邦政府于 1933 年出台了第一部关于农业的法案——《农业调整法》，为应对经济萧条、农场经营不善等问题，政府首次干预农业（李晓琳等，2018）。1935 年，美国水土保持局颁布《水土保持法》，并建立相关规章体系和技术标准体系（周应华等，2020）。1938 年，美国联邦政府通过了《联邦食品、药物和化妆品法案》，并授权联邦环境署（Environmental Protection Agency，EPA）设定食品、动物饲料中农药残

留的最高限量及超过限量的处罚措施；1947年，《联邦杀虫剂、杀菌剂和杀鼠剂法案》通过，以规范管理农药的生产和使用。

20世纪70—80年代，美国农业环境治理步入法制化轨道（刘北桦等，2015）。1972年，颁布《水污染控制法》，明确提出控制面源污染，倡导以土地利用方式合理化为基础的"最优管理实践"，这是美国最重要的联邦水污染防治法，也是其他水资源保护相关法律的立法基础；1972年，出台的《联邦环境保护农药控制法案》要求联邦环境署对农药的生产、销售、流通、使用进行监控（沈益平，2016），而且，美国还完善了农药注册制度；1977年，美国将《水土保持法》修订为《土壤和水资源保护法》，在土壤、水及相关自然资源保护提升的战略评估和规划方面，赋予美国农业部更大的权力；1987年，经修订的《清洁水法》进一步明确要求各州对面源污染进行系统的监测和管理。

20世纪90年代以来，美国更加关注食品安全和有机农业发展。1990年，美国通过《污染与防治法》，并将预防和从源头削减污染定为国策之一；2000年，《有机农业法》颁布，促进了美国循环农业的发展；2002年，《农场安全与农村投资法案》颁布，对农村生态环境的保护进一步加大；2011年，奥巴马签署《FDA食品安全现代化法案》。美国在将科学技术成功引入农业领域的同时，严格控制农药、化肥等化学品的使用（何琼、杨敏丽，2017）。

经过近百年的实践与发展，美国国会将立法作为制定农业政策、实施农业计划的基础与依据，并且通过每5年修订一次《农业法案》来完善农业政策相关内容（周应华等，2020），如2014年，法案主题为"食物、农场及就业"，更加关注食物营养、环境保护、农村发展等可持续发展项目；2018年，法案主题为"农业提升"，进一步聚焦可持续农业。

②制定和完善了可持续农业政策。为促进农业生产和资源环境保护，美国联邦政府和各州政府出台了一系列制度和政策（周应华等，2020）。

一是实行耕地轮作休耕、种植覆盖作物等制度。通过农民自愿参与和政府财政补贴等形式，鼓励农户种植覆盖作物，以改善土壤质量、水质和修复当地野生动植物生态环境。例如，北卡罗来纳州通过联邦和州两级财政每年补贴 2 500 万美元，对自愿实行轮作休耕的农户给予每英亩 35～40 美元的补贴。

二是强化水环境质量管控制度。美国建立了水环境管理法规和标准体系，通过"立法—执法—回顾评价—修正"的模式，加强水环境和水生态监管，水环境治理不断完善。

三是建立完善的农业保险制度。为确保农业可持续生产，美国实行农业保险制度。农业保险产品从农作物产量保险发展到收入保险、指数保险等，保险品种体系完备。从 1996 年开始，美国政府逐渐加大农业保险补贴力度，除了对农户提供补贴，还为保险公司提供经营管理费用补贴、税收减免等，有效保障了农民在受灾或农产品价格低迷的年份也能获得预期收益。

③推行了农业可持续发展模式。美国推进农业可持续发展，重点包括以下四个方面。

一是以自然禀赋为基础，建立农业资源区划系统。美国以土地资源为基础，将优势产业和地形、土壤、气候特征等匹配起来，推动农产品生产区域专业化，逐步建立农业资源区划系统（李晓琳等，2018）。

二是以土壤质量为重点，实施休耕轮作生产模式。目前，美国土地休耕储备项目主要通过将易侵蚀的土壤和环境敏感作物用地退出农业生产，改种保护性的覆盖作物，改善土壤质量，不断提高耕地生产能力。

三是以水质保护为核心，推进农业面源污染治理。美国环境保护的工作重点已从工业点源污染转移到农业面源污染问题，制定和实施以流域为单位的水环境质量管理计划。农业生产推行精准的施肥和用药技术。

四是以循环利用为重点，实行农业废弃物资源化利用。美国在循环农业体系中建立了完善的农作制度，包括作物轮作、休闲农作、覆盖物轮作、残茬还田、农牧业混合、水土保持等（周应华等，2020），这些制度的实施兼顾了农业生态效益和经济效益，促进了美国农业的可持续发展。

④形成了农业产学研一体化。美国农业已形成"科研—教育—推广"相辅相成、互相配合的发展体系。美国政府非常重视农业的教育、研究和技术推广，拥有著名的《赠地大学法案》。美国通过《赠地大学法案》等一系列立法，推动美国的大学设立农学院，建立以农学院为主体的农业教学、科研和推广"三位一体"的农业科技创新体系。研发和推广的相互配合形成了以需求为导向的农业研发体系，研发都是基于具体农业需求展开的，因此美国的农业科技成果转化率非常高，推广起来也更加容易（陈潇，2019），同时，完善的农业科技创新体系也有利于国家施政意向的推行，有效推动了美国农业的可持续发展。

8.1.1.2　德国农业绿色发展的演进与主要经验

（1）德国农业绿色发展的演进。德国是世界上发展循环经济较早、水平最高的国家之一。德国的循环经济发展大致经历了以下几个阶段。

①20世纪50—60年代，德国的循环经济理念逐步形成，少数政治家针对当时日益严重的环境问题设立了研究组，开始关注环境污染和生态破坏问题。

②20世纪70年代前期，德国政府启动了一系列环境政策法案，并成立了联邦环境委员会（UBA）等公共机构，这些政策法案赋予政府在环境领域更多的权力。

③20世纪70年代中期至90年代初期，德国的循环经济进入转型时期，开始着手全面解决环境问题，走经济和环境协调发展之路。

④20世纪90年代中期至今，德国政府出台了更多的能源与法规政策，进一步推动经济和环境的和谐发展（陶思源，2013）。

（2）德国农业绿色发展的主要经验。德国农业产值仅占整个国内生产总值的 0.6%（曾哲，2020），但德国农业却承载着粮食生产、工业和能源业的原材料供给以及生态环境保护的使命。德国政府十分重视农业，特别是生态农业的发展，制定了一整套完善的法律体系，以规范农业生产，加强农业生态环境保护和治理，具体经验如下：

①建立完善的循环农业法律体系。德国循环农业法律体系完备，包括《水资源管理法》《土地资源保护法》《自然资源保护法》《化学肥料使用法》《农业垃圾处理法》《种子法》《物种保护法》《植物保护法》等（李江南，2017）。

从农业资源节约和保护方面的法律规范建设来看，德国主要制定了水资源保护法律，其宗旨是为了保护和修复水资源生态平衡，保证农村用水和农业用水安全。1985 年，德国政府为提高土地保护成效，第一次提出了土地保护的理念，但当时只是对大气污染防治、废弃物回收、农业肥料及除虫剂、除草剂使用等进行限制。其后，德国政府采取立法保护土壤资源，分别于 1998 年颁布《联邦水土保持法》、1999 年颁布《联邦水土保持与污染治理条例》。2003 年，德国还依照欧盟低碳农业、生态农业发展的要求，制定了《生态农业法》，该法成为其低碳农业发展的国内法依据，并于 2009 年做了第一次修订（沈益平，2016；李霞，2015）。德国的低碳农业体现了农业发展的可持续性，也体现了人与自然的和谐相处，与传统的农业发展模式相比，低碳农业能够带来更多的经济效益、生态效益和社会效益。

②实行综合型农业发展模式。德国的综合型农业发展模式是欧洲国家发展农业循环经济的典型代表，其主要内容包括：重视生态系统平衡，综合农业的实施以不破坏自然环境为前提，且必须与生态系统平衡相一致；重视土壤保护，农业经营要因地制宜，合理轮作，施用钙肥，综合植保；重视水资源保护，合理规划农田，避免在水淹区进行耕作，以及在水域周围建立保护绿地，合理栽培，实施最佳施肥法等；重视经济发展，必须要协调好经济效益与环境保护，充分发挥政府宏观调控作

用，并根据不同时期的社会经济状况，因地制宜，采取具体措施（陶思源，2013）。

③建立高效的农业管理机构。德国政府农业管理机构职能明确。德国实行联邦、州和行政专区三级行政区划，州政府下设农业环境部。农业环境部一方面行使农林牧渔业与土地方面行政职能；另一方面，就农业技术的研究、咨询、培训等为农民提供服务，有效地将农业环境部门的行政管理职能和社会服务职能合二为一（李江南，2017）。此外，德国还建立了独立于农业部门之外的类型多样的农业协会。农业协会是在自助、自律和自我管理原则上建立起来的非政府组织，代表农民和农业企业的利益，协调二者产销活动，并向政府提出建议，以促进农业的清洁生产或相关法律法规的合理化。

④注重农民的教育与培训。1972年，德国出台了《农民职业培训法》；1995年，出台了《农业教育培训法》；近年来，相继出台了一系列的新法规、新计划，以培养生产技能高、掌握现代农业专门知识的新型农民，并采用各种措施鼓励高学历青年加入农民企业当中。除此之外，德国政府还充分发挥各种农业职业学校、农业专业学校的作用（李江南，2017），举办关于循环农业发展的专题讲座和培训班，以提高农民在循环农业方面的知识技能。

8.1.1.3 日本农业绿色发展的演进与主要经验

（1）日本农业绿色发展的演进。日本是典型的以家庭经营为主体的小农国家，户均农地面积远远低于欧美发达国家。然而，在自然资源短缺的条件下，日本政府根据社会经济发展情况调整农业政策方向，把推动现代农业发展作为手段，将小农生产引入现代农业发展轨道，逐步实现了农业现代化和农民增收等目标。20世纪60年代，日本农民收入已经超过社会平均水平。除个别年份，日本大米自给率均维持在100%左右（曹斌，2017）。

在资源环境约束日趋紧张的前提下，日本向发展环境友好型农业转型，且成效显著。日本发展环境友好型农业存在两个重要节点：其一，1970 年，日本从工业化发展对农业资源占用逐渐扩大中觉醒，由于前期过度使用化肥给环境带来巨大压力，日本农业开始向环境友好型转型；其二，1992 年，日本开始大力推广环境友好型农业，化肥施用量逐年降低，并积极倡导使用有机肥，日本农业开始步入环境友好型稳定期（柳玉玲、杨兆强，2020）。在政府引导和干预下，日本化肥施用量逐年减少，基本实现零增长，这一趋势既改善了日本耕地的土壤结构和耕作层质量，又有利于日本农业经济保持可持续发展态势。

（2）日本农业绿色发展的主要经验。

①构建完善的农业可持续发展法规体系。从 20 世纪 70 年代开始，日本陆续构建了以《食品、农业和农村基本法》《循环社会推进法》等基本法为主干，以《农业资源有效利用法》《农业废弃物管理与清洁法》等综合法为保证，以《家畜排泄物管理法》《食品废弃物循环利用法》等单行法为规范的法律体系（姜国峰，2018），涉及农业生产经营全方位全过程，掀起全国农业生态运动高潮。

1988 年，日本《农业白皮书》首次把有机农业定位为"高附加价值农业"，并在 1989 年设立了"有机农业对策室"。这些政策的持续发力，为日本环境友好型农业的起步奠定了坚实基础（柳玉玲、杨兆强，2020）。

1992 年，日本出台《新的食物·农业·农村政策方向》，首次提出"环境保全型农业"概念，提倡重视农业非经济价值，提出农业可持续发展、食物稳定供给、农业多功能、农村振兴等理念。1999 年，《新食物·农业·农村基本法》出台，将农业和环境的友好问题具体体现在农业生产、农村基础设施等相关政策中。1999 年，《可持续农业法》颁布，采取推动使用堆肥而减少化肥、推行生态农户认证，并给予农业改良资金的无息贷款支持等措施。2004 年，日本食品、农业、农村政策审议会对《新食物·农业·农村基本法》进行修订，将农业环境、农业资源保全政策与农用地制度改革问题作为主要议题。2005年，日本农业议会提出"全面向重视环境保全型转变"的方针，推进《农业环境规范》，要求农户自行遵守和环境共存的生产行为。2006年，日本颁布以推动有机农业发展为核心的第一部正式的法律——《有机农业推进法》。2007年，日本出台《关于推进有机农业发展的基本方针》，并于2014年重新修订。2011年，日本提出《对环境友好型农业直接支援措施》，更加强化这些措施对防止温室效应及生物多样性的贡献，2015年，进一步将其发展为《促进发挥农业多功能性的措施》（钱小平等，2016）。

自1992年以来，日本密集推进的农业环境政策法规，为日本环境友好型农业的发展起到了保驾护航的作用。

②构建"多元共治"的农业发展模式。日本以农业循环经济促进农业绿色发展，关键在于构建了以中央政府宏观主导、地方公共团体具体推进、农业经营组织不断发展、涉农产业积极配合、社会公众广泛参与为内涵和特征的"多元共治"发展模式，并通过建立完善的法律体系，合理配置农业循环经济所涉多元主体的权利，综合运用"命令控制、经济激励、信息管理"等多元调整手段，为"多元共治"发展模式的建立和良性运行提供了法律保障（刘佳奇，2015）。

③"内外发力"促进小规模农业发展。日本小规模农业发展的关键在于借助农村"外发"作用机制，在农村内部推进"六次产业"变革，促进农业产业利润的增长和农业生产者利润的增长，实现农村、农业的现代化发展，为改善农村生态环境等方面发挥了巨大作用。

日本通过"外发性"力量促进农业"内生性"发展与农民增收。外部力量主要包含三方面：一是农业协同组合的保护，二是政府的政策支持和政党团体的压力，三是日本消费市场的倒逼作用。三者联合作用于农村外部环境变迁，被认为是促进农业发展、激活农村内部力量的重要外部作用机制。

而"内生性"发展指的是在农村内部，通过建立第一、二、三产业融合发展体系，延长农业产业链，拓展农业功能，让农民分享农业全产业链利益和农业增值收益，实现地域价值的发展模式。日本"六次产业"的发展在保障农民分享农业产业链延伸、产业范围拓展和农业功能转型的增值收益，培育乡村建设人才，优化农业农村资源配置，改善农村生态环境等方面发挥了巨大作用（许珍珍、赵晓峰，2019），进一步促进了日本农业的可持续发展。

④建立了农民职业教育制度。日本政府非常重视农民职业教育，通过农业协会、农民大学、新农人培养专项资金等渠道和方式，定期或不定期组织农民职业技能培训，有利于农业可持续发展理念和农业技术的推广与实施。

农业协会是日本重要的农业活动支持性组织，其重要职能之一，就是加强农民职业教育和培训。日本政府每年为支持农业协会等组织不定期举办农业技术培训支付大量资金。

农民大学是新型职业农民的培养基地。1968年，日本创立"农民大学"制度。农民大学由政府或民间团体出资建立，招收对象为高中毕业、有1年以上农业经营经验，且为高中校长或当地农业技术普及所推荐的青年农民；专业设置包括农业、园艺、畜牧、经营等，学制为1～2年；实践课程占到总课时的70%～80%，主要培养学生农业经营理念、组织管理、信息收集及农业技术等实操能力；师资队伍由农业技术普及指导员、农业试验场的政府研究人员等兼职人员构成。农民大学学费较低，是日本大学平均水平的1/3左右，经济条件不好的学生还可以申请"农林水产省新农人投资资金"或者"日本学生支援机构"的奖学金、无息贷款等。截至2017年，日本农民大学共设立公立学校42家、民办学校5家（曹斌，2017）。

另外，日本为了提升青年职业农民的经营能力，设立了"新农人培养专项资金"，鼓励年轻人去种植养殖大户或农业企业研修。研修时间最长两年，采取边干边学的学徒方式，每月政府发放20万日元生活补贴，薪酬水平与大学本科毕业生基本持平。同时，政府对于愿意接受青年人研修的种植养殖大户或者农业企业，一次性补贴 50 万日元（曹斌，2017）。

8.1.1.4 以色列农业绿色发展的演进与主要经验

（1）以色列农业绿色发展的演进。以色列气候恶劣、水资源匮乏，自然生态条件不利于农业发展，但以色列不仅成功地实现了农业现代化，解决了国内的粮食短缺，还成为世界上主要的农产品出口国，向 60 多个国家和地区出口农产品及先进的农业技术（王岚、马改菊，2017）。自 1948 年建国以来，以色列在仅有 2 万千米^2 且其中 2/3 为沙漠的国土上，创造了现代农业的奇迹，为世界各国农业发展提供了宝贵经验。

（2）以色列农业绿色发展的主要经验。

①通过立法加强水资源的高效利用。为解决农业缺水问题，1958 年，以色列政府颁布了《水法》，将水资源国有化，对全国水资源进行统一调配。

继《水法》颁布后，1959 年以来，以色列政府陆续颁布了《水计量法》《水井控制法》《经营许可法》等系列法律法规，加强水资源管理，主要体现如下：①建立用水配额制。在核定农业用水定额时，对不同种类作物制定用水量标准，根据农作物种类和种植面积确定农业用水量。②实行阶梯水价。对居民生活用水、工业用水和农业用水均实行阶梯定价，用水量越大，水价越高。③实施水资源节约激励机制，鼓励节约用水。④重视水资源节约宣传教育。以色列充分发挥政府、用水者、供水者和民间组织的力量，强调社会公众参与作用，十分重视节水的教育宣传工作，每年节约用水量 2%～3%。例如，以色列国家水利委员会成员由社会公众代表、政府代表、世界犹太组织等机构的代表构成，人员为 27～39 名，其中社会公众代表不得少于 2/3（易小燕等，2018）。同时，以色列还定期组织学生参观水厂、污水处理厂、水源地等，加强全民节水宣传教育。

②创新资源高效利用技术。以色列重视科技创新，大力发展节水农业，提高了资源的可持续利用效果。以色列沙漠温室技术、节水灌溉、废水循环利用、微咸水灌溉等技术，以及抗旱节水品种开发均处于世界领先地位，喷灌、滴灌基本取代了传统的沟渠漫灌方法，其中滴灌面积已经占以色列灌溉面积的 85% 以上，灌溉水利用率达到 95%，单位面积用水量降低 1/2 左右，生产效率提高 2.5 倍。以色列农业灌溉用水总量连续 30 年稳定在 13 亿米^3，而产出与建国初期相比却增长了 12 倍（易小燕等，2018）。滴灌技术的广泛应用，不但推动了节水农业的发展，也给施肥技术带来了极大的变化，导致了水肥一体化技术的兴起，推动肥料利用率提高 30%～50%。水肥一体化技术还推动水溶肥料的发展。近年来，以色列国内由于水肥一体化技术得到了迅速推广应用，肥料的生产以无机的全水溶肥和液体肥料为主，只在部分区域的经济作物上施用少量固体有机肥。肥料工业的发展和施肥技术的提高推进了以色列农业的绿色发展。

③重视实施惠农政策。以色列实施了多项惠农政策。通过一系列政策的实施，极大地提高了农业生产者的积极性，也保障了农业生产者收入的稳定，为以色列农业可持续发展提供了巨大支持。

以色列政府在国家宏观政策上对农业发展给予倾斜与支持：其一，为农场主及农业经营者提供优惠贷款，贷款无须抵押，也无利息。其二，农业部下属的农产品管理局，积极研究国际农产品市场行情，准确定位农业发展战略，积极为农场主及农业经营者提供农产品生产、营销、物流、贸易等信息。其三，实施国家农业保险及农业灾害预警机制，为农业发展提供支持。以色列的农业保险完全是政府主导，农场主及农业经营者无须缴纳保费，所有农产品生产必须强制保险，此外，以色列政府还设立农业灾害保障基金，一旦发生自然灾害，政府对受灾农作物提供全额的补贴（王岚、马改菊，2017）。其四，明确耕地用途，严格规范农业用地转化为非农用地的程序，保障了农地资源的连续性。

④支持和鼓励不同农业生产经营组织形式的发展。为促进农业的快速发展，以色列政府对不同形式的农业生产经营组织形式都给予了大力支持。目前，以色列主要存在三种农业劳动组织形式，并各具特色。这三种农业劳动组织形式分别为基布兹、莫沙夫和莫沙瓦。

基布兹的土地属于国有，主要特征表现为自给自足、自治自愿、各尽所能、各取所需，具有集体主义性质，其发展壮大离不开政府的大力支持和特殊的保护政策。基布兹采取严进宽出原则，组织内部的各项事宜由全体大会表决决定。除政府给予大力支持，不少全国性的联合会也向其提供相关服务。

莫沙夫本质属于土地国有的具有合作性质的农庄，更重视单个家庭的作用，其特征表现为财产私有、家庭经营、自负盈亏、互助合作和民主管理。政府除对莫沙夫提供必要的政策支持外，还通过推动其与其他经济组织的合作，实现各类经济组织的共同发展。

莫沙瓦则是典型的私有制经济，自主经营管理，土地财产均为私有，创造以色列农业产值约 20%（杨丽君，2016）。

⑤构建独具特色的农业科研与推广体系。以色列建立起一套由"科研机构—技术推广机构—农民"组成的农业科研与推广体系，实现了农业技术研发与推广的无缝衔接。以色列的农业科研工作是科研人员、推广人员和部分农民共同完成的，通常一个科研项目的产生是综合各方意见的结果。每个科研项目都来源于生产实践，有较强的针对性，易于解决农业生产中某一难题或关键问题。这种以需求为导向的科研成果，一旦成功便能迅速地转化成现实生产力。农业技术推广人员不仅向农民传授新技术，同时又把农业生产中出现的新情况、新问题及时反馈给农业科研人员，在后续研发中加以改进（朱艳菊，2015）。如此往复，形成农业生产技术的良性发展。

8.1.1.5 荷兰农业绿色发展的演进与主要经验

（1）荷兰农业绿色发展的演进。20世纪80年代以来，荷兰政府逐步调整以增产为目标的农业政策导向，更加注重农业的可持续性，出台并实施了严格的生态环境保护制度，限制化肥、农药使用，转向有机农业、旅游观光型农业、康养型农业等多功能性农业发展，近年更是将循环农业作为未来农业的发展方向。张斌和金书秦（2020）总结了荷兰农业政策目标与农业形态的演变过程，如图 8-1 所示。经过 40 多年的发展，荷兰农业污染得到有效治理，农业可持续发展成效显著。

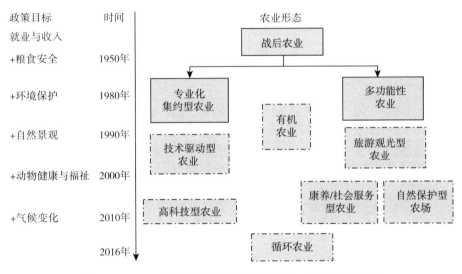

图 8-1　1980 年以来荷兰农业政策目标与农业形态的演变

（2）荷兰农业绿色发展的主要经验。

①逐步建立健全政策法规体系。为控制农业面源污染，荷兰政府先后颁布实施了一系列法律法规，形成了较为完善的农业环境保护政策法规体系，如《土壤保护法》《水管理法》《自然保护法》等国家法规，明确规定了各相关利益主体的环境保护责任和义务，限定了种植养殖过程的养分施用和温室气体排放强度。同时，荷兰建立了全方位的监测体系，既有农场层面的登记、监测系统，也有全国层面的监测系统。荷兰在土壤环境监测方面做了大量开拓性工作，目前农户只要在手机上安装一个小程序，就能全面了解最近土壤监测点的详细土壤质量监测结果，

并得到改进土壤质量的具体耕作技术和操作方法，而不符合农业生产标准的相关行为将受到严厉处罚（张斌、金书秦，2020）。

②大力支持农业产业化发展。荷兰农业产业化优势明显，对开展循环农业全产业链的规模化发展有一定的促进作用。陈三林（2017）总结了荷兰农业产业化的发展经验：一是以发展农产品国际贸易带动农业产业化发展态势。荷兰利用得天独厚的地理环境发展农产品国际贸易，2013 年，荷兰农产品出口额首次超过法国，成为仅次于美国的全球农产品第二大出口国，单个农场年均收入是欧洲平均水平的 5 倍。二是推行农业产业集约化。荷兰农业产业的集约化主要通过特定产业集约化、农场集约化、特定品种集约化来实现。三是实现农产品生产工业化。荷兰的全封闭温室园艺产业广泛采用机械、工程、电子、计算机管理、现代信息、生物技术等现代工业技术，摆脱地势低洼、纬度高、温度低和日照短等自然条件的制约，实现了包括种植过程、加工过程、产品包装等在内的整个生产流程工业化。四是实施以技术开发为重点的农业政策，在预算分配上向技术开发倾斜。五是建立市场化的农业法人扶持机制。

③强化循环利用技术推广应用。推进农业可持续发展，技术创新和推广是关键。荷兰政府高度重视农业循环利用技术的研发和推广应用，特别是在无土栽培、精准施肥、雨水收集、水资源和营养液的循环利用等方面进行了大量的技术创新。

8.1.2　对吉林省农业绿色发展的启示

吉林省农业绿色发展需要借鉴国外农业可持续发展的经验，系统设计、统筹安排、加强制度创设，提升农业可持续发展和高质量发展水平。

8.1.2.1　通过立法保障，建立健全农业绿色发展法律体系

国外农业发达国家非常重视法律制度在保障农业绿色发展中的作

用，均形成了比较系统完备的法律体系。例如，美国、德国、以色列、荷兰都非常重视发挥法治在农业环境保护中的基础性作用，建立了比较完善的农业资源保护规制，并依法推进农业环境保护工作，从而推动农业绿色发展。日本则密集推进农业环境政策法规，为环境友好型农业的发展起到了保驾护航的作用。

吉林省应借鉴发达国家保障农业绿色发展的法律体系建设经验，结合吉林省实际情况，加快建立地方性法规，按照自然资源状况和经济社会条件，结合农业区域定位和农业功能拓展的要求，充分考虑地区农业生产结构和生产方式，制定农业资源综合利用的法规、实施办法、发展规划，以支持农业绿色发展。

8.1.2.2　强化政策支持，加快完善农业绿色发展支持政策体系

美国、日本、以色列等农业发达国家都通过出台相应的政策来促进农业绿色发展。美国为促进农业生产和资源环境保护，联邦政府和各州政府出台了一系列政策和制度，如实行耕地轮作休耕、种植覆盖作物等制度、狠抓水环境质量管控、建立完善的农业保险制度；日本通过出台相应的政策扶持农业向环境友好型转型；以色列实施了多项惠农政策，为其现代农业的发展提供了巨大支持。

农业绿色发展离不开政策导向和支持（刁卓、王天航，2021）。吉林省应尽快研究制定优惠政策，建立自下而上的反馈机制，保证各项涉农政策落实到位，明确政府在农业发展中的作用、消除农业发展的制度障碍、激发农业创新潜能和活力，为农业绿色发展创造良好的制度环境；鼓励发展节地、节水、节肥、节药、节种的节约型农业，支持生产和使用节电、节油农业机械和农产品加工设备，努力提高农业资源的利用效率；精确扶持小型绿色农业企业、加大对发展绿色农业的监督力度，从而引领吉林省农业绿色发展。

8.1.2.3　因地制宜，量身定制农业可持续发展模式

发达国家大多制定了符合自身情形的农业发展模式。为推进农业可

持续发展，美国实施以自然资源为基础的农业生产布局、以土壤质量为重点的耕地地力保护、以水质保护为核心的农业面源污染治理、以循环农业为重点的农业废弃物资源化利用四个方面的发展模式；德国则实行包涵重视生态系统平衡、土壤保护、水资源保护和经济发展四方面内容的综合型农业发展模式；日本构建了"多元共治"的基本模式；荷兰则利用优越的地理环境、推行农业产业集约化、实现农产品生产的工业化、实施以技术开发为重点的农业政策、建立市场化的农业法人扶持体制等。

吉林省应加强农业资源区划研究工作，进一步摸清耕地、水、气候等农业自然资源的底数及动态变化情况，因地制宜，推进适合本区域可持续农业模式的应用。由于吉林省土地经营规模较大，地处世界黄金玉米带，拥有丰富的秸秆资源，可借鉴国外的发展经验，推行种养结合、农牧循环的绿色发展模式。

8.1.2.4 重视科技创新，促进研发、推广、服务一体化

发达国家的实践证明，技术创新和推广是推进农业绿色发展的关键力量。美国以赠地大学为主体创新推广农业技术，实现农业产学研一体化。以色列构建了"科研机构—技术推广机构—农民"组成的农业科研与推广的体系，实现了农业技术研发与推广的无缝隙衔接；荷兰政府则高度重视农业循环利用技术的研发和推广应用，在无土栽培、精准施肥等多方面进行了大量的技术创新。

科学技术是第一生产力，农业绿色发展离不开科技的支撑。吉林省应借鉴发达国家农业科技创新与推广体系建设的先进经验，结合吉林省的实际情况，着眼长远，立足当前，稳步推进科研—推广—服务一体化。通过制定相应的政策和财政支持，打破区域、部门界限，激励高校或科研院所、新型农业服务组织、广大农户之间的交流，实现研发、推广、服务三方面有机结合。同时，科研人员通过农业技术服务发现新问题，为进一步研究找准方向，保证农业科研的针对性和实用性。

8.1.2.5 加强农民教育与培训，为农牧业绿色发展提供人才支撑

发达国家农业科技教育培训系统大都比较完善，这一点尤其值得我们学习。德国出台了数部法律，如《农民职业培训法》《农业教育培训法》等以培养生产技能高、掌握现代农业专门知识的新型农民；日本建立了农民职业教育制度，设立公立学校用于培养新型职业农民，同时还通过发放补贴鼓励年轻人去种植养殖大户或农业企业研修。

高素质的农业劳动者是确保推进农业绿色发展的主力军。国外农业发达国家十分注重职业农民培养，大力发展农业教育事业，建立了多层次的农业教育体系。借鉴发达国家的经验，吉林省应成立专门的农业教育培训机构，或者以省内农业院校为依托，加强对农民的培训，努力提高农民的科技素质。同时，还应积极培育新型农业经营主体。新型农业经营主体的不断出现可以带动小农户农业生产各环节的技术改进，并且有利于农业的规模经营和农业生产效率的提高，从而加快推进农业绿色发展。

8.2 国外畜牧业绿色发展的经验与启示

畜牧业是关系国计民生的重要产业。近年，党中央、国务院高度重视现代畜牧业建设，我国畜牧业发展也取得了显著成效，畜牧业综合生产能力不断增强，在保障国家食物安全、繁荣农村经济、促进农牧民增收等方面发挥了重要作用。2020年9月，国务院办公厅发布的《国务院办公厅关于促进畜牧业高质量发展的意见》（国〔2020〕31号）认为，我国畜牧业不仅存在环境污染、疫病压力大、生产效率不高等问题，而且还存在产业发展质量效益不高、支持保障体系不健全、抵御各种风险能力偏弱等突出问题。如何将畜牧业由传统向现代加快转型，实现畜牧业的可持续发展和高质量发展，是我国面临的重要课题。相较而言，美国、德国、澳大利亚、日本、荷兰等发达国家的畜牧业可持续发

展体系较为完备，通过总结这些国家畜牧业绿色发展的经验，提出对吉林省畜牧业绿色发展的启示。

8.2.1 国外畜牧业绿色发展的经验

8.2.1.1 美国畜牧业绿色发展的经验

美国草场辽阔，丰富的草料资源为其畜牧业发展提供了基础，使美国成为世界上最大的畜产品生产国之一，各种畜产品的产量都位居世界前列。美国畜牧业的强势不仅得益于其丰富的自然资源，更源于其发达的农业支持政策体系（胡伟斌、黄祖辉，2018）。近年，因大量新技术的采用和设施投入的增加，美国养殖场的数量相对减少，但规模却越来越大，并且越来越工业化、专业化和集约化。总结美国畜牧业绿色（可持续）发展的经验，主要体现在以下几个方面。

（1）通过法律法规保护草场资源和环境，促进畜牧业可持续发展。完备的畜牧业法律法规体系是确保畜产品质量安全与畜牧业可持续发展的基本保障。美国是世界上草地资源十分丰富的国家，美国合理的开发和利用草场资源的做法，极大程度地避免了超载放牧和草场退化现象的出现。其主要经验在于制定较为完善的法律、法规，依法保护草场资源、实行科学的放牧制度如季节放牧、轮牧制、延迟放牧、休牧轮牧制等、合理分布畜群并严格控制载畜量、及时清除灌木和杂草以保护牧草，与此同时，实行草地补播，以改良劣质低产草场，提高牧草质量和产量。

依靠强制的法律约束，使畜牧业发展中的环境污染问题得以大幅度缓解。美国在 20 世纪初开始非常重视畜牧业发展的环境保护问题。2000 年，美国将畜牧业环境保护与农业保险相关联，后续对畜牧业发展环境保护的相关支持政策进行了扩展和完善。2002 年《农业法案》明确规定，增加畜牧业环境保护部分的财政投入，补贴资金主要用于养殖场污染治理设施建设、奖励养殖户绿色环境友好型行为以及草地修复计划、环境质量激励项目等。2014 年该法案规定继续完善和实施环境质量激励项目，其中 60％左右的补贴资金用于治理畜禽养殖污染问题，通过从经济上分担养殖户污染处理的成本，提高养殖户环境友好型行为的能力。集约化的畜牧业所引起的地表地下水及不良气味等环境污染已成为人们普遍关注的问题，因此，综合治理由于规模化养殖带来的环境污染问题成为美国生态畜牧业发展中的一项重要任务。近年来，美国联邦政府和各州政府在治理畜牧业环境污染方面采取了一系列的强制性和干预性政策与措施，取得了良好的效果。

（2）通过全方位的政策支持，实施生态畜牧业发展战略。美国是世界上家畜饲养环境较好的国家之一，在畜牧业生产上，政府始终坚持畜产品的可持续增长和畜牧业经济的持续发展，实施无公害、无污染、标准化的全方位生态畜牧业发展战略，在饲料生产、饲养管理、畜产品生产等方面推广先进的畜牧业科技，不断改善动物生存环境和动物福利，并坚持严格的检疫制度、无公害废物综合处理及环境质量检测，既保护了生态环境，也使畜产品在国际市场保持较强的竞争优势，有效地促进了畜牧业的持续发展。

美国是畜牧业高度发达的国家，在畜牧业发展中建立了科学完善的畜牧业财政支持制度，包括基础建设投入、畜牧业收入支持、畜产品价格支持等内容，具有政策程序规范、支持力度较大、支持目标明确等特征，大大促进了美国畜牧业发展（杨森等，2017）。为扶持新养殖场主，提高其经营水平、使用养殖专业技术的能力，美国每年会从畜牧业财政预算中拨出大量的补贴资金用于养殖场主从业前、从业中的教育、实用技术培训，技术推广援助等。一般服务性政策作为畜牧业支持政策中的一项重要内容，对提高农牧经营者专业化养殖能力、转变畜牧业发展方式、提升畜牧业竞争能力具有重要作用（刘利，2019）。

美国在发展"有机畜牧业"方面处于领先地位。有机牛奶的生产是美国畜牧业生产中发展最快的部门。20 世纪末期，美国对包括有机畜牧业在内的有机农业的扶持及管理政策，使其走上快速健康的发展道路，产生了积极的推动作用。1990 年，美国食品与药品管理局批准有机植物制品、有机蛋制品和有机奶制品可以使用有机食品标签。1999 年 2 月，美国农业部（United States Department of Agriculture，US-DA）批准可以对有机肉制品实行标签制度。2000 年 3 月，美国农业部发布了有机农产品试行的相关标准，对有机农产品的生产、加工、标签、认证等提出了具体的要求，该标准试行到 6 月后，即成为正式标准。通过这些管理制度的实施，美国在发展有机畜牧业方面已处于世界领先地位，而有机牛奶的生产是美国畜牧业生产中发展最快的项目。

（3）通过技术创新，提高畜产品质量。美国政府十分注重畜牧业技术研究和开发工作，具有政府、大学、农场和企业等多元化的农业科研及成果推广体系，在饲料生产、育种与品种改良、畜禽标准化饲养管理、畜产品加工等方面的科技含量和贡献率均居于世界领先地位。在美国，支撑养殖场、饲料加工企业、畜产品加工企业全部生产体系的是机械化和自动化，畜禽饲养已经达到标准化和科学化，人工授精和胚胎移植等高科技已经普遍应用。

（4）通过规范疫病防治体系，确保畜牧业健康发展。高度集约化的畜牧业生产使之对畜禽疫病防治工作必须具有灵敏的反应机制，为此，政府实行官方兽医和职业兽医制度，联邦政府和各州政府都设立了相应的畜禽疫病防治管理机构，兽医官代表政府执行公务，对各地的畜禽疫病防治情况进行监督检查。一旦发现动物疫情，政府做出快速反应。由于具有非常健全的兽医防疫体系，美国的畜禽疫病控制效果好，确保了畜牧业的健康持续发展。

8.2.1.2 德国畜牧业绿色发展的经验

德国是世界上畜牧业最发达的国家之一，畜牧业生产和服务体系完善，畜产品供给充足（杨振海等，2019）。德国畜牧业绿色发展的主要经验如下。

（1）通过立法，推进环境友好型畜牧业发展。德国推进环境友好型畜牧业发展的核心思想是实现综合养分平衡管理（comprehensive nutrients management plan，CNMP）。相应的法律法规包括《联邦土壤保护法》《土壤评价法》《联邦土壤保护与污染场地条例》《循环经济与废弃物管理法》《肥料使用法》《水资源管理条例》及《可再生能源法》等，这些法律法规从各个方面调整了畜牧业生产与环境保护的关系，以养分平衡管理为核心，促进可持续发展（冀名峰等，2019）。

环境保护是德国畜牧业可持续发展的重要立足点。目前，德国推进畜牧业可持续发展、保护生态环境主要从三个方面入手：一是限制抗生素的使用。欧盟从 2006 年开始禁止将抗生素作为生长促进剂使用。德国 2014 年版《药物管理法》，对在牲畜饲养过程中使用抗生素进行了具体规定（杨振海等，2019）。二是限制施肥。德国对施肥的总体要求是地下氮产生与消耗平衡，核心要义是实现综合养分平衡管理。德国《肥料法》规定每年每公顷土壤可施入的畜禽粪便氮的总量不能超过 170 千克，磷的总量不能超过 250 千克（韩浩月，2017）。三是减少氨气排放。欧盟法律法规对废气排放的标准要求很高，要求畜牧业生产必须减少氨气的排放量，这就意味着不能养更多的畜禽。如果畜产品价格不增高，就无法保障养殖者的收益。因此，德国现在将动物福利与减少环境污染的措施进行联合应用（杨振海等，2019）。

（2）通过法律和政策推行动物福利，保证和提高畜产品质量。目前，德国畜牧业发展进入了高度重视质量，稳定甚至消减产量的时期。动物福利是保证产品质量的重要因素，德国政府对动物福利工作推动力度很大，采取了一系列措施支持农场主保证动物福利。首先，在欧盟法律框架下，德国制定了一系列法律推行动物福利。德国 1993 年颁布了《动物福利法》，1998 年进行了首次修订。2002 年，德国将动物保护及动物福利的条款纳入了基本法修正案中，这是世界上首次以宪法的形式确定动物福利，为德国动物福利法的执行提供了最高的法律依据及最强的法律效力（张振玲，2018）。其次，德国 2016 年起实施了动物福利标识政策。申请到这一标识的农户，可得到联邦政府和州政府的补助。而消费者则可自行决定，是否花更多的钱购买福利猪肉。调查显示，德国89％的消费者对政府推行的动物福利标识做法表示欢迎，79％的消费者认为应该强制执行。再次，由于欧盟法律越来越严格，如欧盟规定自2013 年 1 月 1 日起强制进行母猪群养，从 2019 年 1 月 1 日开始禁止无麻醉阉割等。最后，德国政府还积极与农业协会和动物福利组织合作，完善养猪业动物福利指南，对企业和农户提供专业的咨询服务等，加快推广动物福利（杨振海等，2019）。

（3）通过激励性政策，大力发展有机养殖、循环农业。德国畜牧业注重生产和环境的平衡发展，避免掠夺式生产，大力发展有机养殖，循环农业。2002 年颁布了《可持续发展战略》，要求生态农业占农业的比例逐渐提高到 20％，到 2020 年可再生能源在终端能源消费的比例提高到 18％。因此目前仍大力发展秸秆、干草堆肥及沼气发酵等技术处理粪污。同时农场入股建设生态发电厂，几乎可实现零成本处理畜牧养殖粪污。同时饲养动物禁止使用抗生素，大力研究和推行动物福利养殖和有机养殖技术（孙智远等，2019）。

德国的农业补贴形式多样，包括环境保护补贴、畜牧业补贴、种植业补贴和休耕补贴等。例如，德国农业企业只要按照相关规定实行有利于环境保护的生产方式，每年就可以享受标准为每公顷 300 欧元的补贴。由于实现畜禽废弃物达标排放或者委托其他企业处理的成本较高（每吨需支付 15～20 欧元的处理费用），大部分养殖场采用农田利用、种养循环的方式处理畜禽废弃物。德国政府对实行种养结合的农场给予20％的建设资金补贴。德国政府对环境友好型畜牧业发展的政策支持是全方位的。

德国越来越多的农场追求生态种植和养殖。例如，Raw Milkcompany 原料奶公司及其合作奶牛场，不使用抗生素，不用传统的巴氏灭菌法或高温灭菌法，而是通过添加特殊益生菌种，使牛奶更加有利于身体健康，销路很好。据德国联邦食品和农业部统计，德国有机农业种植面积大幅增加，有2万多家有机农场，4万多家企业从事有机农产品生产，近万家有机农产品加工企业。所以，环保、有机已成为欧洲食品消费的趋势（冀名峰等，2019）。

8.2.1.3 澳大利亚畜牧业绿色发展的经验

澳大利亚典型的特征是地广人稀，这为其发展畜牧业经济奠定了优良基础。澳大利亚是全球畜牧业经济发展的重要代表与成功典范，其畜牧业以主体产业形式占据澳大利亚农业总产值的60%。澳大利亚是全球畜牧业发展比较发达的国家，主要以饲养牛、羊为主，其中绵羊数量位列世界第一，有着"骑在羊背上的国家"的美称。根据统计数据显示，澳大利亚农牧用地约有5亿公顷，其中畜牧业用地占50%多，畜牧业的年产总值在国民生产总值中的比例高达5%（朱一鸣等，2015）。

（1）出台相关法规，强化草原建设和保护，促进畜牧业可持续发展。澳大利亚政府保护畜牧业的重要方式之一就是强化草原建设，科学合理蓄养牲畜，防止草原荒漠化现象的出现。首先，澳大利亚各个地区每年都会组织盛大的种草节与植树节，其中工人、官员、职员、学生与农民都积极主动参与，政府则会对自愿保护草原退化、植树造林的牧场主予以税收减免方面的扶持（石华灵，2017）。其次，通过对草原的产草量、再生能力、降水量、养殖规模、禽畜种类进行核定，因地制宜地确定草原载畜量来防止草原荒漠化。与此同时，澳大利亚政府还推广和实施专业牧场建设，以草原生态环境保护为主要目标，根据畜牧养殖的规模，对牛、羊、马等牲畜养殖区进行专业分区和标准化管理，有力地促进了生态环境的保护。最后，为防止草地荒漠化，提高草地资源的利用率以及保障草场可持续发展。澳大利亚政府将牧场划分为若干个轮牧小区，允许和规定牧民按照一定的时间先后顺序进行放牧，这一举措主要效果是使被放牧的草场能在有效时间内得到恢复和发展。另外，澳大利亚还出台相关的配套法规以保障轮牧的顺利进行和草场的可持续发展（朱一鸣等，2015）。

（2）通过政策引导，提高国民生态保护意识，大力发展生态畜牧业。澳大利亚畜牧业的发展除了有优越的自然条件外，良好的政策环境也是重要的因素。澳大利亚政府通过制定一系列有利于畜牧业可持续发展的政策，极大促进了畜牧业的发展。20 世纪 70—90 年代，澳大利亚政府一直对本国的畜产品实行最低收购价格政策，间接保护本国的畜产品在国际市场上的影响力，这样可以有效提高其畜产品在国际市场上的竞争力（石华灵，2017）。澳大利亚政府对畜牧业经济的可持续发展极为重视，如将草场划分为私有与国有两种形式，国有制草场比较贫瘠，因而政府往往以低租金方式租赁给畜牧业经营者，且租期较长，通常为 99 年，以此杜绝经营者对草场的掠夺式经营。另外，澳大利亚根据各地的降水量、温度和土壤等条件，在全国划分了四大农业生产带，即低密度家畜放牧带、天然草地放牧带、混合农业带和高密度放牧带，其中在高密度放牧区域，即年均降水量高于 500 毫米的地区兴建栽培草地，草畜结合，既做到了保护草地资源，防止土壤沙化，也实现了优化农牧业生产效益的目的。

澳大利亚政府强有力的政策引导，使其国民的生态保护意识较强，对国家的自然资源十分珍惜，如每个牧场都会将草地划分成若干个围栏，定期进行轮牧，以此确保牧草拥有足够的恢复期；特别是澳大利亚为维护优美的环境，明令禁止建设有污染的工厂等。环境保护与维护生态平衡，已发展成为澳大利亚整个社会的共同认知（石华灵，2017）。

8.2.1.4 日本畜牧业绿色发展的经验

日本是一个人多地少的岛国，同时也是一个以家庭经营为主体的国家。在日本，畜牧业生产、加工、流通与贸易的各个环节和部门，以及各个地区都分别成立了为数众多的互助组织及行业协作组织，全国畜牧业生产者合作组织就有 30 多个，加工部门以及流通部门的全国性合作组织有 40 多个，90％以上的农户都加入了相关的协会（王淑彬等，2020）。日本畜牧业绿色发展经验可总结为以下几点。

（1）出台相关法律法规，发展生态畜牧业。日本十分重视畜牧业环境保护。畜牧业是一个排污型的产业，日本政府相继出台了同畜禽环保相关的法律、法规及其实施细则。同时积极开展各种畜禽粪尿治理技术和有关处理设备的研究工作。对于畜禽场治污设施的投入资金，政府给予一定的经济补贴。政府的有关职能部门定期和不定期地对畜禽饲养场进行排污达标等抽样检查工作。

（2）加强技术创新，提高畜产品的生产质量。日本国民消费的恩格尔系数早已大大低于 20％的发达水平，因此优质食品的需求也大大增加，对优质食品的生产也要有更高的要求。日本畜牧业主要是进行豆腐渣、乌梅渣、剩饭剩菜的利用，使原来的废弃物变成了饲料，让这些资源进行优化利用。为此，在政府和市场的引导下，畜牧业非常注重优质畜产品的开发和研究。日本各种主要家畜都根据其生产发育阶段喂以各种顺粒料的或粉状的配合料，保证了饲料质量，提高了饲料利用率，节省了饲养成本（王加亭，2020）。

8.2.1.5　荷兰生态畜牧业的发展现状与经验

荷兰是一个典型的人多地少、土地资源贫乏的欧洲小国，平坦的地势、充足的降水为荷兰造就了畜牧业适宜的发展环境，降水与光照条件同时限制了农作物的种植生产，因此，荷兰因地制宜，选择大力发展畜牧业。其中畜牧业在农业中的占比超过了 70％，也是经济体制中的主导性产业。

荷兰生态畜牧业大致分普通型和集约型两种。普通型涉及养牛业、养羊业，遍布荷兰全国，占用土地较多；集约型多利用室内环境，涉及养猪业、养禽业，占用土地较少。荷兰生态畜牧业较为典型的生产模式是养—养结合型，例如养鸡和养猪相结合，将鸡粪、猪粪等废弃物加工成饲料进行循环饲养，达到减少污染、保护生态环境的效果（赵雪洁，2020）。荷兰生态畜牧业的特点主要有以下三个方面：一是生产绿色畜产品，即生产绿色、无污染的天然畜产品。二是重视应用科学技术，即广泛采用了先进的科学技术，并通过标准化的养殖技术，基于品种类型、饲料投放及疫病防治等环节进行操作，同时对于生态畜牧业进行科学化的管理和控制。三是注重废弃物循环利用。即对于畜禽粪便等进行循环利用。

荷兰生态畜牧业的发展经验具体如下。

（1）通过立法和政策支持，促进生态畜牧业的发展。法律法规是保障各国乃至世界生态畜牧业良好发展的根本制度。荷兰较为发达的生态畜牧业发展进程基于其政府机构的政策支持。荷兰农业政策总的基本目标是政府一系列政策与措施的核心内容，即建立人与自然协调发展、可持续发展和具有国际竞争力的农业。

一方面，荷兰政府依据本国气候特点和国情制订政策，利用地势、降水等自然优势发展生态畜牧业。同时，国家的补贴政策和税收政策如对资金扶持农户建设生态牧场并定期经营性补贴、资助生态畜产品的科学研究等，有利于提高发展可持续生产的积极性，产品的环境质量认定结果逐渐成为生产者、销售者争相追求的特色。另一方面，荷兰政府的作用还表现在通过补贴政策扶植咨询公司、技术服务公司等私人企业，做生态畜牧业市场的隐形推手，在促进技术推广、提供有效信息等方面发挥积极作用。

（2）通过建立质量控制体系，保障生态畜产品的质量。

一是落实"从农田到餐桌"原则。"从农田到餐桌"这一原则是在2000年欧盟发布的《食品安全白皮书》文件中第一次被提及，其中明确了三种发展战略，分别为构建独立的食品安全管理局、落实由"从农田到餐桌"的全食品链食品安全管理原则、确立并明确生产经营食品方的安全主体责任。2005年，将"从农田到餐桌"原则落实到从生产到销售的具体环节，完善了生态畜产品的管理体系。

二是建立质量控制体系。荷兰饲料质量控制体系建立在良好生产规范（good manufacturing practice，GMP）和危害分析与关键控制点（hazad analysis critical control poin，HACCP）的基础之上。荷兰动物饲料生产委员会首先依据 GMP 标准对生态畜牧业使用的饲料进行质量监控，对由畜禽粪便加工而成的饲料尤为重视，并为经审查合格的农户、企业颁发 GMP 合格证。HACCP 作为官方控制的另一重要手段，一方面，可以对生态畜牧业的生产加工过程中可能存在的安全风险加以预防；另一方面，可以通过监管与可追溯体系相配合，对生态畜产品上的标识、标签进行更好的管理；此外，还可以监督欧盟成员或第三国，看其是否遵守法律规定、履行了自身的职责。

三是实行保障畜产品质量的 IKB 体系。为了保障以及提升养猪行业的质量和控制力度，荷兰政府部门再次实行 IKB 体系。20 世纪 90 年代初期，荷兰畜牧业部门建立了一个促进和保证畜牧、肉类和蛋类产品质量的系统，即 IKB 体系。该体系监管着生产链条上从生产者到零售商的每个环节以保证产品质量，该体系是荷兰生态畜产品管理中的经典模式。据统计，荷兰屠宰场每年加工处理、通过 IKB 认证的优质猪达100 万头（占全荷兰屠宰量的 97％），经济效益显著，可见此控制体系对生态畜产品质量的保障程度之高。

8.2.2 对吉林省畜牧业绿色发展的启示

吉林省要构建完备的畜牧业高质量发展体系，增强畜牧业质量效益和竞争力，首先要做好环境保护措施，实现绿色发展，完善畜牧业绿色发展相关的法律法规与政策制度，积极研发和推广绿色环保低碳技术等的使用，在质量管理体系建设方面下功夫，发展良好生态畜牧业模式，与此同时可学习和借鉴国外畜牧业绿色（可持续）发展的经验与方法，促进吉林省畜牧业绿色高质量发展。

8.2.2.1 通过立法，推进畜牧业绿色发展

不论在哪个国家，绿色有机畜牧业的发展必须要建立在相关的法律及法规的基础上，美国和欧洲之所以在有机绿色畜牧业上发展迅速，究其缘由还是建立了比较完善的法律法规体系。在世界不断发展的今天，无论是对国人健康问题的关注、国民经济的发展还是我国的经济贸易同世界贸易的相辅相成，绿色有机畜牧业的发展都是必要的，这种必要不仅仅是全国乃至全世界人民的支持，更是各个国家和当地政府应当履行的职责。

较为完善的法律法规是保障畜牧业得以高质量且可持续发展的制度依据。德国、日本、美国等发达国家都具备较为完备的畜牧业法律法规体系，通过立法保障畜牧业可持续发展，如德国出台的《动物福利法》《药物管理法》《土壤评价法》和日本出台的《农业基本法》等；美国国会通过了大量关于畜牧业的法律法规，规范畜牧业发展行为，推动畜牧业可持续发展同时，各项畜牧业法律还明确界定了政府干预畜牧业的合理范围。

近年来，国家层面虽然出台了一些关于畜牧业绿色发展的法律法规，但吉林省关于畜牧业绿色发展相关的法规和制度却较少，因此，政府应该提高对畜牧业绿色发展相关制度的重视程度，加大力度出台有关畜牧业绿色发展的地方法规和制度，注重环境保护和资源节约，尽可能构建一个完善的法律法规体系，为吉林省畜牧业绿色发展、高质量发展做出贡献。

8.2.2.2 完善畜牧业绿色发展的支持政策，推动畜牧业与环境协调发展

畜牧业绿色发展离不开政府的政策支持，美国、德国、荷兰、澳大利亚等国家都出台了相关的政策，促进畜牧业可持续发展。例如，草原生态保护政策有利于促进环境改善，实现草原可持续发展，澳大利亚在这方面的经验值得吉林省学习与借鉴。德国制定了一系列政策引导消费升级，让越来越多的消费者接受环境成本增加带来的较高价格畜产品。

坚持政策引导，更好发挥政府作用，优化区域布局，强化政策支持，加快补齐畜牧业发展的短板和弱项，加强市场调控，保障畜禽产品有效供给。

新发展阶段，实现畜牧业绿色发展和高质量发展，需要更精准的政策措施，特别是具有前瞻性、稳定性的政策支持。同时，应根据畜牧业高质量发展的实际需要，消除"过度"政策影响，科学确定政策优先支持的重点领域：一是扶持发展优质饲草产业。根据不同区域的实际，在保障粮食安全前提下，加快建设现代饲草产业体系，为畜牧业高质量发展提供优质、安全、健康、营养的饲料，保障牲畜个体生命健康，进而实现牲畜产品的质量安全。二是扶持畜牧业发展方式的绿色转型。根据畜禽养殖禁养限养的"生态红线"，逐步加大对规范化、标准化养殖的政策扶持力度。特别是，针对畜牧业中废弃物资源化利用、病死牲畜个体无害化处理，应根据环保要求，加大政策支持力度。三是扶持对牲畜产品质量的监测。建立全产业链质量追溯体系，覆盖畜牧业的饲料、生产、加工、运输、储存和销售等各个环节，全面落实质量安全责任。

8.2.2.3　深度开发和合理利用资源，构建生态畜牧业发展模式

当今面临环保问题的严重性不容小觑——草场退化严重，荒漠化趋势进一步扩大，更有"谈禽色变""谈猪色变"等说法，我国南方很多养殖场被强行关闭。实际上发展畜牧、养殖业和环境保护并不矛盾。目前德国、美国、日本等发达国家在畜牧业方面都是实行种养结合的生态农业模式，发展环境友好型养殖业。

吉林省相关部门应采用因地制宜的模式发展生态畜牧业，进而推动畜牧业可持续发展。具体而言，在牧区应采用生态型草原发展模式，并辅以小规模草地畜牧业，利用轮休制保护草场资源，保护草原生态环境。在城市郊区发展畜牧业时应注重环境保护。根据吉林省不同区域的资源优势和土地消纳能力，合理进行畜牧业养殖布局，有效推进种养结

合农业生产系统发展。根据粮食种植情况布局生猪、肉鸡和蛋鸡等养殖密集型和需粮性大的畜禽产业，缩短饲料运输距离，就近将畜禽废弃物还田，实现农业废弃物的资源化利用，从畜牧业和种植业的整体产业布局上促进种养结合综合农业系统的有效运行。

而目前吉林省猪业养殖完全可以参照德国等欧洲畜牧业强国的发展模式，大力发展适度规模的家庭式养殖场，种养结合，农牧循环，按照土地承载量限定养殖规模，同时做到"变粪为宝"、养殖场粪污零排放，最终实现环境友好型养殖业的可持续发展。有效实施农牧结合，发挥种植业与养殖业的互补优势，为养殖业提供安全营养的饲料原料，提高农业生产的自给率，促进种养业综合效益的提升（熊慧、王明利，2020）。

8.2.2.4 强化技术创新，推动畜牧业绿色转型

新发展阶段，畜牧业高质量发展所面临的环境规制、市场需求等外部压力会不断加大，倒逼畜牧业发展必须实施新旧动能转换，提高质量与效益。畜牧业要突破发展瓶颈，解决深层次矛盾和问题，根本出路在于提高科技创新能力。实现畜牧业高质量发展，不仅需要畜牧养殖技术的创新提供技术支撑，而且也需要物联网、云计算、大数据及人工智能等信息化、智能化技术提供手段及保障。

吉林省政府应借鉴美国、日本、德国等国家发展畜牧业的先进经验，推动畜牧业生态经济系统的可持续发展。具体而言，要加大实用型技术在畜牧业中的普及和推广力度，提高畜牧业生产效率，同时也要注重现代信息技术的应用。一是要采取生物技术，包括分子育种、生物工程疫苗、微生物发酵、微生态应用等，实现畜禽良种、饲料配制、疫病防治等领域的创新突破；二是要借助信息化、智能化技术，搭建具有公共服务属性的经营平台，如电商平台、畜产品综合交易服务平台等，通过大数据、物联网和人工智能技术与畜牧业的跨界融合，形成新动力，培育新业态（于法稳等，2021）。三是利用信息技术采集畜牧业产前、产中、产后各个环节的数据，深入挖掘这些数据的潜在价值，并利用智

能技术进行诊断和监测。包括牲畜行为监测、行为特征识别，从而有利于对动物生理和健康状况的掌控，及时发布疾控信息预警（唐华俊，2020）。

此外，吉林省政府与农业部门应加大畜牧业科技创新和推广应用资金扶持力度，在畜禽新品种（系）生产养殖过程中引入先进技术，可依托畜禽遗传改良计划，引导优秀遗传资源交换共享，自主选育优良畜禽品种，确保畜禽良种种源供给，大幅度提高畜禽生产性能（唐振闯等，2018），实现动物健康养殖、无公害养殖，进一步实现对畜禽疾病的预防工作，有效提升畜牧业经济效益（王果，2019）。

8.2.2.5　健全畜牧业质量管理体系，保障和提高畜产品质量

目前，德国、荷兰、日本等国家的畜牧业发展进入了高度重视质量阶段。德国大力监督动物福利和环境保护等方面；荷兰监控"从农田到餐桌"的全过程，建立畜牧业质量控制体系；日本通过技术创新提高畜产品质量。环境保护是德国畜牧业可持续发展的重要立足点；动物福利是保证产品质量的重要因素，德国政府对动物福利工作推动力度很大，采取了一系列措施支持农场主保证动物福利。风险监测评估体系是指对于生态产品中可能存在危险性因素进行全过程监测和分析等，利用风险分析的手段对可能发生的生态畜产品安全事故进行事前的预防，比在安全事故发生之后再去追溯事故的起因更为优化也更便于操作、监控。欧盟强调，风险评估能够为制订生态畜牧业的安全标准及法令提供科学依据，包括新的科学技术（如新类型的品种改良技术）能否投入生态畜牧业使用的情形，因此，安全立法之前的风险评估工作必不可少（赵雪洁，2020）。

近年来，我国加大了对畜产品质量的监管。《国务院办公厅关于印发 2012 年食品安全重点工作安排的通知》指出，要进一步扩大包括畜产品在内的食品安全监管范围，对供应链实施全程监管、实时控制，质量监管范围也将分散到包括防伪、追溯召回、库存管理、产品数据管理

等全产业链环节可追溯系统的理念已在我国得到了初步建立。吉林省在一些大型畜牧企业也实施了"拱一拱"可追溯体系，但是瘦肉精、抗生素超标现象还是时有发生，要实现饲料端"禁抗"和养殖端"减抗""限抗"目标，仍需要一定的时间。因此，吉林省在畜牧业绿色发展和高质量发展过程中，应进一步建立健全畜产品的质量管理体系，贯彻监控和全程可追溯理念，对可追溯体系进行大范围的扩展，严格落实国家的"禁抗""减抗"政策，加大惩罚力度，并将生态畜牧业中每个环节的工作人员及企业等纳入进来。批判性学习国外经验，推动动物福利政策的落实，完善环境保护监管工作，不断提高畜产品质量。

9 吉林省农牧业绿色发展的策略建议

根据前述研究结果可知，吉林省农业绿色发展总体水平较低，9个地市（州）之间的畜牧业绿色发展水平差距较大。为尽快提高吉林省农牧业绿色发展水平，本章根据吉林省农牧业绿色发展存在的问题及实证分析结果，结合国外发达国家农牧业绿色发展经验，探讨提出了促进吉林省农牧业绿色发展的策略建议。

9.1 完善法律法规，为农牧业绿色发展提供制度保障

较为完善的法律法规体系是确保农畜产品质量安全与农牧业可持续发展的制度保障。不论在哪个国家，绿色有机农牧业的发展必须要建立在相关的法律及法规的基础上，如美国、德国、日本等发达国家都具备较为完备的农牧业法律法规体系，它们依靠强制的法律约束，使农牧业发展中的环境污染问题得以大幅度缓解，如依法减少环境污染、保护草场资源等，通过立法保障农牧业可持续发展。

近年，我国在国家层面虽然出台了一些关于农牧业绿色发展的相关法律法规，但吉林省关于农牧业绿色发展相关的法规和制度却较少，因此，政府应该提高对农牧业绿色发展相关制度的重视程度，加大力度出台有关农牧业绿色发展的地方法规和制度。首先，研究制定修订体现农牧业绿色发展需求的法律法规。在农业绿色发展方面，推动修订农业绿色发展相关的法律法规，如完善黑土地保护、农业污染防治、农业生态

保护等方面的法律制度；在畜牧业绿色发展方面，推动修订畜牧兽医相关法律法规，提高畜牧业法制化水平，建立健全畜牧业绿色发展制度，主要包括畜牧业绿色发展规制、属地管理责任制、畜产品质量安全追溯制度、畜牧业补贴制度、生态补偿制度等。目前吉林省在这些方面均有所涉猎，但就某一方面制度而言，还需要进一步完善。其次，要开展配套规章建设。健全重大环境事件和污染事故责任追究制度及损害赔偿制度，提高惩罚标准和违法成本。最后，加大执法和监督力度。强化重点领域执法，严格执行农业资源环境保护、农产品质量安全等领域法律法规；提升农业绿色发展执法能力，加大破坏农业资源环境等违法案件查处力度，依法打击破坏农业资源环境的违法行为。总之，要注重环境保护和资源节约，尽可能构建一个完善的法律法规体系，为吉林省农牧业绿色发展、高质量发展提供制度保障。

9.2 完善激励政策，为农牧业绿色发展提供政策支持

　　农牧业绿色发展离不开政府的政策支持，美国、德国、荷兰、澳大利亚等国家都出台了相关的政策，促进农牧业可持续发展。近年，我国相继出台了一些促进农牧业绿色发展的相关政策，如 2017 年 9 月，中共中央办公厅、国务院办公厅印发《关于创新体制机制推进农业绿色发展的意见》（中办发〔2017〕56 号）；2017 年 5 月，国务院办公厅印发《关于加快推进畜禽养殖废弃物资源化利用的意见》（国办发〔2017〕48 号）；2020 年 9 月，国务院办公厅印发《关于促进畜牧业高质量发展的意见》（国办发〔2020〕3 号）；2021 年 8 月，农业农村部等 6 部门印发《"十四五"全国农业绿色发展规划》（农规发〔2021〕8 号）等；这些政策文件的制定实施，对于促进我国农牧业绿色发展起到了积极作用。

　　在新发展阶段，要实现农牧业绿色发展和高质量发展，需要更精准的政策措施，特别是具有前瞻性、稳定性的政策支持。吉林省作为粮食

主产省和畜牧业大省，在贯彻落实国家农牧业绿色发展相关政策的同时，还要结合吉林省的实际，完善财政激励政策，加大公共财政对农牧业绿色发展支持力度，推动财政资金支持由生产领域向生产生态并重转变，积极出台相关的配套政策和特有的政策，重点考虑以下几方面的政策。

9.2.1 完善农业补贴方式，提高农业补贴综合效益

由于当前吉林省的农业（此部分是指种植业）绿色发展效率水平仍处于较低阶段的现状，以及国家提出了大力推动农业绿色发展的新要求，政府的补贴政策显得尤为重要。政府通过各种补贴方式以支持农民的绿色生产方式和农业绿色发展的同时，也要有重点和有方向性地实施补贴政策以提高农业补贴的效益。

首先，要通过加大补贴金额以加大补贴力度，发挥财政补贴的激励作用。在面临农业发展转型的重要时期，政府要发挥财政税收的作用，加大对农业生产的补贴力度，给农民的绿色生产减轻成本压力和增加生产支持。

其次，要完善补贴的结构，使得补贴朝着利于农业低碳发展的方向倾斜。在吉林省各地现有补贴绩效评估的基础上，做好财政补贴的长远规划。还要制定具体的、多样的补贴体系，规范好财政补贴的申请和审核等制度，做好对其的宣传力度以扩大受益范围，使得补贴真正能够起到作用，兼顾其生态效益和经济效益，提高补贴效率。还可以针对各地的具体生产情况，制定因地制宜的补贴方案，提高补贴效率。

最后，还要加强政府补贴的监督制度，以规范农业补贴机制，进而提高农业补贴的效益。加大对正向财政激励政策的制度化设计，加强政策实施过程前后的监管力度，把责任落实到实处，制定专门的监管机制。同时，也可以加强负向的惩罚设计，针对各地的具体情况，对于破坏农业绿色生产方式的个人和农业经营组织做相应的处罚。

总之，要根据吉林省各地区的实际生产情况，探索和完善农业绿色生产在不同主体间和不同环节上的补贴方式和模式，以提高农业补贴的经济效益、社会效益和环境效益等综合效益，实现农业补贴和农业绿色生产的良性循环。

9.2.2 完善畜牧业补贴和金融支持政策，发挥资金的支撑作用

科学全面的畜牧业补贴制度是吉林省推动畜牧业绿色发展的重要制度保障。明确补贴制度的定位，将畜牧业补贴制度与节约资源、保护环境相结合。不断更新补贴制度的体例、规模、类型等，采用直补与间补相结合的形式、扩充补贴资金的供给主体、增加绿色科技补贴、畜牧业人才培养、主动采纳绿色技术、污染物资源化利用等新型补贴项目，如财政补贴政策侧重于环境质量激励、养殖场主培训、后备人才培养、科研成果应用等方面。将政府针对畜牧业绿色发展所制定的各种补贴制度与其他金融机构出台的补贴形式相结合，扩展资金补贴的来源，激发生产主体寻求绿色发展的主动性。最大限度发挥政府补贴资金在畜牧业绿色发展中的作用，充分发挥资金的强力支撑作用。

在政府补贴制度方面：一是要引进畜禽先进设备，争取将其列入畜禽养殖业扶持政策；落实农机购置补贴政策，将养殖场（户）购置自动饲喂、环境控制、疫病防控、废弃物处理等农机装备按规定纳入补贴范围；二是政府安排专项资金对规模小、缺乏粪污处理设备的养殖户实行区域粪污集中处理，建立统一处理设备，采取政策扶持补贴或以奖代补方式，对治理粪污的养殖户和引粪入田的种植户给予经济补贴，加大对粪污治理和有机肥的资金投入，对重大动物疾病和强制免疫及防疫员给予经费补助，并实行差异化补助。

在金融支持方面：一是要在畜禽养殖业贷款方面给予优惠政策。政府应当在制度上支持绿色金融体系的构建与延展，在法律的角度上完善绿色投融资相关条例，引导金融机构创新畜牧业绿色发展的金融产品及

金融服务。降低利率，继续推进"吉农牧贷"，通过银政联手建立增信机制，健全"银行＋担保公司＋合作社＋养殖户"为主要模式的融资平台，推动融资机制创新。结合吉林省"千万头肉牛计划"项目的实施，金融机构可采用"担保公司＋合作社＋养殖户"三位一体的联合担保机制、畜（禽）舍或大型设施设备抵押贷款、订单抵押贷款等机制，积极稳妥开展活畜禽抵押贷款试点，尽最大努力降低绿色生产风险，消除生产主体对于绿色生产的犹豫。二是要完善畜牧业生产主体信用管理体系，鼓励社会资本投入到畜牧业绿色发展建设中去，挖掘畜牧业融资渠道。

9.2.3 完善农业生态补偿政策，支持退耕还林还草

完善耕地、草原、森林、湿地、水生生物等生态补偿政策，继续支持退耕还林还草。优化耕地地力保护补贴，探索推进补贴发放与耕地地力保护行为相挂钩的耕地地力保护补贴机制。支持开展退化耕地治理，继续实施耕地轮作休耕制度。统筹玉米和大豆生产者补贴，坚持补贴向优势区倾斜。有效利用绿色金融激励机制，探索绿色金融服务农业绿色发展的有效方式，加大绿色信贷及专业化担保支持力度，创新绿色生态农业保险产品。加大政府和社会资本合作（public-private partnership，PPP）在农业绿色发展领域的推广应用，引导社会资本投向农业资源节约、废弃物资源化利用、动物疫病净化和生态保护修复等领域（中共中央办公厅、国务院办公厅，2017）。

9.3 健全绿色技术创新体系，为农牧业绿色发展提供科技支撑

科技创新已经成为农业发展的重要保障，农业绿色发展亦然。推行农业绿色发展，必须将科学技术与生产方式相结合，不断攻破其中的各类技术难题，技术已经成为农业绿色发展的基础与保障。推进农业绿色发展是农业发展观的一场深刻革命，对农业科技创新提出了更高更新的

要求。围绕提高农业质量效益竞争力，破解当前农业资源趋紧、环境问题突出、生态系统退化等重大瓶颈问题，迫切需要强化创新驱动发展，转变科技创新方向，构建支撑农业绿色发展的技术体系。

2018 年 7 月，农业农村部印发了《农业绿色发展技术导则（2018—2030 年）》（农科教发〔2018〕3 号），进一步强调，应调动创新主体积极性，加大对农业绿色技术创新研究和示范推广的支持；2019年 4 月，国家发展和改革委、科技部联合印发了《关于构建市场导向的绿色技术创新体系的指导意见》（发改环资〔2019〕48 号），对构建绿色技术创新体系的总体思路、基本原则、主要目标和内容都做了详细的阐述。这些文件的出台，有利于我国农业绿色技术的研发和推广，对农业绿色发展起到了很好的科技支撑作用。

由前述内容的实证分析可知，吉林省各地区农业纯技术效率的增长对绿色发展效率的提高起着关键的作用。因此，要促进吉林省绿色农业的发展，提高农业绿色发展效率，就要着力提高吉林省农业科技水平，依靠科技创新带动农业绿色发展。吉林省拥有吉林农业大学、吉林省农业科学院、中国科学院东北地理与农业生态研究所等多家科研院所，农业科技创新的实力较强。吉林省在贯彻落实国家绿色技术创新相关文件精神的同时，要深入实施创新驱动发展战略，加快农牧业绿色发展科技自主创新，构建农牧业绿色发展技术体系，重点应抓好以下工作。

9.3.1 推进农牧业绿色技术创新

首先，推进绿色技术集成创新。在农业绿色技术创新方面，开展关键技术攻关。围绕农业深度节水、精准施肥用药、重金属及面源污染治理、退化耕地修复等，组织科研和技术推广单位开展联合攻关，攻克一批关键核心技术，研发一批绿色投入品，研发应用减碳增汇型农业技术，建立农业绿色发展技术体系。畜牧业绿色技术的发展更需要技术创新。规范绿色畜牧业养殖技术，推行畜禽品种选育、良种引繁技术，选育出优良品种的育种群体，以提高后代畜禽抗病和出肉率；开发应用畜牧兽医生物制品技术、畜禽清洁技术、粪污资源化利用技术等，构建畜牧业绿色技术创新支撑体系。依托农牧业绿色技术，提高绿色农畜禽产品的质量，培育优质的农畜产品。

其次，要完善绿色农机装备创新体系。深化北斗系统在农业生产中的推广应用，加快产业化步伐，推动传统农机装备向绿色、高效、智能、复式方向升级，利用信息技术、人工智能技术研发创制一批节能低耗绿色智能化农机装备；同时加快绿色高效技术装备示范推广，稳定实施农机购置补贴政策，将更多支持农业绿色发展机具、智能装备纳入补贴范围，加快绿色机械应用推广。加强大数据、人工智能、云计算、物联网、移动互联网等技术在畜牧业的应用，提高圈舍环境调控、精准饲喂、动物疫病监测、畜禽产品追溯等智能化水平。

最后，要建设农业绿色技术创新载体。加快农业绿色发展科技创新联盟发展，集聚科研院校、涉农企业、社会团体等各类创新主体力量，开展产学研企联合攻关，加快突破农牧业绿色发展技术瓶颈（农业农村部等，2021）。

9.3.2 推广应用绿色适用技术

第一，推进绿色科技成果转化。建立农业绿色科技成果转化平台，支持农业科研院校建立技术转移中心、成果孵化平台、创新创业基地等。定期公布科技成果和相关知识产权信息，推动科技成果与绿色产业有效对接。建立绿色发展科技成果转化激励制度，强化股权和分红激励政策，推动绿色科技成果向生产领域转化。

第二，推进绿色技术先行先试。开展绿色技术应用试验，以国家农业绿色发展试点先行区为重点，开展农业绿色发展综合试点，选择一批新型农业经营主体，探索节肥节药、废弃物循环利用市场化运行机制。

第三，引导小农户应用绿色技术。开展绿色生产技术示范，加强主体培育、科技服务、技术培训、社会化服务，提升小农户生产绿色化水平（农业农村部等 6 部门，2021）。

第四，发挥新型农业经营主体的作用，推广农业绿色技术。引导新型农业经营主体发展绿色农业、生态农业、循环农业，推进生态农场建设，率先运用绿色生产技术，开展标准化生产，提高绿色技术示范应用水平。支持新型农业经营主体带动普通农户发展绿色种养，提供专业化全程化绿色技术服务。培养新型农业经营主体带头人，增加农业绿色生产技能培训课程，强化绿色发展理论教学和实践操作。

第五，在畜牧业方面，及时向养殖场（户）提供绿色养殖新技术。加强养殖户、高等院校、畜牧业科研机构和畜牧业技术推广部门的深度交流，缩短绿色科技转化为现实生产力的时间；畜牧业合作社要加强养殖主体与饲料作物育种、环保技术、疫病防控、生物有机肥优选等研发主体的交流，以科技创新带动技术进步，用科技驱动畜牧业绿色发展。

9.3.3　强化农业生产、加工各环节的绿色技术研发与推广

在推进农业绿色发展过程中，要将科技研发与农业绿色发展深入结合，尽可能构建绿色与科技相结合的农业发展体系，强化农业生产、加工各环节的绿色技术研发与推广。

第一，提高生产过程中的科技研发，充分落实节约资源与保护环境理念，着重研究节水灌溉技术、病虫害防治方法，通过科技的创新更直接地为农作物提供营养，尽可能减少使用农药化肥及农用塑料膜。

第二，提升加工环节的技术创新，提高绿色农产品附加值和延伸产业链已是必然，这就需要创新绿色农产品深加工技术，充分利用绿色安全加工技术，避免在加工过程中的环境污染问题，并且提高资源利用率。

第三，推广科研成果，科研人员要深入农村，将技术应用到田间地头；加大农业新技术的宣传推广力度，充分利用媒体与网络，让农民多方面了解技术；发挥农民合作组织在技术推广中的桥梁作用，减少农民

与推广人员之间的沟通难度，提高技术推广效率。

9.3.4　加大农业科技人才培养力度，提高绿色技术应用水平

不管是哪一行业，人才都是至关重要的一环，农业绿色发展亦然，农业科技人才的培养对农业绿色发展十分重要。进步的关键在于科技，而科技的进步则来源于人才，人才和科技密不可分。

一方面，要加大农业科技人才的培养力度。吉林省要发挥省内农业高校及科研机构的力量，加大农业科技人才的培养力度，并鼓励农业科研人才深入农村，完善农业科技特派员制度，做到理论与实际相结合，研究内容具体落实，不与农村具体生产相脱离，确保技术可操作。

另一方面，要加大对农民的培训，提高农民的科学文化水平和农业生产技术水平。政府要利用各种渠道开展农民培训，充分利用互联网等现代科技手段开展理论线上授课，专家老师深入基层开展实地教学，实际讲授新型生产技术、农药化肥选择等具体要领，提高农民实际操作能力。

9.4　推进种养结合、农牧循环，为农牧业绿色发展提供有效模式

发展生态循环农业，合理选择农业循环经济发展模式，推动多种形式的产业循环链接和集成发展，有利于促进农业废弃物资源化、产业化、高值化利用。通过种养结合、农牧循环的方式来进行农牧业生产，不仅可以处理废弃物，还可以实现资源化利用，如种植业的秸秆可以做畜禽的饲料，畜禽的粪污可以做种植业的肥料。

一方面，吉林省应加强农牧统筹，将畜牧业作为农业结构调整的重点。农区要推进种养结合，根据不同区域的资源优势和土地消纳能力，合理进行畜牧业养殖布局，有效推进种养结合农业生产系统发展。鼓励在规模种植基地周边建设农牧循环型畜禽养殖场（户），促进粪肥还田，加强农副产

品饲料化利用,实现农业废弃物的资源化利用,从畜牧业和种植业的整体产业布局上促进种养结合综合农业系统的有效运行。农牧交错带要综合利用饲草、秸秆等资源发展草食畜牧业,加强退化草原生态修复,恢复提升草原生产能力。草原牧区要坚持以草定畜,科学合理利用草原,鼓励发展家庭生态牧场和生态牧业合作社(国务院办公厅,2020)。

另一方面,应探索建立农业绿色循环低碳生产制度。吉林省要严格控制旱改水,选育推广节肥、节水、抗病新品种。以土地消纳粪污能力确定养殖规模,引导畜牧业生产向环境容量大的地区转移,科学合理划定禁养区,禁养区划定减少的畜禽规模养殖用地,可在适宜养殖区域按有关规定及时予以安排,并强化服务。探索区域农业循环利用机制,实施粮经饲统筹、种养加结合、农林牧渔融合循环发展。

9.5 加强农牧业面源污染防治,提高产地环境保护水平

环境保护是农牧业可持续发展的重要立足点,保护环境就是保护生产力、改善环境就是发展生产力。许多发达国家非常重视环境保护,它们通过立法、财政补贴、种养结合等方式,发展生态农业和生态畜牧业,以达到减少污染、保护生态环境的效果。近年,为减少环境污染,促进农牧业绿色发展,我国也出台了一些相关政策和措施。2015年以来,农业农村部为推进农业绿色发展,组织开展化肥农药使用量零增长行动,推进化肥农药减量增效;为深入开展畜禽粪污资源化利用,加快推进畜牧业绿色发展,2017年5月,国务院办公厅印发了《国务院办公厅关于加快推进畜禽养殖废弃物资源化利用的意见》(国办发〔2017〕48号);2017年7月,农业部制定了《畜禽粪污资源化利用行动方案(2017—2020年)》,这些政策的颁布和实施,对减少面源污染、促进农牧业绿色发展都起到了积极的作用。

吉林省作为农业大省和畜牧业大省,积极贯彻落实国家在环境保护

方面的政策和措施，近年虽然取得了较好的效果，但还有一些不尽如人意的地方，需要加快推行绿色生产方式，深入推进化肥农药减量化，加强畜禽粪污资源化利用，推进农膜科学使用回收，支持秸秆综合利用，具体建议如下。

9.5.1 持续推进化肥农药减量增效

在推进化肥减量增效方面，建议在一些县市建立化肥减量示范区，全面实施测土配方施肥，集成推广水肥一体化、增施有机肥和生物肥料，增加优质绿色产品供给。在推进农药减量增效方面，推行统防统治，带动群防群治，提高防治效果；推行绿色防控，集成推广生物防治、物理防治等绿色防控技术，引导创建绿色生产基地，培育绿色品牌，带动更大范围绿色防控技术推广（农业农村部等，2021）；推进科学用药、精准施药，开展农药使用安全风险评估，推广应用高效低毒低残留新型农药，努力减少农业面源污染。

9.5.2 促进畜禽粪污和秸秆资源化利用

在推进养殖废弃物资源化利用方面，健全畜禽养殖废弃物资源化利用制度，严格落实畜禽养殖污染防治要求，完善绩效评价考核制度和畜禽养殖污染监管制度，加快构建畜禽粪污资源化利用市场机制，促进种养结合；加强畜禽粪污资源化利用能力建设。在推进秸秆综合利用方面，促进秸秆肥料化，集成推广秸秆还田技术，改造提升秸秆机械化还田装备。系统性推进秸秆粉碎还田，促进秸秆饲料化、燃料化、基料化和原料化，并且争取全域禁烧。积极推进种养结合，促进黑土地保护与秸秆利用、畜禽粪污处理的有机衔接。

9.5.3 加强白色污染治理，推进农膜回收利用

落实严格的农膜管理制度，加强农膜生产、销售、使用、回收、再

利用等环节管理。建立健全农膜回收利用机制，促进废旧地膜加工再利用。大力推广生物可降解地膜，强化地膜污染残留监测，加快建立废旧农膜农资回收利用体系。

9.6 强化农牧业资源保护与节约利用，提升可持续发展能力

相对于人类的无限欲望而言，资源是有限的，所以要树立循环利用的资源观，加强农业资源的全过程节约管理，降低农业资源利用强度，促进农业资源永续利用。吉林省依托长白山拥有比较丰富的农业资源，如黑土地、松花江水等，具有发展绿色农业的资源优势，更应该注意加强保护和节约利用，具体建议如下。

9.6.1 加强耕地保护与质量建设

从国家层面来说，要落实"长牙齿"的耕地保护硬措施，实行耕地保护党政同责，严守 18 亿亩耕地红线。我国要牢牢守住耕地红线和永久基本农田保护面积，实施质量优先序下的耕地结构性保护；巩固永久基本农田划定成果，建立健全永久基本农田特殊保护制度。对于吉林省而言，应抓好以下两方面工作。

一方面，要实施国家黑土地保护工程，坚定抓好黑土地保护。深入贯彻落实习近平总书记视察吉林时做出的"一定要保护好黑土地这一'耕地中的大熊猫'"重要指示精神，深化实施黑土地保护工程和"黑土粮仓"科技会战，全面落实加强黑土地保护政策措施；大力推广保护性耕作，重点扩大"梨树模式"；扎实抓好试点和项目建设，黑土区试点县要重点示范推广秸秆覆盖还田、秸秆深翻还田、盐碱地治理等模式；同时，政府要制定黑土地监测、督查管理办法和相关配套制度，建立奖惩机制，强化黑土地保护责任落实，确保黑土地保护各项任务措施落实见效。

另一方面，要加强耕地质量建设，坚定抓好高标准农田建设。要保质保量地完成国家下达的高标准农田年度建设任务，开展土地平整、土壤改良、灌溉排水等工程建设；实施耕地保护与质量提升行动计划，开展秸秆还田，增施有机肥，种植绿肥还田，增加土壤有机质，提升土壤肥力；推动用地与养地相结合，开展玉米与大豆轮作；并按照国家提高建设标准的要求，努力增加高标准农田建设投入；在吉林西部实施盐碱地综合治理利用工程，综合治理盐碱地，增加粮食产量。

9.6.2 推行节约高效的农业用水制度，提高农业用水效率

虽然吉林省的水资源比较丰富，但也要节约用水、提高农业用水效率。首先，要集成推广节水技术。推广水肥一体化及喷灌、滴灌等农业节水技术，提高水资源利用效率；推动寒地井灌稻地区地表水、界河水替代地下水。其次，要加强农业用水管理。强化水资源刚性约束，坚持以水定地、量水而行；落实最严格水资源管理制度，严格灌溉取水计划管理，实施用水总量控制和定额管理，明确区域农业用水总量指标；加强农户用水管理，指导科学灌溉，提高农民节水意识（农业农村部等，2021）。

9.7 提升农畜产品质量安全水平，增加绿色农产品有效供给

国外一些发达国家通过立法、科技创新、补贴政策等方式来保障和提高农产品质量，尤其是通过建立质量管理体系，来保证和提升农产品质量安全水平，增加绿色农产品供给。除了上述经验以外，吉林省还应通过以下方式来提升农产品质量安全水平。

9.7.1 大力实施农业生产"三品一标"行动

农业生产"三品一标"，即推进"品种培优、品质提升、品牌打造

和标准化生产"，提升农产品绿色化、优质化、特色化和品牌化水平。在推进品种培优方面，吉林省要发掘优异种质资源，筛选一批绿色安全、优质高效的种质资源。在推进品质提升方面，建议推广高蛋白高油玉米、优质粳稻粒稻、高油高蛋白大豆等良种，提升粮食营养和品质。推广一批生猪、奶牛、禽类和优质蔬菜、道地中药材等良种，提升"菜篮子"产品质量。集成推广绿色生产技术模式，净化农业产地环境，推广绿色投入品，促进优质农产品生产。在推进农业品牌建设方面，构建农业品牌体系，建立品牌标准体系，打造一批地域特色突出、产品特性鲜明的区域公用品牌，鼓励龙头企业打造知名度高、竞争力强的企业品牌，培育一批"大而优""小而美"的农产品品牌。开展品牌宣传推介活动，挖掘和丰富农业品牌文化内涵，讲好农业品牌故事，增强农业品牌知名度、美誉度和影响力（农业农村部等，2021）。在推进标准化生产方面，建立全产业链农业绿色发展标准体系，加快产地环境、投入品管控、农兽药残留、产品加工、储运保鲜、分等分级关键环节标准制修订。

9.7.2 深入推进农业标准化建设

吉林省应紧紧围绕实施"一主六双"高质量发展战略，深入推进农业标准化建设，组织开展农业标准化示范基地创建，力争培育出省级绿色优质安全标准化示范基地。健全绿色农产品标准体系，持续推进绿色食品、有机农产品、地理标志农产品认证，推行食用农产品承诺达标合格证制度，提升绿色食品、有机农产品和地理标志农产品等认证的公信力和权威性，进一步推广运用农产品追溯体系，提高绿色农产品的市场认可度。加强农产品质量安全全程监管，依托现有资源建立国家农产品质量安全追溯管理平台，加快农产品质量安全追溯体系建设。积极创建国家级农产品质量安全县，对已认定的农产品质量安全县实行定期考核、动态管理，打造标准化生产、全程监管的样板区。加大专项整治和监测力度，加强风险排查，提升应急处置能力，有效消除隐患。

9.7.3 在畜牧业发展方面，全面提升绿色养殖水平

严格执行饲料添加剂安全使用规范，依法加强饲料中超剂量使用铜、锌等问题监管；加强兽用抗菌药综合治理，实施动物源细菌耐药性监测、药物饲料添加剂退出和兽用抗菌药使用减量化行动，严格实施饲料"禁抗"、养殖"减抗"、产品"无抗"行动。

9.8 推进产业集聚，提升农牧业绿色发展效率

从前文研究结果来看，吉林省农业产业集聚与农业绿色发展效率之间存在倒 U 形关系。目前，吉林省的大部分区域尚处在倒 U 形曲线左侧的上升区，还有很大的提升空间。农业产业集聚可以通过降低交易成本、打造区域品牌和企业品牌、共享公共资源、促进技术创新来实现小农经济与规模经济的结合。所以，吉林省应通过推进农业产业集聚，将小规模的分散农业生产主体和较大规模的关联企业聚合在一起，形成小规模经营者与大市场的有效连接机制和渠道，实现劳动力、公共基础设施等资源的共享；通过农业产业集聚，引导农业经济主体密切合作和相互竞争，以推动农业创新活动的产生，形成和集合农业创新的系统优势；通过农业产业集聚，有效降低农业分工带来的运输成本和交易费用，可以发挥集聚区作为发展农业生产性服务业的重要平台和网络节点的重要支撑作用；以绿色为导向，推动农业与食品加工业、生产服务业和信息技术融合发展，建设一批绿色农业产业园区、产业集群，带动农村第一、二、三产业绿色升级。推进要素集聚，统筹产地、销区和园区布局，引导资本、科技、人才、土地等要素向农产品主产区、重点专业村聚集，促进产业格局由分散向集中、发展方式由粗放向集约、产业链条由单一向复合转变。

9.9　加强宣传和培训，提高消费者和生产者的绿色发展意识

推动农业绿色发展，提高农业绿色发展意识必不可少。而提高农业绿色发展意识，并不只是在农民，领导干部和消费者的绿色发展意识也更加重要。

9.9.1　不断强化领导干部农业绿色发展和生态环保意识

2015 年 10 月，党的十八届五中全会强调，实现"十三五"时期发展目标，必须牢固树立并切实贯彻创新、协调、绿色、开放、共享的发展理念；党的十九大报告中又进一步强调，必须坚定不移贯彻创新、协调、绿色、开放、共享的发展理念。五大发展理念是党在深刻总结国内外发展经验教训的基础上形成的，是发展思路、发展方向的集中体现；其中，绿色发展理念是处理经济社会发展和自然环境保护关系的价值标准。作为党执政骨干的领导干部，必须正确理解绿色发展理念，坚定不移贯彻绿色发展理念。所以领导干部作为推进农业绿色发展的主要力量，要积极承担起农业绿色发展的建设者、组织者与示范者等重要角色。领导干部要树立农业生态环境保护责任意识和资源节约意识，要不断加强对领导干部的农业生态知识以及生态环境保护法律法规培训教育，保障领导干部环保意识和资源节约意识不断强化。要把领导干部的绩效与生态环境保护相结合，树立生态绩效观，以此提高领导干部农业环境保护责任意识和农业绿色发展意识。

9.9.2　加大宣传力度，不断提高消费者的绿色消费意识

要想让绿色农产品获得市场和消费者，就要增强消费者的绿色消费观念。消费观念的转变，可使绿色农牧产品需求量增加，这样农牧民生产的绿色农产品不仅畅销而且能卖上较好的价格，农牧民能够从中得到

利益，就能够提高农牧民生产绿色农产品的积极性，农民才能积极响应农业绿色发展理念。首先，要利用新兴的宣传手段，多领域、多视角地开展绿色消费理念、绿色生活方式等的宣传教育，引领消费者树立安全、健康的绿色消费意识，提高对绿色农畜产品的消费需求。其次，政府需要制定并完善推进绿色消费的法律法规，使得绿色消费在消费者可接受范围内满足需求。最后，要加大力度宣传绿色农产品的优势，潜移默化中影响消费者观念的转变，形成良好的绿色消费观念，努力将绿色消费观念深入到消费者头脑中。

9.9.3 加强宣传和培训，不断提升农民的绿色生产意识和生产积极性

农民作为农业生产的主体，在农业绿色发展中担任着重要力量，要想转变农民自身的发展观念，就要从根本上提高农民从事绿色生产和发展绿色农业的积极性。吉林省农业人口数量较大，农民文化素质相对较低，因此加强农民的农业生态环境保护意识和绿色生产意识尤为重要。一是加强农业绿色发展宣传力度，广泛应用大数据、多媒体等现代手段，采取农民易于接受的方式宣传。二是切实组织农民参观绿色农业生态园，让农民切身感受、实地观察学习。三是有针对性撰写农业绿色发展宣传教育手册，并且根据手册内容组织农民培训，由此提升农民的绿色生产意识。四是让农民从农业绿色发展中得到实惠。尽管推行农业绿色发展后，农民收入会有一定程度的提升，但是农民发展绿色农业投入的成本较传统农业多，以致农民的生产积极性不高，所以，政府应加大农业绿色发展生产补贴力度，将补贴落实到农民手中，并进一步完善绿色农产品的优质优价策略，让农民切实感受到利益，以此提高农民的绿色生产积极性。

参　考　文　献

宾幕容，文孔亮，周发明，2017. 湖区农户畜禽养殖废弃物资源化利用意愿和行为分析——以洞庭湖生态经济区为例 [J]. 经济地理，37（9）：185－191.

曹斌，2017. 小农生产的出路：日本推动现代农业发展的经验与启示 [J]. 农村经济（12）：121－128.

陈杰，2015. 川西北民族地区畜牧业循环经济发展的路径研究 [J]. 贵州民族研究，36（4）：116－119.

陈健，2009. 我国绿色产业发展研究 [D]. 武汉：华中农业大学.

陈亮，解晓悦，2016. 新常态下如何构建现代农业绿色发展新格局的思考 [J]. 山西农经（9）：33－35.

陈三林，2017. 荷兰农业产业化的发展回顾与未来展望 [J]. 世界农业（7）：151－155.

陈伟生，关龙，黄瑞林，等，2019. 论我国畜牧业可持续发展 [J]. 中国科学院院刊，34（2）：135－144.

陈潇，2019. 美国农业现代化发展的经验及启示 [J]. 经济体制改革（6）：157－162.

陈秀羚，2017. 福建省农业绿色化转型的影响因素与路径研究 [D]. 福州：福州大学.

陈转青，2021. 政策导向、市场导向对农户绿色生产的影响——基于河南865个农户的实证分析 [J]. 管理学刊，34（5）：109－125.

成都市畜牧业发展研究课题组，郭晓鸣，李晓东，2016. 中国畜牧业转型升级的挑战、成都经验与启示建议 [J]. 农村经济（11）：38－45.

程启月，2010. 评测指标权重确定的结构熵权法 [J]. 系统工程理论与实践，30（7）：1225－1228.

程钰，王晶晶，王亚平，等，2019. 中国绿色发展时空演变轨迹与影响机理研究 [J]. 地理研究，38（11）：2745－2765.

崔民，张济舟，夏显力. 参与培训对农户生态农业技术采纳行为的影响——基于生态认知的中介效应和遮掩效应 [J]. 干旱区资源与环境，2021，35 (11)：38 - 46.

崔明，2006. 我国观光农业旅游发展面临的问题及对策分析 [J]. 甘肃农业 (8)：167.

崔宁波，巴雪真，2021. 黑龙江省耕地生态安全压力与农业经济发展的脱钩分析 [J].
水土保持研究，28 (5)：308 - 315.

崔瑜，刘文新，蔡瑜，等，2021. 中国农村绿色化发展效率收敛了吗：基于 1997—
2017 年的实证分析 [J]. 农业技术经济 (2)：72 - 87.

邓力，林香月，王占文，等，2017. 发挥自然资源优势，大力发展特色畜牧业 [J]. 中
国畜牧兽医文摘，33 (2)：29.

刁卓，王天航，2021. 乡村振兴背景下吉林省绿色农业发展探究 [J]. 南方农业，15
(29)：27 - 28.

杜志雄，金书秦，2021. 从国际经验看中国农业绿色发展 [J]. 世界农业 (2)：4 -
9，18.

付伟，罗明灿，陈建成，2021. 农业绿色发展演变过程及目标实现路径研究 [J]. 生态
经济，37 (7)：97 - 103.

耿宁，李秉龙，乔娟，2015. 我国畜禽种业发展运行机理、现实约束与路径选择 [J].
科技管理研究，35 (13)：71 - 75.

龚昱瑞，2020. "两山" 理论指导下夹江县资源型县域经济绿色转型研究 [D]. 北京：
北京林业大学.

巩前文，李学敏，2020. 农业绿色发展指数构建与测度：2005—2018 年 [J]. 改革
(1)：133 - 145.

关常欢，吕金阳，2018. 畜产品绿色供应链驱动因素分析 [J]. 饲料博览 (4)：
38 - 43.

郭海红，张在旭，方丽芬，2018. 中国农业绿色全要素生产率时空分异与演化研究
[J]. 现代经济探讨 (6)：85 - 94.

韩浩月，2017. 德国酒和烘焙食品中检测到芬普尼 [J]. 国外畜牧学 (猪与禽)，37
(10)：107.

韩满都拉，2019. 内蒙古高原温带草地畜牧业可持续发展评价 [J]. 中国农业资源与区
划，40 (1)：190 - 194.

何可，李凡略，张俊飚，等，2021. 长江经济带农业绿色发展水平及区域差异分析
[J]. 华中农业大学学报，40 (3)：43 - 51.

何坪华，毛成兴，2018. 安全风险认知与抗生素违规使用：来自山东省畜禽养殖户的实证检视［J］. 华中农业大学学报（社会科学版）（4）：20 - 29，166.

何琼，杨敏丽，2017. 基于国外循环农业理念对发展中国特色生态农业经济的启示［J］. 世界农业（2）：21 - 25，36.

何述辉，2019. 渝北着力推进畜牧业绿色发展［J］. 中国畜牧业（19）：67 - 68.

侯博，应瑞瑶，2015. 分散农户低碳生产行为决策研究——基于 TPB 和 SEM 的实证分析［J］. 农业技术经济（2）：4 - 13.

胡鞍钢，周绍杰，2014. 绿色发展：功能界定、机制分析与发展战略［J］. 中国人口·资源与环境，24（1）：14 - 20.

胡伟斌，黄祖辉，2018. 畜牧业三次产业融合：基于美国典型案例的研究及启示［J］. 中国畜牧杂志，54（10）：125 - 129.

黄少坚，冯世艳，2021. 农业绿色发展指标设计及水平测度［J］. 生态经济，37（5）：125 - 131.

冀名峰，辛国昌，刘光明，等，2019. 中德环境友好型畜牧业发展比较：现状和对策——中德农业政策对话工作组赴德国、荷兰调研报告［J］. 世界农业（2）：15 - 19.

江三良，李晓梅，2018. 供给侧改革背景下农业绿色发展研究——以安徽省为例［J］. 山西农业大学学报（社会科学版），17（11）：1 - 7.

姜国峰，2018. 美日德等国生态循环农业发展的 332 模式及"体系化"启示［J］. 科学管理研究，36（2）：108 - 111.

姜维军，颜廷武，张俊飚. 互联网使用能否促进农户主动采纳秸秆还田技术——基于内生转换 Probit 模型的实证分析［J］. 农业技术经济，2021（03）：50 - 62.

蒋洪强，张静，2012. 环境技术创新与环保产业发展［J］. 环境保护（15）：31 - 34.

蒋南平，向仁康，2013. 中国经济绿色发展的若干问题［J］. 当代经济研究（2）：50 - 54.

焦翔，2019. 我国农业绿色发展现状、问题及对策［J］. 农业经济（7）：3 - 5.

金书秦，韩冬梅，吴娜伟，2018. 中国畜禽养殖污染防治政策评估［J］. 农业经济问题（3）：119 - 126.

金书秦，林煜，牛坤玉，2021. 以低碳带动农业绿色转型：中国农业碳排放特征及其减排路径［J］. 改革（5）：29 - 37.

金书秦，牛坤玉，韩冬梅，2020. 农业绿色发展路径及其"十四五"取向 [J]. 改革
　　（2）：30 - 39.

靳明，2006. 绿色农业成长研究 [D]. 杨凌：西北农林科技大学.

李翠霞，2005. 黑龙江省绿色畜牧业发展的优势和经验分析 [J]. 中国农村经济（2）：
　　33 - 39.

李二玲，朱纪广，李小建，2012. 2008 年中国种植业地理集聚与专业化格局 [J]. 地理
　　科学进展，31（8）：1063 - 1070.

李芬妮，张俊飚，何可，2019. 非正式制度、环境规制对农户绿色生产行为的影响：
　　基于湖北 1105 份农户调查数据 [J]. 资源科学，41（7）：1227 - 1239.

李江南，2017. 美国、德国和日本循环农业模式的实践、经验及其比较 [J]. 世界农业
　　（6）：17 - 22，236.

李丽颖，2021. 我国农业绿色发展水平稳步提升 [N]. 农民日报，07 - 30（6）.

李明，吕潇俭，曹佳俊，等，2021. 在三江源国家公园设立生态畜牧业特区的可行性
　　研究 [J]. 青海民族大学学报（社会科学版），47（1）：7 - 12.

李霞，2015. 美国、德国生态农业法律制度建设及对中国的启示 [J]. 世界农业（8）：
　　102 - 105.

李晓琳，霍剑波，张华，等，2018. 美国农业资源管理的经验与启示 [J]. 中国农业资
　　源与区划，39（10）：86 - 90.

李欣玥，2021. 畜牧业可持续发展的影响因素与重点发展方向 [J]. 畜禽业，32（4）：
　　61，63.

李宜超，2011. 基于循环经济的安徽省畜牧业可持续发展模式研究 [D]. 合肥：安徽农
　　业大学.

李兆亮，罗小锋，薛龙飞，等，2017. 中国农业绿色生产效率的区域差异及其影响因
　　素分析 [J]. 中国农业大学学报，22（10）：203 - 212.

栗滢超，刘向华，2020. 乡村振兴下农户发展绿色农业的影响因素探析 [J]. 河南大学
　　学报（社会科学版），60（4）：36 - 43.

刘北桦，詹玲，尤飞，等，2015. 美国农业环境治理及对我国的启示 [J]. 中国农业资
　　源与区划，36（4）：54 - 58.

刘丹青，2019. 粪污资源化利用对畜牧业绿色发展的意义及对策 [J]. 畜牧兽医科学
　　（电子版）（2）：155 - 156.

刘刚，罗千峰，张利庠，2018. 畜牧业改革开放 40 周年：成就、挑战与对策 [J]. 中国农村经济（12）：19-36.

刘佳奇，2015. 日本农业循环经济的发展及启示 [J]. 农业经济问题，36（8）：105-109.

刘利，2019. 中国畜牧业支持政策及效应分析 [D]. 长春：吉林农业大学.

刘湘溶，1999. 生态文明论 [M]. 长沙：湖南教育出版社.

刘源，尹亚斌，何洋，2019. 从长期发展角度思考畜牧业发展政策 [J]. 中国畜牧业（23）：31.

刘振江，2007. 我国畜牧可持续发展研究 [J]. 安徽农业科学（11）：3416-3417.

柳玉玲，杨兆强，2020. 日本环境友好型农业发展经验及启示：基于肥料使用量变化趋势分析 [J]. 世界农业（9）：94-98，127.

卢泓钢，郑家喜，陈池波，等，2021. 湖北省畜牧业高质量发展水平评价及其耦合协调性研究：基于产业链的视角 [J]. 中国农业资源与区划（11）：1-13.

卢盼盼，2015. 贵州省畜牧业可持续发展综合评价与分析 [D]. 贵阳：贵州大学.

罗欢，王芳，陈晓东，2022. 环境约束下畜牧业经济发展效率研究——基于三阶段方向距离函数 [J]. 中国农业资源与区划，43（7）：115-124.

吕娜，朱立志，2019. 中国农业环境技术效率与绿色全要素生产率增长研究 [J]. 农业技术经济（4）：95-103.

马骥. 农村环境污染的根源与治理：基于产业经济学视角 [J]. 新视野，2017（5）：42-46.

马增晓，2020. 关于发展绿色畜牧业存在的问题及建议 [J]. 畜禽业，31（10）：54-55.

孟凡东，2012. 我国畜牧业生态经济发展的系统分析 [D]. 青岛：青岛大学.

潘丹，2014. 基于资源环境约束视角的中国农业绿色生产率测算及其影响因素解析 [J]. 统计与信息论坛，29（8）：27-33.

潘世磊，严立冬，屈志光，等，2018. 绿色农业发展中的农户意愿及其行为影响因素研究：基于浙江丽水市农户调查数据的实证 [J]. 江西财经大学学报（2）：79-89.

钱小平，尹昌斌，方琳娜，2016. 日本与欧美农业环境支持政策对中国的启示 [J]. 中国农业资源与区划，37（7）：35-44.

乔金亮，2016. 畜禽良种是畜牧业核心竞争力：现代畜禽业需打造自主品牌 [J]. 农村农业农民（B版）（9）：12-13.

秦诗乐，吕新业，2020. 农户绿色防控技术采纳行为及效应评价研究 ［J］. 中国农业大学学报（社会科学版），37（4）：50-60.

秦小丽，刘益平，2018. 绿色发展研究述评 ［J］. 社会科学家（4）：70-81.

秦绪娜，郭长玉，2016. 绿色发展的生态意蕴与价值诉求 ［N］. 光明日报，08-28（6）.

卿诚浩，2017. 经济转型时期中国农业绿色发展水平评价研究——基于熵值法 ［J］. 中国物价（11）：16-19.

屈志光，陈光炬，刘甜，2014. 农业生态资本效率测度及其影响因素分析 ［J］. 中国地质大学学报（社会科学版），14（4）：81-87.

屈志光，崔元锋，邓远建，2013. 基于多任务代理的农业绿色发展能力研究 ［J］. 生态经济（4）：102-105.

冉锦成，苏洋，胡金凤，等，2017. 新疆畜牧养殖经济效益与碳排放脱钩关系的实证研究 ［J］. 中国农业资源与区划，38（1）：17-23.

任继勤，于佩显，2017. 秸秆综合利用对节能减排的贡献效应研究 ［J］. 科技管理研究，37（18）：235-240.

尚杰，许雅茹，2020. 生态资本与农业绿色全要素生产率：基于碳强度视角 ［J］. 生态经济，36（6）：107-111，123.

沈益平，2016. 发达国家低碳农业立法实践及借鉴 ［J］. 世界农业（9）：114-118.

师帅，李翠霞，李媚婷，2017. 畜牧业"碳排放"到"碳足迹"核算方法的研究进展 ［J］. 中国人口·资源与环境，27（6）：36-41.

石华灵，2017. 澳大利亚畜牧业经济的特点及对我国的启示 ［J］. 黑龙江畜牧兽医（14）：53-55.

石健，黄颖利，2019. 东北地区生态资本效率时空差异与影响因素 ［J］. 应用生态学报，30（10）：3527-3534.

史光华，孙振钧，2004. 畜牧业可持续发展战略的理论思考 ［J］. 生态经济（S1）：232-233，237.

史颖建，叶得明，孙文文，2020. 基于因子分析法的甘肃省畜牧竞争力发展状况评价 ［J］. 中国集体经济（3）：15-16.

斯丽娟，2019. 绿色发展研究热点及主题变迁：基于 Citespace 的知识图谱分析 ［J］.

兰州学刊 (10)：130 - 145.

孙炜琳，王瑞波，姜茜，等，2019. 农业绿色发展的内涵与评价研究 [J]. 中国农业资源与区划，40 (4)：14 - 21.

孙晓，杨鹏，王虹扬，2021. 农业绿色发展研究文献计量分析 [J]. 中国农业资源与区划 (2)：1 - 9.

孙智远，张旭晖，葛国君，等，2019. 从乡村振兴看德国畜牧业特色发展之路：2018 年中德青年农业实用人才能力建设项目 [J]. 黑龙江畜牧兽医 (24)：19 - 22.

谭淑豪，2021. 以绿色发展理念促中国农业绿色发展 [J]. 人民论坛·学术前沿 (13)：68 - 76.

谭铁安，2015. 多方发力促进绿色畜产品生产 [N]. 中国畜牧兽医报，09 - 06 (5).

唐华俊，2020. 智慧农业赋能农业现代化高质量发展 [J]. 农机科技推广 (6)：4 - 5，9.

唐莉，王明利，石自忠，2021. 中国生猪养殖粪污资源化利用效率及其趋势——基于 2006—2017 年数据的分析 [J]. 湖南农业大学学报 (社会科学版)，22 (1)：27 - 39.

唐振闯，卢士军，周琳，等，2018. 德国畜牧业生产体系特征及对我国的启示 [J]. 中国畜牧杂志，54 (12)：145 - 148.

陶思源，2013. 德国发展农业循环经济的成功经验及启示 [J]. 世界农业 (6)：15 - 17，165.

滕奎秀，杨兴龙，2021. 吉林省农业科技创新与成果转化研究 [M]. 北京：中国农业出版社.

童文兵，2020. 绿色农业的发展现状及趋势 [J]. 广东蚕业，54 (12)：24 - 25.

田伟，杨璐嘉，姜静，2014. 低碳视角下中国农业环境效率的测算与分析：基于非期望产出的 SBM 模型 [J]. 中国农村观察 (5)：59 - 71，95.

田云，张俊飚，李波，2012. 中国农业碳排放研究：测算、时空比较及脱钩效应 [J]. 资源科学，34 (11)：2097 - 2105.

王宝义，张卫国，2018. 中国农业生态效率的省际差异和影响因素：基于 1996—2015 年 31 个省份的面板数据分析 [J]. 中国农村经济 (1)：46 - 62.

王国刚，杨春，王明利，2018. 中国现代畜牧业发展水平测度及其地域分异特征 [J]. 华中农业大学学报 (社会科学版) (6)：7 - 13，150 - 151.

王果，2019. 国外畜牧生态经济系统发展的经验借鉴及启示 [J]. 黑龙江畜牧兽医 (20)：25 - 27.

王加亭，2020. 日本畜牧业发展概述 [J]. 中国畜牧业 (9)：42-44.

王坤，2019. 吉林省畜牧业管理局王坤局长在全省畜牧业工作会议上的讲话 [J]. 吉林畜牧兽医，40 (3)：5-11.

王岚，马改菊，2017. 以色列现代农业发展的影响因素、特征及启示 [J]. 世界农业 (1)：173-178.

王玲玲，张艳国，2012. "绿色发展"内涵探微 [J]. 社会主义研究 (5)：143-146.

王明利，2018. 改革开放四十年我国畜牧业发展：成就、经验及未来趋势 [J]. 农业经济问题 (8)：60-70.

王淑彬，王明利，石自忠，等，2020. 种养结合农业系统在欧美发达国家的实践及对中国的启示 [J]. 世界农业 (3)：92-98.

王文军，刘丹，2019. 绿色发展思想在中国 70 年的演进及其实践 [J]. 陕西师范大学学报 (哲学社会科学版)，48 (6)：5-14.

王兴贵，2015. 甘孜州农业绿色发展系统优化调控研究 [J]. 黑龙江农业科学 (6)：113-116.

王珧，张永强，田媛，等，2019. 我国粮食主产区农业碳排放影响因素及空间溢出性 [J]. 南方农业学报，50 (7)：1632-1639.

王毅，黄宝荣，2013. 绿色发展评价指标体系研究综述 [J]. 工业技术经济，33 (2)：142-152.

王勇，2020. 绿色发展理论内涵、评估方法及策略路径研究回顾与展望 [J]. 环境与可持续发展，45 (1)：37-43.

魏锋，2002. 绿色生产理论及其应用 [J]. 生态经济 (1)：49-50.

魏琦，张斌，金书秦，2018. 中国农业绿色发展指数构建及区域比较研究 [J]. 农业经济问题 (11)：11-20.

魏琦，金书秦，张斌，等，2019. 助绿乡村振兴 农业绿色发展理论、政策和评价 [M]. 北京：中国发展出版社.

吴传清，宋子逸，2018. 长江经济带农业绿色全要素生产率测度及影响因素研究 [J]. 科技进步与对策，35 (17)：35-41.

吴红，陈俊红，赵姜，2020. 京津冀农业绿色发展成效、问题及对策 [J]. 北方园艺 (17)：166-171.

吴林海，许国艳，杨乐，2015. 环境污染治理成本内部化条件下的适度生猪养殖规模

的研究 [J]. 中国人口·资源与环境，25 (7)：113 - 119.

吴信科，2021. 新时代河南省农业绿色发展研究 [J]. 农业经济 (9)：16 - 17.

邬晓霞，张双悦，2017."绿色发展"理念的形成及未来走势 [J]. 经济问题 (2)：
30 - 34.

习近平，2015. 之江新语 [M]. 杭州：浙江人民出版社.

夏晓平，李秉龙，隋艳颖，2010. 中国畜牧业生产结构的区域差异分析：基于资源禀
赋与粮食安全视角 [J]. 资源科学，32 (8)：1592 - 1600.

肖华堂，薛蕾，2021. 我国农业绿色发展水平与效率耦合协调性研究 [J]. 农村经济
(3)：128 - 134.

肖锐，陈池波，2017. 财政支持能提升农业绿色生产率吗?：基于农业化学品投入的实
证分析 [J]. 中南财经政法大学学报 (1)：18 - 24，158.

肖卫东，2012a. 农业地理集聚与农业分工深化、分工利益实现 [J]. 东岳论丛，33
(8)：126 - 131.

肖卫东，2012b. 中国农业地理集聚研究 [D]. 北京：中国社会科学院.

熊慧，王明利，2020. 欧美发达国家发展农场动物福利的实践及其对中国的启示：基
于畜牧业高质量发展视角 [J]. 世界农业 (12)：22 - 29，127 - 128.

熊文强，2002. 绿色环保与清洁生产概论 [M]. 北京：化学工业出版社.

熊鹰，何鹏，2020. 绿色防控技术采纳行为的影响因素和生产绩效研究——基于四川
省水稻种植户调查数据的实证分析 [J]. 中国生态农业学报 (中英文)，28 (1)：
136 - 146.

徐承红，薛蕾，2019. 农业产业集聚与农业面源污染：基于空间异质性的视角 [J]. 财
经科学 (8)：82 - 96.

徐志刚，张骏逸，吕开宇，2018. 经营规模、地权期限与跨期农业技术采用——以秸
秆直接还田为例 [J]. 中国农村经济 (3)：61 - 74.

许庆瑞，王毅，黄岳元，1998. 小企业中可持续发展的技术战略研究 [J]. 科学管理研
究 (1)：3 - 5.

杨彩艳，齐振宏，黄炜虹，等，2021. 效益认知对农户绿色生产技术采纳行为的影
响——基于不同生产环节的异质性分析 [J]. 长江流域资源与环境，30 (2)：
448 - 458.

杨红梅，2018. 我国畜禽养殖业污染现状及治理对策分析 [J]. 中国资源综合利用，36

（7）：153-156.

杨久栋，2018. 绿色发展是现代农业建设的重大使命［N］. 光明日报，07-11（6）.

杨丽，王鹏生，2005. 农业产业集聚：小农经济基础上的规模经济［J］. 农村经济
　　（7）：53-55.

杨丽君，2016. 以色列现代农业发展经验对我国农业供给侧改革的启示［J］. 经济纵横
　　（6）：111-114.

杨森，陈静，程广燕，等，2017. 美国畜牧业生产体系特征及对我国启示［J］. 食物与
　　营养，23（4）：20-24.

杨兴龙，梁明辉，滕奎秀，2020. 农业企业知识型员工基本心理需要对工作疏离感的
　　影响［J］. 农业技术经济（9）：92-101.

杨义风，王桂霞，2020. 中国畜牧业政策演进逻辑与改革方向［J］. 社会科学战线
　　（3）：248-252.

杨振海，王立刚，张弦，等，2019. 德国畜牧业发展情况及启示［J］. 世界农业（4）：
　　72-76，88.

杨志海，2018. 老龄化、社会网络与农户绿色生产技术采纳行为——来自长江流域六
　　省农户数据的验证［J］. 中国农村观察（4）：44-58.

姚成胜，钱双双，李政通，等，2017. 中国省际畜牧业碳排放测度及时空演化机制
　　［J］. 资源科学，39（4）：698-712.

姚修杰，2020. 习近平生态文明思想的理论内涵与时代价值［J］. 理论探讨（2）：
　　33-39.

叶初升，惠利，2016. 农业财政支出对中国农业绿色生产率的影响［J］. 武汉大学学报
　　（哲学社会科学版），69（3）：48-55.

易小燕，吴勇，尹昌斌，等，2018. 以色列水土资源高效利用经验对我国农业绿色发
　　展的启示［J］. 中国农业资源与区划，39（10）：37-42，77.

尹昌斌，李福夺，王术，等，2021. 中国农业绿色发展的概念、内涵与原则［J］. 中国
　　农业资源与区划，42（1）：1-6.

尹晓青，2019. 我国畜牧业绿色转型发展政策及现实例证［J］. 重庆社会科学（3）：
　　18-30.

于法稳，2018. 新时代农业绿色发展动因、核心及对策研究［J］. 中国农村经济（5）：
　　19-34.

于法稳，黄鑫，王广梁，2021. 畜牧业高质量发展：理论阐释与实现路径 [J]. 中国农村经济（4）：85-99.

于婷，于法稳，2019. 环境规制政策情境下畜禽养殖废弃物资源化利用认知对养殖户参与意愿的影响分析 [J]. 中国农村经济（8）：91-108.

玉霞，2019. 绿色畜牧养殖技术的应用及推广探寻 [J]. 农业技术与装备（4）：61-62.

岳梦，张露，张俊飚，2021. 土地细碎化与农户环境友好型技术采纳决策——以测土配方施肥技术为例 [J]. 长江流域资源与环境，30（8）：1957-1968.

曾哲，2020. 欧盟共同农业政策框架下德国农业生态补偿政策及启示 [J]. 辽宁大学学报（哲学社会科学版），48（3）：76-81.

张斌，金书秦，2020. 荷兰农业绿色转型经验与政策启示 [J]. 中国农业资源与区划，41（5）：1-7.

张红丽，李洁艳，史丹丹，2021. 环境规制、生态认知对农户有机肥采纳行为影响研究 [J]. 中国农业资源与区划，42（11）：42-50.

张红丽，李洁艳，滕慧奇，2020. 小农户认知、外部环境与绿色农业技术采纳行为——以有机肥为例 [J]. 干旱区资源与环境，34（6）：8-13.

张凯，崔兆杰，2005. 清洁生产理论与方法 [M]. 北京：科学出版社.

张敏，杜天宝，2016. "绿色发展"理念下生态农业发展问题研究 [J]. 经济纵横（9）：92-95.

张晓娇，2018. 绿色生产研究 [D]. 淮北：淮北师范大学.

张晓玲，2018. 可持续发展理论：概念演变、维度与展望 [J]. 中国科学院院刊，33（1）：10-19.

张耀生，赵新全，周兴民，2000. 青海省草地畜牧业可持续发展战略与对策 [J]. 自然资源学报（4）：328-334.

张园园，孙世民，季柯辛，2012. 基于 DEA 模型的不同饲养规模生猪生产效率分析：山东省与全国的比较 [J]. 中国管理科学，20（S2）：720-725.

张振玲，2018. 新态势下农场动物福利与我国畜产品概述——从畜产品安全与品质、品牌、国际贸易和公众消费意愿等角度看 [J]. 中国畜牧业（21）：42-44.

赵丹桂，2018. 我国农业绿色发展的转型升级研究 [J]. 农业经济（11）：23-24.

赵会杰，于法稳，2019. 基于熵值法的粮食主产区农业绿色发展水平评价 [J]. 改革

(11)：136-146.

赵建军，王治河，2013. 全球视野中的绿色发展与创新：中国未来可持续发展模式探寻 [M]. 北京：人民出版社.

赵雪洁，2020. 荷兰生态畜牧业的法律制度研究 [J]. 黑龙江畜牧兽医 (10)：28-32.

郑微微，沈贵银，2018. 江苏省农业绿色发展现状、问题及对策研究 [J]. 江苏农业科学，46 (7)：1-5.

中国国际经济交流中心，华夏幸福基业股份有限公司《中国产业升级报告》联合课题组，2013. 依托产业升级 创造新的比较优势 [J]. 中国党政干部论坛 (5)：81-84.

周力，冯建铭，曹光乔，2020. 绿色农业技术农户采纳行为研究——以湖南、江西和江苏的农户调查为例 [J]. 农村经济 (3)：93-101.

周应华，陈世雄，尹昌斌，等，2020. 美国推进农业可持续发展的经验与启示 [J]. 中国农业资源与区划，41 (3)：1-6.

朱东波，2020. 习近平绿色发展理念：思想基础、内涵体系与时代价值 [J]. 经济学家 (3)：5-15.

朱艳菊，2015. 以色列农业技术推广体系的分析和借鉴 [J]. 世界农业 (2)：33-38，203.

朱一鸣，李莎莎，马骥，2015. 畜牧规模养殖与生态环境协调发展研究：基于澳大利亚的经验 [J]. 世界农业 (10)：47-49.

AJZEN I，1991. The theory of planned behavior [J]. Organizational behavior and human decision processes，50 (2)：179-211.

BELDERBOS R，CARREE M，DIEDEREN B，et al，2004. Heterogeneity in R&D cooperation strategies [J]. *International journal of industrial organization*，22：1237-1263.

BRAUN E，WIELD D，1994. Regulation as a means for the social control of technology [J]. *Technology analysis and strategic management*，6 (3)：259-272.

BRUNNERMEIER S B，COHEN M A，2003. Determinants of environmental innovation in US manufacturing industries [J]. *Journal of environmental economics and management*，45 (2)：278-293.

CHAKRAVORTY U，FISHER D K，UMETSU C，2007. Environmental effects of intensification of agriculture：Livestock production and regulation [J]. *Environmental economics and policy studies*，8 (4)：315-336.

CHEN H, LIU C, XIE F, et al, 2019. Green credit and company R&D level: Empirical research based on threshold effects [J]. *Sustainability*, 11 (7): 1918.

DOSI G, 1988. Sources, procedures and microeconomic effects of innovation [J]. *Journal of economic literature*, 26 (3): 1120 – 1171.

ELAINE M. L, JI K H, 2013. Risk preferences and pesticide use by cotton farmers in China [J]. *Journal of Development Economics*, 103 (1): 202 – 215.

ELHAM B, MASOUD Y, MASOUMEH F, et al, 2018. Cleaner and greener livestock production: Appraising producers' perceptions regarding renewable energy in Iran [J]. *Journal of Cleaner Production*, 203: 769 – 776.

EMANUELA T, ALBERTO F, MARCELLA G, 2019. Environmental impact of livestock farming and Precision Livestock Farming as a mitigation strategy [J]. *Science of the total environment*, 650 (2): 2751 – 2760.

FISCHER C, SCHLUPP I, 2010. Feeding rates in the sailfin molly Poecilia latipinna and its coexisting sexual parasite, the gynogenetic Amazon molly Poecilia formosa [J]. *Journal of Fish Biology*, 77 (1): 285 – 91.

GENIUS M, KOUNDOURI P, NAUGES C, et al, 2014. Information transmission in irrigation technology adoption and diffusion: social learning, extension services, and spatial effects [J]. *American journal of agricultural economics*, 96 (1): 328 – 344.

GREENE H W, 2008. *Econometric analysis* [M]. New Jersey: Pearson Education.

HARRISON M T, CULLEN B R, TOMKINS N W, et al, 2016. The concordance between greenhouse gas emissions, livestock production and profitability of extensive beef farming systems [J]. *Animal Production Science*, 56 (2/3): 370 – 384.

HAVLIK P, VALIN H, MOSNIER A, et al, 2013. Crop productivity and the global livestock sector: Implications for land use change and greenhouse gas emissions [J]. *American journal of agricultural economics*, 95 (2): 442 – 448.

HE K, ZHANG J B, ZENG Y M, et al, 2016. Households' willingness to accept compensation for agricultural waste recycling: taking biogas production from livestock manure waste in Hubei, P. R. China as an example [J]. *Journal of Cleaner Production*, 131.

ILG P, 2019. How to foster green product innovation in an inert sector [J]. *Journal of innovation & knowledge*, 4 (2): 129 - 138.

INDIRA D, SRIVIDYA G, 2012. Reducing the Livestock related green house gases emission [J]. *Veterinary World*, 5 (4): 244 - 244.

JACQUET F, BUTAULT J P, GUICHARD L, 2011. An economic analysis of the possibility of reducing pesticides in French field crops [J]. *Ecological economics*, 70 (9): 1638 - 1648.

KOOHAFKAN P, ALTIERI M A, GIMENEZ E H, 2012. Green agriculture: Foundations for biodiverse, resilient and productive agricultural systems [J]. *International journal of agricultural sustainability*, 10 (1): 61 - 75.

KOUNDOURI P, NAUGES C, TZOUVELEKAS V, 2010. Technology adoption under production uncertainty: Theory and application to irrigation technology [J]. *American journal of agricultural economics*, 88 (3): 657 - 670.

LAROCHELLE C, ALWANG J, TRAVIS E, et al, 2017. Did you really get the message? Using text reminders to stimulate adoption of agricultural technologies [J]. *Journal of development studies*, 11: 1 - 17.

LIN H, ZENG S X, MA H Y, et al, 2014. Can political capital drive corporate green innovation? Lessons from China [J]. *Journal of cleaner production*, 64: 63 - 72.

LIU E M, HUANG J K, 2013. Risk preferences and pesticide use by cotton farmers in China [J]. *Journal of development economics*, 103 (1): 202 - 215.

LIU J Y, XIA Y, FAN Y, et al, 2017. Assessment of a green credit policy aimed at energy-intensive industries in China based on a financial CGE model [J]. *Journal of cleaner production*, 163: 293 - 302.

LIU X, STEELE J C, MENG X Z, 2017. Usage, residue, and human health risk of antibiotics in Chinese aquaculture: A review [J]. *Environment pollution*, 223: 161 - 169.

LIU Y, FENG C, 2019. What drives the fluctuations of "green" productivity in China's agricultural sector? A weighted Russell directional distance approach [J]. *Resources, conservation and recycling*, 147: 201 - 213.

MAERTENS A, BARRETT C B, 2013. Measuring social networks' effects on agricultural technology adoption [J]. *American journal of agricultural economics*, 95 (2): 353 - 359.

MANSFIELD E, 1988. Industrial innovation in Japan and the United States [J]. *Science*, 24 (4874): 1769 - 1774.

MA W, ABDULAI A, GOETZ R, 2018. Agricultural Cooperatives and Investment in Organic Soil Amendments and Chemical Fertilizer in China [J]. *American journal of agricultural economics*, 100 (2): 353 - 359.

MOWERY D C, ROSENBERG N, 1989. *Technology and the pursuit of economic growth* [M]. Cambridge: Cambridge University Press.

NDIRITU S W, KASSIE M, SHIFERAW B, 2014. Are there systematic gender differences in the adoption of sustainable agricultural intensification practices? Evidence from Kenya [J]. *Food policy*, 49 (1): 117 - 127.

OMOTILEWA O J, RICKER-GILBERT J, AINEMBABAZI J H, 2019. Subsidies for agricultural technology adoption: Evidence from a randomized experiment with improved Grain Storage Bags in Uganda [J]. *American journal of agricultural economics*, 101 (3): 753 - 772.

ORGANIZATION FOR ECONOMIC CO-OPERATION AND DEVELOPMENT, 2009. Declaration on green growth [R]. Singapore: OECD.

PEARCE D, MARKANDYA A, BARBIER E B, 1989. *Blueprint for a green economy* [M]. London: Earth scan Publications.

PRETTY J, TOULMIN C, WILLIAMS S, 2011. Sustainable intensification in African agriculture [J]. *International journal of agricultural sustainability*, 9 (1): 5 - 24.

QUINTERO-ANGEL M, GONZÁLEZ-ACEVE DO A, 2018. Tendencies and challenges for the assessment of agricultural sustainability [J]. *Agriculture, ecosystems & environment*, 254: 273 - 281.

RENNINGS K, 2000. Redefining innovation: eco-innovation research and the contribution from ecological economics [J]. *Ecological economics*, 32 (2): 319 - 332.

SANTHI C, ARNOLD J G, WHITE M, et al, 2014. Effects of agricultural conservation practices on N loads in the Mississippi-atchafalaya river basin [J]. *Journal of environmental quality*, 43 (6): 1903 - 15.

SCHMOOKLER J, 1966. *Invention and economic growth* [M]. Cambridge: Harvard University Press.

SCHUMPETER J A, 1934. *The theory of economic development: An inquiry into profits, capital, credit, interest, and the business cycle* [M]. Cambridge: Harvard University Press.

SOULE M J, 2001. Soil Management and the farm typology: Do small family farms manage soil and nutrient resources differently than large family farms [J]. *Agricultural and resource economics review*, 30 (2): 179 – 188.

STEFAN D, LUC C, 2010. Consumption risk, technology adoption and poverty traps: evidence from Ethiopia [J]. *Journal of development economics*, 96 (2): 159 – 173.

TONE K, 2001. A slacks based measure of efficiency in data envelopment analysis [J]. *European journal of operational research*, 130 (3): 498 – 509.

TULLO E, FINZI A, GUARINO M, et al, 2019. Review: Environmental impact of livestock farming and precision livestock farming as a mitigation strategy [J]. *Science of the total environment*, 650 (2): 2751 – 2760.

URSULA T, JOHANN W, 2008. Integrated environmental product innovation in the region of Munich and its impact on company competitiveness [J]. *Cleaner production*, 146 (14): 1484 – 1493.

VASILE A J, POPESCU C, ION R A, et al, 2015. From conventional to organic in Romanian agriculture: impact assessment of a land use changing paradigm [J]. *Land use policy*, 46: 258 – 266.

XIAOCANG X, et al, 2019. Spatial-Temporal Characteristics of Agriculture Green Total Factor Productivity in China, 1998 – 2016: Based on More Sophisticated Calculations of Carbon Emissions [J]. *International journal of environmental research and public health*, 16 (20): 3932 – 3932.

YOUSEF E, AIDAN K, 2008. Green and competitive? An empirical test of the mediating role of environmental innovation strategy [J]. *Journal of world business*, 43 (2): 131 – 145.

ZAREEI S, 2018. Evaluation of biogas potential from livestock manures and rural wastes using GIS in Iran [J]. *Renewable energy*, 118: 351 – 356.

ZHANG B, YANG Y, BI J, 2011. Tracking the implementation of green credit policy in China: Top-down perspective and bottom-up reform [J]. *Journal of environmental management*，92（4）：1321 - 1327.

ZHANG L，LI X，YU J，et al，2018. Toward cleaner production：What drives farmers to adopt eco-friendly agricultural production? ［J］. *Journal of cleaner production*，184：550 - 558.

ZHANG Q Q，YING G G，PAN C G，et al，2015. Comprehensive evaluation of antibiotics emission and fate in the basins of China：Source analysis, multimedia modeling, and linkage to bacterial resistance ［J］. *Environmental science & technology*，49（11）：6772 - 6782.

图书在版编目（CIP）数据

吉林省农牧业绿色发展研究 / 杨兴龙，曹建民著
. —北京：中国农业出版社，2022.9
ISBN 978-7-109-30185-6

Ⅰ.①吉… Ⅱ.①杨… ②曹… Ⅲ.①农业经济－绿
色经济－经济发展－研究－吉林②畜牧业经济－绿色经济
－经济发展－研究－吉林 Ⅳ.①F327.34

中国版本图书馆 CIP 数据核字（2022）第 198148 号

中国农业出版社出版

地址：北京市朝阳区麦子店街 18 号楼
邮编：100125
责任编辑：孙鸣凤
责任校对：刘丽香
印刷：北京中兴印刷有限公司
版次：2022 年 9 月第 1 版
印次：2022 年 9 月北京第 1 次印刷
发行：新华书店北京发行所
开本：700mm×1000mm 1/16
印张：15.5
字数：230 千字
定价：78.00 元
